U0598003

钟敬文先生110周年诞辰纪念系列丛书

理论民俗学参考教材

教育部和国家社科基金重大项目来源

北京师范大学民俗学国家重点学科985三期工程

国家社会科学基金重大委托项目"中国少数民族语言与文化研究"

民俗学与新时期国家文化建设

朝戈金 董晓萍 萧 放 主编

中国社会科学出版社

图书在版编目（CIP）数据

民俗学与新时期国家文化建设／朝戈金、董晓萍、萧放主编 . —北京：
中国社会科学出版社，2013.6
ISBN 978 - 7 - 5161 - 2835 - 0

Ⅰ.①民…　Ⅱ.①朝…②董…③萧…　Ⅲ.①民俗学—中国—国际学术
会议—文集　Ⅳ.①K892 - 53

中国版本图书馆 CIP 数据核字（2013）第 126112 号

出 版 人	赵剑英
责任编辑	张　林
特约编辑	金　泓
责任校对	高建春
责任印制	戴　宽

出　　版	中国社会科学出版社
社　　址	北京鼓楼西大街甲 158 号（邮编100720）
网　　址	http://www.csspw.cn
	中文域名：中国社科网　　010 - 64070619
发 行 部	010 - 84083685
门 市 部	010 - 84029450
经　　销	新华书店及其他书店

印刷装订	三河市君旺印装厂
版　　次	2013 年 6 月第 1 版
印　　次	2013 年 6 月第 1 次印刷

开　　本	710 × 1000　1/16
印　　张	16
插　　页	2
字　　数	263 千字
定　　价	48.00 元

凡购买中国社会科学出版社图书，如有质量问题请与本社联系调换
电话：010 - 64009791
版权所有　侵权必究

目　录

前　言

民俗学研究生教育与社会文化建设

在全球化和现代化的背景下，民俗学研究的拓展需求已十分迫切。在理论上，有诸多问题需要重新探讨，例如，民俗学的概念、民俗学的社会本质、民俗学的文学传统、民俗学视角下的艺术科学形态、民俗学与历史科学的关系，以及民俗学的跨文化比较研究等。在应用上，民俗学也遇到了层出不穷的现实问题，涉及民族文化主体性、国家文化权利、文化多样性、非物质文化遗产保护、民族团结、社会认同、地方社会传统、生态环境保护和综合防灾减灾工作的文化建设等。这两方面的拓展，除了面向民俗学的理论与应用更加密切结合的现实，还有一个更重要的目标，就是加强民俗学研究生教育教材建设。本书的出版，希望能够接近这一目标。

本书的作者全部是民俗学专业和与民俗学专业密切相关专业的教授与博士生导师。其中，民俗学专业的作者以北京师范大学民俗学国家重点学科的教师为主。钟敬文先生是这一民俗学研究生教学模式的奠基者。16年前，获教育部批准，钟先生主持了全国首届"中国民间文化高级研讨班"，其性质大体相当于现在教育部支持举办的全国研究生暑期学校。当时先生已93岁高龄，不仅自己亲自主讲，还邀请了季羡林先生和一些国外知名高校的同行携手共讲，反映了改革开放后老一代著名专家学者倾力投身研究生教育的历史成就。16年后，钟先生培养的后学团队再次举办全国研究生暑期学校，联合国内院校同行和相邻专业领域的著名学者共同讲学，拿出诸多有益的理论创新成果，探索研究生教育的新模式，最后编写教材，这是对前辈民俗学教育模式的延续和发展。

本书作者中的相关专业教授和研究生导师，都与北师大民俗学专业有常年来往，对民俗学的学科建设状况和发展需求比较了解。其中，钟先生生前确定的专业必读书目《社会学概论新修》的主编郑杭生先生，与钟先生有忘年之交。在钟先生身后，郑先生仍一如既往地关心和支持民俗学学科建设。钟先生生前还曾托付过其他中青年优秀学者，请托他们从不同研究方向上承担兼职教授的任务，如北京大学东方文学专业的王邦维教授和清华大学社会学专业的李强教授。从那时起到现在，他们几乎年年参与北师大民俗学专业的研究生培养工作，从未以任何理由间断过。钟先生当年邀请的海外客座教授，近年已陆续退休，接替他们来到北师大的是一批新秀，如爱沙尼亚塔尔图大学的 Ülo Valk 教授、日本东京大学的菅丰教授和法国阿尔多瓦大学的金丝燕教授。

无论从哪个角度说，这部教材都是一部创新之作。它的产生，有赖于内外部条件的齐备，更有赖于全体作者对研究生教育工作的文化使命感和社会责任心。他们在讲课后，又对各自的讲稿作了精心修改，所撰写各章节，体现了本领域教学科研中的最新成果，也在加强民俗学的学科特色和建构民俗学与相关学科综合研究的理论与方法上，呈现了前瞻性的思考。

本书的主题是"民俗学与新时期国家文化建设"。在结构上，分为三部分：第一部分，理论民俗学的新发展，及其在社会学和中国语言文学一级学科下的综合研究；第二部分，民俗学本体研究，及其特色专题；第三部分，跨文化的民俗学与民间文学比较研究。

为了帮助使用者把握本书结构框架下的具体内容，以下简要介绍各部分、各篇要点。

第一部分，理论民俗学的新发展，及其在社会学和中国语言文学一级学科下的综合研究。郑杭生等在《当前我国社会管理和社区治理的新趋势》一文中提出，社会学和民俗学综合研究框架下的学科建设，要有"国际视野和世界眼光"，要"立足于当代中国社会变迁的历史大背景"，要采用这种"两维视野、两侧分析"的方法进行研究，包括研究中国社区治理和社区建设问题，探索解决目前主要存在的问题，如利益主体和利益诉求多元化导致社会矛盾复杂化；群众权利意识迅速崛起，政府公信力及权威降低；风险社会特征凸显，中国转型带来"个体安全"问题；信息化和网络化所导致的双刃剑效应。他指出，社会管理与社区治理要实现治理体制的复合化、治理方式的多元化、治理手段的艺术化、治理机制的科学化和城市治理与乡村治理的城乡一体化。李强在《当代中国社会分层研究》中，阐释了社会分层结构理论的核心理念、内涵和研究方法，分析了中国 1949 年后前 30 年和后 30 年的社会结构和社会阶层的变化，把社会学理论阐释得逻辑清楚而又贴近生活。董晓萍在《新时期民俗学研究与国家文化建设的基本问题》中提出，民俗学将国家文化建设纳入研究对象时应讨论的一些基本问题，包括近年引进的"文化空间"和"遗产文化"等概念对民俗学理论格局的影响；应将这方面的研究成果转化为必要的工作概念，如"口头传统"、"民族民俗"和"跨文化研究"等，提升民俗学的理论活力和发展空间。刘铁梁的《城市化过程中的民俗学田野作业》，对我国高速城市化进程中的民俗学田野作业的变化进行了分析，指出民俗学者在城市田野调查中应有的专业视角，要通过分析民俗的变化来体现社会生活的变化。

　　第二部分，民俗学本体研究，及其特色专题。爱沙尼亚塔尔图大学民俗学教授于鲁·瓦尔克（Ülo Valk）共做了两讲，即《民俗学的基本概念》和《爱沙尼亚民俗学研究》，他介绍了欧洲民俗学对民俗学基本概念的最新讨论，阐述了爱沙尼亚民俗学史和发展现状。朝戈金的《口头传统研究：探索人类表达文化之根》，介绍了联合国教科文组织公布的 15 项口头传统方面的非物质文化遗产，主要从口头传统研究切入，阐释了口头传统的遗传学机理、与非物质文化遗产的关系和多边社会合作的问题等。高丙中的《当代社会的民俗学研究：中美两国的例子》，讨论了当代社会的民俗学研究需要全面的社会意识、研究方法取向的自觉性和学科自觉性，诠释了当代社会的民俗研究应该关注什么，应该怎样去关注。陈岗龙的《东方民间文学与东方文学》一文，结合所在北京大学东方文学研究中心的研究历程和成果，讨论了东方民间文学与东方文学研究的关系，对"国别民间文学"的概念与研究方法进行了阐释。万建中在《故事学研究与当代文化建设》中，讨论了当代故事学研究的范式、分类、成果、出路以及对国家文化建设的意义，强调故事讲述的表演理论研究和现实情景研究，而不仅仅是文本研究。杨利慧的《21 世纪以来的中外神话学》，介绍了 21 世纪以来美国、英国、德国、荷兰、日本、韩国和中国等国家的民俗学者在神话学研究上的前沿成果，归纳出当代神话学研究的一些新特点。萧放的《历史民俗学的研究范畴与研究方法》，介绍了钟敬文先生创建历史民俗学的奠基位置，讨论了历史民俗学的概念、性质、范围和对象等问题。日本东京大学民俗学教授菅丰的《"古镇化"现象与民俗学研究》，使用"奇美拉（CHINERA）"（嵌合体）现象的概念，以浙江省衢州市江山市廿八都镇旅游点田野调查资料为个案，对中国国内非物质文化遗产保护过程中的"古镇"化现象进行了细致的描述、分析和变迁趋势预测。

第三部分，跨文化的民俗学与民间文学比较研究。王邦维在《神话怎样与历史纠结：三个地名引出的故事》中，运用历史学与比较文学等多学科交叉研究的方法，以 13 世纪伊尔汗国（今伊朗境人）拉施特《史集·中国史》中的历史记载为文本，对中国云南的大理，今巴基斯坦境内的犍陀罗和今阿富汗境内的坎大哈三个地名的含义作了出色的民间地理学研究，思路清晰，方法新颖。法国阿尔多瓦大学金丝燕教授的《解释模式、态度、视角，文化相异性研究方法的探讨》，阐述了近代中西方文化相遇的模式，提出跨文化的研究实质是文化相遇研究和深层次对话研究，是研究两种文化的相异性，而不仅仅是简单的优劣评价。董晓萍的《比较民间文学研究的资料与方法》指出，中国民间文学与东方其他国家文学都富于口头文学传统，适合开展跨文化比较研究，但需要解决两个问题：一是如何在提倡多元文化的现代社会建立东方比较民间文学研究的视角和资料系统；二是如何建立东方比较民间文学方法。在这方面的探索中，中日印越相似故事类型的比较研究不可忽视。此外，考察故事的地方性、民族性和仪式性，有助于深入揭示东方国家故事情节单元排序的差异特征和民俗文化内涵，同时也可能对东方国家故事类型编制有所作为。

本书的撰写，通过教育部支持的全国研究生暑校的平台，整合中外高水平师资力量，协同完成。所有作者均为此付出了艰辛的劳动。以下较为全面地介绍他们的学术背景信息，以利有兴趣的研究生和相关社会读者做拓展阅读。

郑杭生，中国人民大学一级教授，研究领域：社会学，社区理论研究。

李强，清华大学社会科学学院教授，研究领域：理论社会学，社会分层与流动理论。

董晓萍，北京师范大学文学院教授，研究领域：理论民俗学，跨文化民间文学比较研究。

刘铁梁，北京师范大学文学院教授，研究领域：民俗学、民俗志学。

［爱］Ülo Valk，爱沙尼亚塔尔图大学（University of Tartu，Estonia）教授，研究领域：民俗学。

朝戈金，中国社会科学院民族文学研究所研究员，研究领域：民俗学、口头传统。

高丙中，北京大学社会学系教授，研究领域：民俗学、人类学。

陈岗龙，北京大学外国语学院教授，研究领域：民俗学、蒙古族民间文学。

万建中，北京师范大学文学院教授，研究领域：故事学。

萧放，北京师范大学文学院教授，研究领域：历史民俗学。

杨利慧，北京师范大学文学院教授，研究领域：神话学。

［日］菅丰，日本东京大学教授，研究领域：民俗学。

王邦维，北京大学东方文学研究中心教授，研究领域：印度与中国佛教史、梵语与汉语佛教文献及文学。

［法］金丝燕，法国阿尔多瓦大学教授，研究领域：比较文学、跨文化研究。

热依拉·达吾提，新疆大学民俗文化研究中心教授，研究领域：民族民俗学。

周亚成，新疆大学民俗文化研究中心教授，研究领域：哈萨克族民间文学。

总体说，本书的理论要点有三。

第一，现代民俗学面临的新问题已转化为一些概念，如"口头传统"、"民族民俗"和"跨文化研究"等。在我国现代经济社会高度发展的过程中，这些概念与区域文化建设和地方社会发展相结合，形成了新的情感价值观，产生了多元文化驱动力，起到了多种社会整合作用。正确地利用口头传统资源、民族民俗资源和地方民俗资源，可以与国家政府的社会管理起到互补作用。因此，将之投入研究生教育，加强创新实践活动，是十分必要的。

第二，在现代经济社会转型中，在我国高速城市化的建设中，以往民俗学研究对象中的中下层文化承担者，往往是现代社会的中低收入人群，是政府加强公共资金和社会福利投入的对象，民俗学也因此成为政府制定社会改革政策的一种必备的知识结构。在民俗学研究生教育中，要尽快开辟这方面的课程。

第三，在全球化时期，民俗、影视和汉语推广已成为国家对外文化输出的三大渠道。但我国民俗从封闭社会发展而来，在现代世界文化传承和输出转型的高标准要求面前，我国民俗的优秀性还缺乏与开放环境和外部世界的联系与对比，对国家文化建设有效能力的预测水平和激发内生机制的水平不足，这些都是需要改进的地方。在跨文化的民俗学比较研究和对外交流的学术活动中，提升民俗学的阐释力，改善民俗文化的输出水平，是民俗学者的共同责任。

民俗学教育事业的功能，在于培养民俗学专业高级人才，提升民俗文化传承的生命力，使民俗文化传播获得新的社会适应性，在新时期国家文化建设中发挥更大的作用。

北京师范大学文学院"985"工程项目"中国民俗学研究与新时期国家社会文化建设"和中国社会科学院国家社科基金重大委托项目"中国少数民族语言与文化研究"提供了本书的出版资助。北京师范大学研究生院是全国民俗学研究生暑校的主管部门，暑校的主办单位为北京师范大学文学院和教育部人文社会科学重点研究基地北京师范大学民俗典籍文字研究中心，协办单位为中国社会科学院国家社科基金重大委托项目"中国少数民族语言与文化研究"课题组和新疆大学民俗文化研究中心；没有他们的后援，要开展这种公益事业是很难的。我们在此向上述单位致谢！

我们还要感谢北京和全国各地兄弟院校民俗学专业师生对本次工作的大力支持，特别感谢参加全国民俗学研究生暑校的200余名学员和在线同步视频收看暑校讲课的上万名网络学员，他们是本教材的第一批听讲者。

感谢中国社会科学出版社承担了本书的出版任务。感谢责编张林女士付出的辛劳。

　　本书出版之际，正值钟敬文先生 110 周年诞辰纪念，全体作者谨以此书敬献先生。

编　者

2013 年 4 月 16 日

当前我国社会管理和社区治理的新趋势

中国人民大学教授　　郑杭生

北京科技大学副教授　黄家亮

一、小引:以"顶天立地"的境界把握我国 社会管理和社区治理的规律性

党的十六大以来，加强以及创新社会管理和社区治理逐渐成为我们党和政府治国理政的重要任务。当前，如何提高新形势下社会管理和社区治理的科学化水平，是关系到我国社会主义事业发展全局的一个重大战略性命题。近年来，全国各地都在结合自身实情，积极探索对这一难题的破解之道，并在这一过程中积累了极为丰富的经验。现在社会学界越来越多的学者用"建设性反思批判精神"[①] 站在"理论自觉、理论自信"的高度，来看待、研究这一问题，越来越多的人认识到，中国的社会管理和社区治理是在一个有着几千年文明积淀、13.7 亿人口、960 万平方公里广袤国土这样一个"巨型社会主义国家"中进行的伟大实践。多年来，笔者一直倡导社会建设和社会管理研究一定要遵循"立足现实、提炼现实；开发传统，超越传统；借鉴国外，跳出国外；创新话

[①]　郑杭生：《建设性反思批判精神与中国社会学美好明天——在中国社会学 2007 学术年会上主题演讲》，后以《论建设性反思批判精神》为题发表于《华中师范大学学报》（人文社会科学版）2008 年第 1 期。

语，创造特色"① 的学术道路，要有"顶天立地"的治学境界。所谓"顶天"就是站在世界学术的前沿，要具有世界眼光和前沿意识；所谓"立地"就是深入中国实践的基层，要具有本土立场和草根精神；只有"立地"，才能真正"顶天"；也只有"顶天"，才能更好"立地"②。

　　基于以上考虑，从 2006 年起，笔者带领学术团队在全国十多个城市展开了深入系统的实地调查，形成了"当代中国城市社会发展实地调查研究系列丛书"和"中国特色和谐社区建设系列调查研究报告"两套丛书，相应地也形成了两个系列的数据资源库。目前，前一个系列的丛书已经出版了杭州城市卷、郑州城市卷、北京部门卷，南海城乡卷已经在出版中，很快就能面世；后一个系列的丛书，已经出版了郑州社区卷、广州深圳卷、上城社区卷和上城追踪卷。除了以上八卷涉及的城市外，笔者还比较系统地调查了一些地方的城市发展或社区建设。这两个系列调查虽然是针对我国社会中间（地方和部门）和基层（社区）两个层次的综合性调查，但社会管理和社区治理的内容一直是调查的核心内容之一。在调查中，我们也逐渐领会到了我国社会管理和社区建设中一些规律性的东西。目前，这两个系列的调查还在继续推进当中，我们希望将来能够在这些实地调查的基础上构建中国特色的社会管理和社区治理的理论体系。

二、二维视野下我国社会管理
与社区治理的新形势

　　我国的社会管理和社区治理是在整个社会的现代性变迁这一大背景下开展的，是针对社会现代性变迁所带来的危机和挑战而提出的。究竟如何把握我国社会的现代性变迁，笔者和杨敏教授曾提出过"实践结构社会

---

　　① 　郑杭生：《把"理论自觉"全面落实到中国社会学的各个领域》，在 2010 年中国社会学会银川学术年会上的致辞，《宁夏省委党校学报》即将发表。在这八个短语中，最后两个短语，有时也表述为"总结'中国理念'，概括'中国道路'"。见郑杭生《社会建设和社会管理研究与中国社会学使命——在中国社会学 2011 年学术年会上的主题演讲》，《社会学研究》2011 年第 4 期。两者的意思和实质是一样的。

　　② 　郑杭生：《基层社区调查中应当坚持的准则》，《甘肃社会科学》2009 年第 1 期。

学理论的二维视野和双侧分析"的思路和视角，认为当今中国社会正在发生着的一系列结构性巨变，是现代性全球之旅的长波进程和本土社会转型的特殊脉动这两股力量交织纽结而产生的现实结果，因此，对其进行分析时，必须同时关照全球视野与本土特质这两个维度①。从这二维视野来看，当前，我国的社会管理和社区治理正面临着极其复杂的社会背景和新问题、新矛盾、新风险，突出地表现为以下四个方面。

（一）利益主体和利益诉求日趋多元导致社会矛盾日益复杂，如何统筹兼顾多元利益考验着政府和社会驾驭复杂局面的智慧

从全球视野来看，一般地说，当人均 GDP 进入 1000—3000 美元时期，各国社会都会面对不协调因素的活跃期和社会矛盾的多发期，这也是社会矛盾最易激化和恶化的高风险期。这一时期的不协调因素和社会矛盾主要表现为利益集团之间的利益矛盾和利益冲突。从本土特质来看，中国社会当前正处在快速转型过程中，经济体制转轨和社会结构转型的相互交织加剧了社会分化的趋势，利益多元化格局鲜明地摆在人们面前。在这种情况下，我国的社会矛盾几乎都涉及不同的利益关系和利益诉求。从"三失"（国有企业的改制重组破产引发的职工下岗失业、农村土地征用造成的农民失地、城市房屋拆迁导致的居民失房）引发的大量社会冲突，到流动人口、弱势群体利益维护问题引起的大量社会矛盾，再到本地人和外地人差别隐藏的诸多社会风险，情况都是如此。

这里以我们最近在广东南海等发达地区调查所看到的农村股权分红引起的激烈冲突为例，这个区一年可分红的资金达到几十个亿，已有分红权的那部分人要防止没有分红权的人进来，没有分红权的人要想各种办法进去。他们都抓住了政府的软肋——怕群众上访，没有分红的上访，已有分红的也上访。最突出的表现就是"外嫁女"及其子女问题（原来嫁出去了，现在要回来分红），还有对越自卫反击战的老兵、农村中自理粮和农转非人员、知青及其子女、高等院校毕业生、"违计人员"等等群体②，

---

　　① 郑杭生、杨敏：《中国社会转型与社区制度创新——实践结构论及其运用》，北京师范大学出版社 2008 年版，第 4 页。

　　② 此指违反计划生育政策的人员。

他们都是因为这样那样的原因，失去了村里的户口，被排斥在分红范围外，他们为了讨回自己的分红权，常年上访，甚至发生暴力冲突事件。整个南海区被股份分红权分割为冲突严重的不同利益群体，经济越发展，这里的利益冲突就越激烈。南海的现状是未来中国的一个缩影，表明了我国在当前多元化的社会利益格局下，各主体利益诉求内容的异质性和多样性、诉求行动的动态性和不确定性、诉求方式的竞争性和博弈性。这样的多元利益格局如何实现统筹兼顾，绝对不是简单的问题。

（二）群众的权利意识迅速崛起导致政府权威的降低，如何做好新时期的群众工作考验着政府赢得群众信任的能力

习近平同志强调"群众工作是社会管理基础性经常性根本性工作"①、密切联系群众是我们党最大的优势②。然而，当前群众工作的难度已经大大提高，一些地方政府与群众的关系也不那么融洽了。从全球视野来看，自 20 世纪 70 年代末 80 年代初以来，福柯、利奥塔、布迪厄等一大批社会学家都意识到个体意识在全球范围内的觉醒，对个体性格、个体体验、个体权利的特别强调逐渐成为一个时代的特色，以至他们惊呼以理性化为特征的现代性社会的终结和以个体意识为特征的"后现代社会"的来临。从本土特质来看，在中国，随着经济社会的发展，特别是市场机制无所不在的渗透，个体意识的崛起也是一个明显的趋势。我们曾把它概括为"集体化社会"日渐萎缩，"个体化社会"不断兴起。主要表现为：第一，个体的产权意识逐渐增强，特别是在住房问题上，人们通过市场取得的房产权是外人不可侵犯的，同时，人们在取得房产时也取得了要求社区提供相应服务的权利，如果这种服务没有很好地提供就很容易产生纠纷，近年来大量出现的物业纠纷就是这样产生的。第二，人们的环境意识明显增强，甚至可以说进入"社会环境敏感期"③，一旦听到政府想上马可能对环境有污染的项目就会起来维权，甚至用极端的方式强迫政府取消项目，最近的"什邡事件"和"启东事件"就是这样的案例。稍早前，还有厦

---

① 习近平：《群众工作是社会管理基础性经常性根本性工作》，《共产党员》2011 年第 3 期下。

② 习近平：《始终坚持和充分发挥党的独特优势》，《求是》2012 年第 15 期。

③ 郝洪：《"环境敏感期"的新考题》，《人民日报》2012 年 7 月 30 日。

门和大连的"PX事件"、"上海的磁悬浮事件"等等。第三，个体的私人空间与公共空间区分越来越清楚。人与人之间的交往越来越限于公共空间、角色行为的来往。第四，个体的民主参与意识将逐渐增强。总之，随着群众权利意识的迅速崛起，他们对公权力不再是无条件地服从了，动不动就会与政府发生冲突。而在这一次次的冲突中，群众对政府的信任度也逐渐降低。

目前，社会上出现了一种值得特别警惕的现象，就是群众的"老不信"心态，就是说无论政府说什么、做什么，部分群众总是不信任、不相信。民革中央办公厅副主任蔡永飞曾将出现这种现象的原因归结为七种心态——社会焦虑、不公平感、思维惯性、情感转移、情绪发泄、从众心理、逆反心理①。从根本上看，这反映的是政府的公信力出现了问题，这种现象如果得不到有效遏制的话，就会出现所谓的"塔西佗陷阱"的恶性循环。所谓"塔西佗陷阱"，通俗地讲，就是指当公权力遭遇公信力危机时，无论说真话还是假话，做好事还是坏事，都会被认为是说假话、做坏事②。笔者曾指出："现在我们许多干部都觉得治理社会比过去难多了。为什么难了？其中最主要的原因是老百姓信任的缺失。老百姓的信任，是一种非常可贵的社会资源。老百姓信任，即使社会政策考虑不周全，也能弥补，有矛盾也好解决，大矛盾化解为小矛盾，小矛盾化解为和谐相处。反之如果老百姓不信任，最好的社会政策也难以贯彻，不大的矛盾也难化解，小矛盾甚至被激化为大矛盾。这就是说，鱼水关系好办事，油水关系难办事，水火关系要坏事。所以，现在，重建社会信任的问题，尖锐而迫切地摆在了我们面前。"③

---

① 蔡永飞：《公众"老不信"心态分析》，《人民论坛》2012年6月（中）。

② 张音、张新苗：《网络语境与创新社会管理：破解"塔西佗陷阱"的舆论怪圈》，《人民日报》2012年6月26日第14版。

③ 郑杭生：《当前我国社会矛盾的新特点及其正确处理》，《中国特色社会主义》2006年第4期。

（三）风险社会的特征日益凸显导致社会安全感下降，如何应对各种类型的风险考验着政府和社会应急管理的能力

从全球视野来看，"在发达的现代性中，财富的社会生产系统地伴随着风险的社会生产。相应地，与短缺社会的分配相关的问题和冲突，同科技发展所产生的风险的生产、界定和分配所引起的问题和冲突相重叠"①。随着经济的发展和高科技的应用，现代社会必然是充满风险的社会，以至于有社会学家说，"古典现代性阶段的理想是平等，而高级现代性阶段的理想则是安全"②。但从本土特质来看，对于中国社会来说，"风险社会"的内涵则更为复杂：一方面，是来自"当代到处存在的不稳定性"所带来的"人类困境"③，如 SARS、甲型 H1N1 流感那样的新型疾病，不知何时到来的恐怖威胁，全球性的认同危机等；另一方面，则是更大程度上来自中国自身的社会转型带来的"个体安全"问题，包括"现实困境"和"未来威胁"两个方面。

"现实困境"是个人生活中已经遇到的实际困难或问题，如贫困、失业、失房、失地，党群、干群、劳资关系的不协调或紧张，社会不公平、社会治安不力等，这些都严重地影响了社会成员的安全感。在当前，"现实困境"在很大程度上主要又集中在收入分配和财富占有问题上。"未来恐惧"是指可能对个人生活造成的威胁，因为风险本身就是一个超前性、非事实性概念，是未来可能发生的对人类安全的威胁。目前我国社会处在剧烈变迁的时期，各种不稳定性和不确定性因素容易被激发，社会成员对风险的潜在威胁也很敏感。譬如，公共突发事件（公共卫生事件、生产事故、食品安全事故、水污染等）造成的恐慌，资源短缺（"电荒"、"煤荒"、"油荒"、"水荒"等）引发的各种紧张现象，公共物品（如教育、银行、通信、交通、医疗等）的涨价，个人生活中可能发生的非预期性事件（如失业、意外伤害、疾病、残疾），以及个人退休后的生活质量和

---

① ［德］乌尔里希·贝克：《风险社会》，何博闻译，译林出版社 2004 年版，第 15 页。

② ［美］乔治·瑞泽尔：《后现代社会理论》，谢立中等译，华夏出版社 2003 年版，第 96 页。

③ ［德］齐格蒙特·鲍曼：《流动的现代性》，欧阳景根译，上海三联书店 2002 年版，第 250 页。

养老负担等，这些潜在威胁都有可能降低安全指数，导致社会成员的"预期性焦虑"①。如何应对以上种种社会风险，缓解"人类困境"、"现实困境"、"未来恐惧"等多重压力，给人们足够的安全感，是我国社会管理与社区治理要面临的重大问题。

（四）信息化、网络化时代的来临导致的双刃剑效应，考验着政府和社会如何驾驭虚拟社会、如何与时俱进的创新能力

"数字化生存"已成为信息时代人类的生活方式和生存状态②，而且，正如曼纽尔·卡斯特（Manuel Castells）所说："作为一种历史趋势，信息时代的支配性功能与过程日益以网络组织起来。网络建构了我们社会的新社会形态，而网络化逻辑的扩散实质性地改变了生产、经验、权力与文化过程中的操作和结果。"③ 网络"从根本上改变了我们出生、生活、学习、工作、生产、消费、梦想、奋斗或是死亡的方式。"④ 因此，他将现代社会称为网络社会（the network society）。信息化、网络化的发展趋势完全改变了传统上的时空内涵和形式，在地理限制几乎终结的同时，对时间限制的突破也达到了极致，社会事件更为频繁地从特定时空形式以及组织实体中抽脱出来，社会关系日益与"面对面的互动情势"相分离。这使得当代社会生活更趋向迅速流变、动荡不羁。我们在理论上将这种状况描述为"轻盈"、"灵动"、"流畅"等等。在这种趋势下，社会现象往往是"无形无像无痕"的，一些难以察觉的迹象可以快速扩散蔓延，发展成为重大的社会事件，因而这一过程也更难以预料、捕捉和把握。其所带来的负面效果是，各种失谐因素极易得到激活，形成社会矛盾甚至导致社会动荡⑤。

---

① 杨敏、郑杭生：《个体安全：关于风险社会的一种方式及研究对策》，《思想战线》2007年第7期。

② ［美］尼古拉斯·尼葛洛庞帝：《数字化生存》，胡泳等译，海南出版社1997年版。该书英文原著出版于1995年。

③ ［美］曼纽尔·卡斯特：《网络社会的崛起》，夏铸九译，社会科学文献出版社2006年版，第434页。

④ 同上书，第28页。

⑤ 郑杭生、杨敏：《社会实践结构性巨变的若干趋势——一种社会学分析的新视角》，《社会科学》2006年第10期。

目前，我国的微博用户已达三亿，网民高达五亿。网络使个人领域社会化、私人领域公开化，甚至使隐私领域公众化，一旦有违背规则、违背公德的事件被曝光上网，就会触发网络上敏感而兴奋的"神经"，经过网络媒体的裂变式互动传播就会在极短的时间内发送至每一个网络终端，形成网络社会现场围观，并很快造成失控局面。因此，有人提出，领导干部要学会在"玻璃房"中工作①。我们看到，近些年来的群体性事件当中，手机、网络等新技术手段的推波助澜作用不可小觑，最近的"什邡事件"和"启东事件"，都是在网络的现场直播下发生的。在信息化、网络化时代，同时，我们也看到，在最近北京的"7·21"洪涝灾害中，网友们也自发组织私家车队到首都机场去义务接送被困的乘客。

可见，信息化、网络化是一把"双刃剑"，应用得好，可以造福人类；但控制不当，也会加剧社会的失序。在作为各种思潮汇集点的当今中国社会，在价值观多元开放的时代，在市场经济陌生人的世界，这种双刃剑效应更是如此。敢于用、善于用，网络就能对社会生活起到积极的作用，如增进社会凝聚力、社会和谐；不敢用、害怕用、消极防御，不会用、不善用或用得不得法、不得体，它就可能对社会生活起到消极作用，甚至破坏作用，如恶化社会心态，为错误思潮的放大推波助澜等。网络对共产党的执政来说，同样是柄双刃剑。我们的党员干部，特别是基层的党员干部，要是敢于用、善于用，就能把事实真相及时告诉群众，化解许多因为群众不了解情况而引起的误解、矛盾。例如，我们在实地调查中，碰到一位区委书记——他是一位敢于用博客、微博，善于用博客、微博的领导，在他的带动下，该区形成了利用政务微博推动政民互动的良好局面。我们团队在调研时，正好碰到在他们辖区发生了一件引起全国网民关注的事件。那位书记在自己的博客、微博上说明事件的真实情况，说明区委区政府对待事件的态度以及采取的措施。这就在第一时间内发布了真实消息。如果不是这样，那么这个事件就可能在半天时间内在不真实消息基础上迅速发酵，造成难以挽回的恶劣影响。

---

① 宫秀川：《领导干部要学会在"玻璃房"中工作》，《学习时报》2012 年 5 月 2 日。

三、实践创新中显示的我国社会
管理与社区治理新趋势

正是在应对以上各种时代挑战和考验的过程中，各地开展了丰富多样的社会管理和社区治理实践，较为明显地呈现出以下五种新的发展趋势，可以概括为"五化"，即体制复合化、方式多元化、手段艺术化、机制科学化、城乡一体化。

（一）合作共治与复合治理：社会管理与社区治理体制的复合化

体制问题是制约社会管理和社区治理最为根本性的问题，所以各地社会管理和社区治理实践都企图寻求体制上的突破。综观各地近年来的创新实践，一个明显的趋势就是从行政力量的一元化管理或单一部门的碎片化治理转向多元主体的合作共治与复合治理。这是与西方理论所倡导的国家与社会的对立所不同的。

1. 从政府的行政化管理到"政府—市场—社会"合作共治

我国过去社会管理和社区治理体制的一个根本性缺陷就是政府一家独大，市场和社会的力量极为薄弱，甚至缺席，这导致社会管理和社区治理的过度行政化。就社会管理来说，过度行政化使得社会资源配置模式过于单一，导致整个社会的僵化和低效化，而且在社会冲突中把自身置于矛盾的焦点地位、引火烧身。就社区治理来说，过度行政化，不仅影响了社区资源的配置效率，而且与社区居委会自治组织的法律定位背道而驰。所谓合作共治，主要是指在社会管理和社区治理过程中，充分发挥政府、市场、社会三大部门各种组织的优势，使它们形成合力，共同管理社会和社区公共事务。这方面最为典型的例子是杭州市近年来开展的社会复合主体实践和各地开展的社区去行政化实践。

构建社会复合主体是杭州市提出的城市发展的整体战略。其基本做法就是在城市发展中，构建一个个由多个、多层、多界和多域行为主体联合或结合而成的复合型社会组织。具体说就是以推进社会性项目建设、知识创业、事业发展为目的，社会效益与经营运作相统一，由党政界、知识界、行业界、媒体界等不同身份的人员共同参与、主动关联而形成的多层架构、网状联结、功能融合、优势互补的新型创业主体①。我们曾经从社会学角度对其进行了全面的剖析，认为，从基本内涵来说，所谓"社会复合主体"是指，在行动过程中，多个社会主体形成相互关联，其各自的主体性发生重叠或复合，使得这些原本不同的多个社会主体成为一个社会主体，也即社会复合主体。社会复合主体的外延是指，社会主体的复合性所呈现出的各种具体性，这些具体性表现了社会主体复合性的多样性和差异性。譬如，社会复合主体的成分复合、结构性复合、功能性复合、机制性复合、结构性与功能性复合、功能性与机制性复合等多样性，以及社会主体复合的程度、形式、目标、效果等差异性。培育社会复合主体是社会运行和社会组织结构的重大创新，是经济运行和社会创业机制的重大创新，是政府职能转变和社会治理的重大创新，是形成和谐社会主体建设的"杭州模式"②。

围绕着社区去行政化和增强社区的自治功能，各地展开了丰富的实践探索，一个最基本的做法就是在社区设立服务平台（有社区工作站、社区服务中心、社区服务站、社区事务代办站、社区居民事务办理站等不同叫法），并在此基础上构建党组织、居委会、服务站、社区社会组织、社区居民、辖区单位等社区内各主体协调合作、各尽所能的社区复合治理体系，让它们共同提供社区公共服务、优化社区秩序，最大限度地增进公共利益。如北京市按照"一分、三定、两目标"的总体思路，理顺了社区党组织、居委会、行政组织之间的关系，实现了"把自治的部分还给自治组织"和"把行政的部分还给行政组织"③。杭州上城区倡导的社区治

---

① 王国平：《培育社会复合主体，共建共享生活品质之城》，《杭州通讯》2008 年第 2 期。

② 郑杭生、杨敏：《"社会复合主体"的追求：生活中更高品质的创新和创业——社会学视野下"杭州经验"的理论与实践》，载郑杭生、杨敏等《"中国经验"的亮丽篇章——社会学视野下"杭州经验"的理论与实践》，中国人民大学出版社 2010 年版。

③ 所谓"一分"，就是设立社区服务站，并把社区居委会与社区服务站的职能分开。前者作为基层群众性自治组织，主要行使自治职能；后者作为街道办事处在社区设立的工作站点，专门办理各种公共服务。二者在党组织的领导下各司其职、相互配合。所谓"三定"，就是定事、定人、定钱，明确社区居委会和社区服务站的编制、经费、任务，确保人员到位、经费到位、工作到位。所谓"两目标"，一是把北京的社区建设成为社会主义新型社区；二是培养一支专业化、高素质的社区工作队伍。参见郑杭生、黄家亮《论我国社区治理的双重困境与创新之维——基于北京市社区管理体制改革实践的分析》，《东岳论丛》2012 年第 1 期。

理中的"大党建"、"大服务"、"大治安"、"大信访"、"大调解"、"大稳定"、"大文化"等模式，以及"三位一体"的社区管理模式、"协和式自治民主"的社区自治思路、"三个联动"和"九力合一"的社区运作机制、"333＋X社区大服务体系"等都非常清晰地体现了合作共治和复合治理的理念。①

2. 复合治理：从"碎片化政府"到"整体型政府"

所谓政府管理的"碎片化"（fragmented），是指政府部门内部各类业务间分割、一级政府各部门间分割以及各地方政府间分割的状况②。韦伯的分析已经表明，现代政府必然是基于专业分工原则的科层制模式。但是，过细的职责分工和机构分割又必然导致了政府职责交叉、多头指挥、流程破碎、本位主义、效能低下、无人负责等碎片化弊病：第一，分工过细导致流程破碎、组织僵化。第二，部门林立导致本位主义、互相推诿、整体效率低下等现象。第三，管理驱动导致服务意识不强、服务效能不高③。正是基于对这些问题的反思，西方20世纪90年代以来兴起了"整体型政府"（Holistic Government）理念。"整体型政府"是相对于之前所流行的"碎片化政府"（fragmented government）来说的，按照克利斯托弗·波利特（Christoppher Pollit）的经典概括，"整体型政府"的深刻内涵是"排除相互破坏与腐蚀的政策情境，更好地联合使用稀缺资源，促使某一政策领域中不同利益主体团结协作，为公民提供无缝隙而非分离的服务"④。构建"整体型政府"需要从机构、业务流程、信息资源、服务与沟通渠道等方面加以整合。近年来，我国一些地方政府在这方面也进行

---

① 参见郑杭生、杨敏、黄家亮等《中国特色和谐社区建设的"上城模式"实地调查研究——"上城经验"的一种社会学分析》，世界图书出版公司2010年版；陈微、马丽华主编《中国和谐社区——上城模式共建共治共享的333＋X社区大服务体系实证研究》，中国社会出版社2011年版。

② 谭海波、蔡立辉：《论"碎片化"政府管理模式及其改革路径——"整体型政府"的分析视角》，《社会科学》2010年第8期。

③ 参见谭海波、蔡立辉《论"碎片化"政府管理模式及其改革路径——"整体型政府"的分析视角》，《社会科学》2010年第8期。

④ Christoppher Pollit, "Joined-up Government: a Survey", Political Studies Review, 2003 (1), p. 135.

了积极探索。最为典型的例子是南海区的镇（街）综治维稳信访中心①。

基层治理的碎片化是影响社会矛盾有效解决的重要原因②。因为社会矛盾的一个重要特点就是集聚性和传导性，一个小的矛盾错过了最佳化解时期，就有可能变成大的矛盾，甚至发展到不可控制的局面。当前，我国利益纠纷以井喷式的速度大量涌现，需要政府快速作出回应，以便把矛盾遏制在萌芽状态，但我国基层矛盾处理机构则是条块分割严重、力量分散，造成"领导批来批去、部门推来推去、问题转来转去、群众跑来跑去"的现象。这种状况不仅使每一个部门陷入单兵作战、管理手段单一的困境，而且容易贻误矛盾化解的最佳时机，不仅不能及时化解老百姓心中的怨气，反而使其更加激化，使一些小问题变成大问题、个体问题演变成群体问题、群体问题演变成社会问题。要提高基层治理的效率，就必须对这一传统治理模式进行体制机制方面的创新，以把有限的基层治理资源有效整合起来，发挥最大功能的综合效应，形成一种多元主体合作共治的新型治理模式。南海镇（街）综治信访维稳中心建设正是在这方面进行了创新。

所谓镇（街）综治信访维稳中心，就是将综治、信访、司法、劳动等多个部门的工作人员集中到综治信访维稳中心统一办公，为群众提供"一站式"高效服务。中心一般分为接访厅、调解室、联席会议室、办公室四大功能区，各部门相关人员在接访厅统一接访、现场进行案件分流，然后现场安排相关人员进行调解，如果涉及多个政府部门，现场召开联席会议解决，能当场调解结案的当场调解结案，不能当场调解结案的，中心值班领导视个案性质分流给相关职能部门办理并督办反馈结果。这样，真正实现了"四个一"的运作方式，即"一个窗口服务群众、一个平台受理反馈、一个流程调解到底、一个机制考核监督"。通过综治信访维稳中心建设，南海区实现了以下几个方面的整合：首先，通过建立以联合为特征的组织结构形式，实现了基层治理的机构整合；其次，实现了信息资源的整合；再次，实现了服务和沟通渠道的整合；最后，也是最重要的是通

---

① 本案例的具体分析参见郑杭生主编《多元利益诉求统筹兼顾与社会管理创新——来自南海的"中国经验"》中黄家亮执笔的部分，"利益纠纷化解：情理法交叠的南海基层治理"。

② 韩志明：《公民抗争行动与治理体系的碎片化——对于闹大现象的描述与解释》，《人文杂志》2012 年第 3 期。

过再造以协同为特征的行政流程，实现了业务的整合。南海区综治信访维稳中心之所以能够高效运行，有效实现政府各部门的业务整合，关键在于其实现了行政流程的再造，围绕公众的服务请求政府各部门、上下级和岗位之间形成相互胶合、自行调节运行的"服务链"，具体来说就是他们建立起了统一的矛盾纠纷的"扇形"调解流程图。通过现场调解、分流调解、职能部门调解、综治办主任牵头联合调解、仲裁或诉讼过程调解等"六步工作法"，使人民调解、行政调解、司法调解得到有机衔接，实现了群众诉求的"一条龙"服务①。

（二）类型分化与分类治理：社会管理与社区治理方式的多元化

综观我国社会管理和社区治理实践，在多元主体合作共治和复合治理的总体原则之下，根据治理对象的类型差异进行分类治理是一个突出特征。这主要表现在对不同社会组织的分类管理和对不同社区的分类治理上。

1. 社会组织的分类管理

有学者用"分类控制"这一概念来概括国家对社会组织的管理策略，认为"政府为了自身利益，根据社会组织的挑战能力和提供的公共物品，对不同的社会组织采取不同的控制"②。我们调查发现，在实际运作中，政府通常将社会组织划分为若干类型，对其进行分类管理。如深圳市将社会组织分为公益慈善类、社区服务类、文化体育类、促进就业类和维权类五种类型，对前四种类型的社会组织，尤其是社区民间养老服务机构是通过制定优惠政策鼓励其发展，对维权类组织则重点是规范限制其发展③。又如北京明确提出社会组织分级管理、分类负责，重点培育公益类、服务类社会组织，同时，加强对社会组织涉外活动和网上社会组织的监管，严

---

① 张学伟、邓少君：《创新基层社会管理和维稳体制机制构筑大综治大调解格局——广东省委常委、政法委书记、省综治委副主任梁伟发接受中国平安网专访谈广东省镇街综治信访维稳中心建设》，中国平安网 http：//www.chinapeace.org.cn/paft/2009 - 11/02/content_ 87604. htm。

② 康晓光、韩恒：《分类控制：当前中国大陆国家与社会关系研究》，《社会学研究》2005年第6期。

③ 郑杭生主编：《和谐社区建设的理论与实践——以广州深圳为例的广东特色分析》，党建读物出版社2009年版。

厉打击非法社会组织及违法活动。对工商经济类、公益慈善类、社会福利类、社会服务类等四类社会组织实行民政部门直接登记，民政部门协调联系业务主管单位，基本解决了社会组织找业务主管单位难的问题。同时，民政部门建立"一口审批"绿色通道，完善首问负责、一次性告知等服务承诺制度，提高行政效率，将受理社会组织成立审批的时间从法定的60日缩短为10日。同时，政府通过购买社会组织服务制度，以项目合作的方式，广泛开展社会组织服务民生行动，开辟了社会组织参与社会管理、社区治理的新模式①。

2. 社区的分类治理

由于历史和现实的原因，我国社区的类型非常复杂，不同类型社区之间在人口结构、人际关系、资源结构、文化积淀等方面的差异很大，很难用一种放之四海而皆准的方式来对所有的社区进行治理，更不用说把西方社区的治理模式简单移植过来。因此，分类治理成为我国社区治理的必然选择。从大的方面，可将我国社区分为城市社区、农村社区、城中村社区、城乡接合部社区等四种类型。而城市社区又可分为传统式街坊社区（老居民区社区）、单一式单位社区（单位型社区）、演替式边缘社区（村居混杂社区）、新型住宅小区社区等不同类型。农村社区又可分为一村一社区、一村多社区（自然村）等不同类型。当前，我国社区治理的一个重要任务就是要探索针对不同类型社区的不同治理方式。

（三）刚柔并济与情理法兼顾：社会管理与社区治理手段的艺术化

社会管理作为一种服务、协调、组织、监控的过程和活动，本来就应该是刚性管理与柔性管理相结合的。其中除了监控以刚性管理为主外，服务、协调、组织都是以柔性为主的②。当前，我国社会矛盾空前尖锐，"燃点多"、"燃点低"，稍有不慎就可能造成难以控制的局面，因此，尤其要强调刚柔并济。这主要包括以下三个方面。

---

① 郑杭生、杨敏等：《大民政的理念和实践与"中国经验"的成长——夯实中国特色世界城市的"北京经验"》，中国社会出版社2011年版，第279—280页。

② 郑杭生：《不断提高社会管理科学化水平》，《人民日报》2011年4月21日。

1. 矛盾化解中的情理法兼顾

矛盾纠纷化解是一门艺术。在这一过程中要防止两个极端。

第一，无原则的妥协。当前，由于我国自上而下的压力型体制以及维稳问题一票否决制的政绩考核制度等原因，基层官员压力非常大，总是害怕"出事"，尤其害怕越级上访和群体性事件；而老百姓在掌握政府这个"软肋"之后，反而更加偏好通过"闹事"和上访来表达自己的利益诉求；基层政府为了"不出事"往往选择"和稀泥"，甚至无原则的妥协，通过花钱来"摆平"，即"人民内部矛盾用人民币来解决"，这种行为取向反过来又鼓励了群众用"闹"的方式来解决问题。于是，基层治理陷入了"大闹大解决、小闹小解决、不闹不解决"的恶性循环。从长远来看，这种花钱买稳定的做法是极不可取的，它直接损害了政府的威信，也恶化了基层的秩序生态，让守纪守法的老实人吃亏。

第二，粗暴机械地执法。有些地方官员不考虑老百姓的接受程度，强行推行政府的意志，即使是老百姓处于理亏的一方，这种方式也是不可取的，因为它造成了矛盾的激化。正确的做法应该是情理法兼顾，不仅要合法，而且要合情合理，让老百姓心服口服。一个典型的例子就是南海的"外嫁女"纠纷。按照国家法律，这些"外嫁女"可以选择把户籍保留在娘家，继续从娘家村庄分红，而且，其子女也可以选择户籍随母，从而也享有娘家的分红权；但是，按照我国几千年的文化传统和认知模式，"嫁出去的姑娘泼出去的水"，妇女一旦嫁出村就不再是村里的人了，其在本村所享有的权利和义务都会自动解除，所以她不再享有在本村分红的权利，更毋庸说其外姓的子女了。对于这些传统习俗，绝大多数群众是认同的，不少"外嫁女"的家人甚至这些"外嫁女"本人也是认同的，而且，在不少村庄，这些习俗还通过村民大会上升为村规民约。老百姓的传统观念很难一朝一夕就改变，这时候，如果粗暴地按照现代法律来执行，成本会非常高，甚至可能激起群体性事件。这就要求，地方政府必须采用更加艺术的手段，更多地运用群众路线的方式、民主的方式、服务的方式，教育、协商、疏导的方式，来化解社会矛盾，做到情理法兼顾。还有一个典型的例子就是笔者过去常举的武汉按照"依法行政、友情操作"的理念开展的取缔"麻木"实践，既在短时间内成功实现了"禁麻"的目标，又兼顾到了"麻木主"这一弱势群体，以及社会公众的利益[①]。

2. 从社会成员"无感增长"转向"有感发展"

经过几代人的努力，我国的综合国力已经跃居世界第二，"国富"的目标已经基本实现。然而，近些年来，另外一种趋势也越来越明显，那就是普通老百姓所得的实惠与国家经济增长的速度越来越不成正比，相当大一部分社会成员的生活质量并没有得到明显改善。相反，人们感受到的是市场经济陌生人世界中的冷漠无情，价值观开放多元时代里的分歧纷争，社会分化加剧情势下公平正义缺失，社会重心下移情况下民生举步维艰，滥用自然资源造成的生态环境恶化，三大部门关系的越位错位缺位虚位，等等。所有这些都影响居民安居乐业，造成生活幸福感不强，似乎经济增长与己无关，甚至相当多成员有"被增长"的感觉。这就是所谓的社会成员的"无感增长"。综观古今中外的历史经验，执政党和政府的社会政策如果不给老百姓实惠或少给老百姓实惠，社会就不可能和谐稳定。单靠刚性的强力的手段来维稳，成本很高，收效甚微，甚至造成越维稳，群体性事件越多的困境。必须有新的治本的思路，这就是增加民生福利，特别是增加老百姓的收入，尤其是低收入群体、弱势群体的收入，以实现从社会成员的"无感增长"向"有感发展"的转变[②]。这方面最典型的例子是北京的"大民政"实践[③]。

所谓"大民政"，一个重要的含义就是扩大传统民政的覆盖范围，推进适度普惠型社会福利制度建设，使民生事业惠及每一个社会成员，特别是老弱病残等弱势人群、农村人群、外来人群。近几年来，北京市在"大民政"理念的指引下，出台了 200 多项惠民政策，每一项都需要投入。例如，就北京市 65 岁以上城乡居民享受公交免费、公园免费这一项就要支出 82 亿元。其实，财政的钱是留不住的，不是花在这，就是花在那，而最值得的是花在普通百姓身上，减少或推迟那些与民生无关或关系

---

① 详细分析参见郑杭生《减缩代价与增促进步——社会学及其深层理念》，北京师范大学出版社 2007 年版，第 199—200 页。

② 郑杭生、黄家亮：《从社会成员"无感增长"转向"有感发展"——中国社会转型新命题及其破解》，《社会科学家》2012 年第 1 期。

③ 关于这一案例的详细分析，参见郑杭生、杨敏等《大民政的理念和实践与"中国经验"的成长——夯实中国特色世界城市的"北京经验"》，中国社会出版社 2011 年版。

不大的开支。当然,这也要实事求是、量力而行,并且把有限的钱用好。现在的问题,不是不能做,而是没有想到做或不想做。想做,就会根据自己的实际情况,制订适合当地实际情况的标准。北京实施"大民政"两年多来已取得的效果证明了这一点。"大民政"实际上是一种大管理,是一种治本维稳的社会管理,同时也是一种柔性的社会管理。加大民生投入是对社会管理从"以刚性管理为主"向柔性管理为主推进的一种强有力的支撑。

3. 注重思想引导和共识凝聚

社会的柔性化管理还有赖于老百姓对主流价值观的认同和共识的形成。当前,制约我国社会管理水平提高的一个重要问题就是社会共识的缺失,用迪尔凯姆的概念来说就是社会失范。在一个失范的社会中,建立社会秩序是很困难的。因此,社会建设和社会管理都不是单一和孤立的,还依赖于文化建设等其他方面的努力。目前,社会各界都开始意识到这一问题的重要性。如近年来,中央开始大力倡导构建社会主义核心价值体系、推进文化建设;各地方、各部门也在努力打造自己的核心价值,如军队系统确立起了"忠诚于党、热爱人民、报效国家、献身使命、崇尚荣誉"的当代革命军人核心价值观,政法系统提炼出了"忠诚、为民、公正、廉洁"的核心价值观,北京市提炼出了"爱国、创新、包容、厚德"的"北京精神",北京市民政系统提炼出了"民本、务实、平等、奉献"的首都民政队伍核心价值观。武汉提出了"敢为人先、追求卓越"的武汉精神。当然,一个社会的共识凝聚不是一朝一夕的事,需要政府和社会各界长期艰辛的努力。

(四) 信息化管理与网络化治理：社会管理与社区治理机制的科学化

正如我们前面所分析的那样,信息化、网络化是我国当前开展社会管理和社区治理的一个重要时代背景。

1. 信息化、网络化时代对社会管理和社区治理提出的命题

随着信息技术,特别是互联网在中国社会的迅速普及,如何在信息化、网络化时代进行社会管理和社区治理这一问题越来越被提上了议事日程。这实际上是由两个相关的命题所组成。

第一,如何应对信息化,特别是网络化带来的挑战。对社会管理来

说，互联网增加了社会管理的难度，使得社会管理不仅要面对现实世界，还要面对虚拟世界，要面对数以亿计的匿名网民。近几年，随着博客、人人网、微博等网络社交平台的兴起，中国社会已经快速步入"自媒体时代"，每个人都拥有信息发布权和话语权，政府稍有错误就会成为网友嘲弄、责骂的对象。而且，由于网络的匿名性，使得网络上的各种信息、观点鱼龙混杂、泥沙俱下，一旦发生了突发性事件，网络谣言满天飞。这都增加了社会管理的难度。对于社区治理来说，英国社会学家马丁·阿尔布劳（M. Albrow）所说的"脱域的共同体"（disembeded community）问题①，美国社会学家尼葛洛庞帝所说的"数字化生存"或我们经常所说的"网络化生存"带来人际关系的冷漠化，等等，都对社区共同体的治理带来了严峻的挑战。

第二，如何利用信息化，特别是网络化对社会管理和社区治理所带来的机遇。信息化、网络化可以提高资源整合的效率、增加沟通的便捷性。如果应用得当，能够大大提高社会管理和社区治理的水平。如近年来，全国各地普遍流行"政务微博"——据统计，截止到 2012 年 8 月，通过新浪微博认证的各领域政府机构及官员微博已超过 45000 家，党政机关和领导干部开微博是一个大趋势，这是践行阳光党务、政务，增加政府公信力的一个有效途径，而且还能促使政府问政于民、问需于民、问计于民，使执政理念向执政为民方向转变，成为"网络时代新群众路线"的载体②。

2. 虚拟社区与智慧城市建设

在创新社会管理和社区治理过程中，不断探索和尝试管理和服务的新技术、新手段，打造与实体社区相对应的虚拟社区以及以数字化、感知化、互联化、智能化为特征的智慧城市已经成为各地近年来的一个突出亮点。如我们调查的杭州上城区，在这方面就是典型。

上城区在社区建设中，通过构建"二化四网六平台"为主要内容的

---

① ［英］马丁·阿尔布劳认为，在全球时代，共同体（community）是没有地方性的中心的，它已和地点脱钩，成为"脱域的共同体"。如果想描述在全球化条件下居住在统一区域中人们之间的关系的特点，最好把他们叫做"互不相关的邻里"。参见［英］马丁·阿尔布劳《全球时代：超越现代性之外的国家与社会》，高湘泽、冯玲译，商务印书馆 2001 年版，第 252 页。

② 无语钟：《政务微博——网络时代的新"群众路线"》，http：//politics. people. com. cn/GB/1026/16392692. heml。

社区信息化体系，形成了实体维度的社区与虚拟维度的社区的有机统一。"二化"是指社区管理信息化和社区服务信息化；"四网"是指"e家人"社区事务管理网、社区电脑服务网、社区电视服务网、社区电话服务网；"六平台"是指社区事务管理平台、居民互动网络平台、公共服务信息平台、社会志愿服务平台、居家养老服务平台、为民服务联盟平台。"二化"是思想理念，四网是发展基石，六平台是推动条件，通过"二化四网六平台"，最终达到的目标就是任何人（Any one）在任何时候（Any time）和任何地点（Any where），通过任何方式（Any way）得到任何的服务（Any service）的"5A"社区服务目标。应该说，这整个架构的设计是非常严密、自成一体的，不仅开发了新的网络系统，也将上城区已有的信息化资源都整合起来了；不仅实现了社区管理的信息化，大大提高了社区管理的效率，也实现了社区服务的信息化，大大提高了服务的质量；不仅体现了尖端的科学思维，也处处散发着人性的光辉①。此后，上城区又不断把更为高端的信息化、数字化技术引入到社会管理和社区治理之中。如推广"生命旅程"软件，这一软件以人生的整个历程为主线，按照少年、青年、壮年、老年四个生命年龄阶段和公共服务、自助互助服务、便民利民服务、服务信息需求四个类型，提供了一个人从出生到死亡所需的几乎所有办事程序。最近，他们还开展了构建全体信息家庭新生活工程，以电脑网络、电视网络、电话网、城市宽带网为依托，打造三网融合、"天地合一"（有线与无线合一）的全体信息家庭新生活②。

　　除上城外，在我们调查所收集的案例中，利用信息化技术推进社会管理和社区治理的案例还非常多，如佛山市提出建设"智慧佛山"的口号、宁波市成立了专门的机构推进智慧城市建设，郑州则提出要建设"三化两型"城市，即现代化、国际化、信息化与创新型、生态型③。又如北京

---

①　本案例的具体分析参见郑杭生、杨敏、黄家亮等《中国特色和谐社区建设的"上城模式"实地调查研究——"上城经验"的一种社会学分析》，世界图书出版公司2010年版，第159—243页。

②　详细介绍和分析参见郑杭生、杨敏等《合作共治的"上城模式"——从新型社区迈向创新社会管理的"上城经验"》，吉林出版集团有限责任公司2012年版，第76—79页。

③　郑杭生、赵君、杨敏等：《"三化两型"城市：科学发展与和谐社会建设的具体体现——以郑州实地调查为例的河南特色分析》，世界图书出版社2010年版。

市的清华园街道在推进社区信息化建设方面也非常具有新意、96156 社区信息化服务平台则在整合社区资源方面做得比较成功，东城区则在推进社区的网格化管理方面具有开创性贡献①。

（五）城市治理与乡村治理：社会管理与社区治理的城乡一体化

长期以来，我国城市和乡村是一种二元分割的格局，二者在社会管理和社区治理体制上都有很大的差异。改革开放以后，我国城乡关系已经发生了巨大变化，总的趋势是朝着城乡一体化方向发展。在社会管理和社区治理方面，这种趋势也比较明显。这方面比较典型的例子是佛山市南海区的农村综合体制改革和北京市推行的村庄社区化管理实践。

1. 农村综合体制改革

由于集体经济的发达，当前，南海区面临着一种特殊的城乡结构，我们可以将其称为"倒城乡二元结构"，即农村居民比城市居民更加富裕，人们纷纷争夺农村户口——"有车有楼不如农村有一户口"。而且，由于大量激烈的利益纠纷，使得农村熟人社会发生了异化，出现了"熟人的陌生社会"现象；同时，又由于大量流动人口的涌入和各种利益纠纷的博弈，出现了"陌生人的无序世界"现象。面对种种剧烈的利益纠纷，南海区启动了农村综合体制改革，企图探索一条"城乡互动、融合并进"的协调发展之路。

近年来，南海区通过"村改居"、股权固化、政经分离、构建农村集体资产交易平台等一系列举措，逐渐将改革推向深入，已经取得了初步的成效。这一系列改革的核心就是通过把国家的公共服务覆盖到农村地区、理顺农村体制机制，达到逐渐缩小城乡差别、促进城乡融合发展的目标②。

2. 村庄社区化管理与农村社区管理体制改革

虽然，在法律意义上，村庄和城市社区都属于基层自治组织，但实际上，长期以来，我国城市和农村在基层管理体制上有很大区别。随着农村

---

①　详细介绍和分析参见郑杭生、杨敏等《大民政的理念和实践与"中国经验"的成长——夯实中国特色世界城市的"北京经验"》，中国社会出版社 2011 年版。

②　对本案例的详细介绍和分析参见郑杭生主编《多元利益诉求统筹兼顾与社会管理创新——来自南海的"中国经验"》，出版中。

社区建设的推进，如何创新农村社区管理体制已成为迫在眉睫的难题。北京市的"村庄社区化管理"试验，为农村社会管理体制的改革找到了突破口①。

所谓"村庄社区化管理"，是指借鉴城市社区管理的模式，对村庄进行管理。这一管理模式最初是在治安管理创新中提出来的。农村大量流动人口的出现，使得既有的治安管理模式已远远不能适应现实的需要，如何进行管理模式的创新，以实现有效的社区管理，成了至关重要的难题。北京大兴区西红门镇大生庄村最早尝试了村庄的社区化管理。该村是大兴区人口倒挂现象较为严重的村之一，有流动人口2400多人，与常住人口比例为7∶1。为了应对日益严峻的治安问题，大兴公安分局于2006年在该村进行了村庄社区化管理试点。此后，全村连续三年实现刑事案件零发案，村内秩序良好。具体措施包括：村庄建围墙、安街门，封闭不常用的路口，在村庄主要出入口处设立岗亭，人员和车辆持证出入。同时，该村还成立了包含警务站、巡防站、流管站、调解室等多个部门的综治中心，设立了一套包含全村每一户每个人基本信息的电子台账，村民必须与流管站签订安全协议后，才可出租房屋。这一模式的创新管理，提高了村庄管理水平，已经在北京农村地区推广。

目前，农村社区管理体制改革已经在全国铺开，成为和谐社区建设的重要组成部分。主要举措包括：第一，治安领域的村庄社区化管理；第二，广泛建立农村居民自治组织农村社区居委会；第三，成立标准化、一站式服务的农村社区服务站，承接政府公共管理和服务职能。当然，从总体上来看，这些还处于起步阶段，要理顺各主体之间的各种复杂关系，从而建立起能够最大限度激发社会活力、消解社会矛盾的农村基层管理体制，还任重而道远。

---

① 对本案例的详细介绍和分析参见郑杭生、杨敏等《大民政的理念和实践与"中国经验"的成长——夯实中国特色世界城市的"北京经验"》，中国社会出版社2011年版，第327—329页。

四、结　语

社会管理和社区治理体制改革是一项非常复杂的系统工程，涉及经济社会建设的方方面面，但其核心问题是重构国家与社会的关系。而在这一根本问题上，西方的理论无法解释更无法指导我国的实践。根据西方流行的理论，社会管理体制改革就是要建设一个与国家和市场对抗的公民社会，即让国家（政府）走开，也让市场走开，让"社会"，即"公民社会"、"能动社会"，来主导整个社会的秩序。而我国各地的实践则表明，将国家与社会对立起来是行不通的，这既不符合中国的现实实践，又不符合中国的历史传统。在西方，国家与社会的紧张关系既是一种历史常态，也是一个现实困境。在古希腊城邦制度中已经初见端倪，"现代"以后，二者的巨大张力似乎有增无减，一定时期甚至势同水火。因此，在西方理论中，一直充斥着极端的二元对立，要么为市场张目、为国家立言，要么呼吁保卫社会、解放社会，构建一个完全独立于国家并具有抗争和制衡力量的社会，被认为是解决现代社会一切问题的一剂良药。而中国的历史和现实则完全不同。无论是钱穆的"四民社会"概括还是费孝通的"双轨政治"论述，都表明在中国的历史传统中并没有西方理论中所界定的那个独立于国家的市民社会，相反，国家与民间的理想形态是融合一体、上下整合，而非相互斗争、彼此消解的。1949 年后的 30 年，中国在国家与社会关系上走向了与西方把国家与社会相对立的另一个极端，即把市场和社会都消灭了，一切由国家来主导。改革开放实际上就是逐渐改变这种局面，建立一种新型的国家与社会关系型态①。在实地调查中，处处都显示，在中国，"社会"无时无刻不是在处理与政府、与市场的关系中运行着。离开了国家（政府）和市场，社会几乎寸步难行。相反，凡是国家、市场、社会三者合作得好的地方，社会管理和社区治理也搞得好。而所谓

---

①　关于中西"国家—社会"关系型态差异的详细分析，参见杨敏《"国家—社会"的中国理念与"中国经验"的成长——社会资源的优化配置与创新公共服务和更好社会治理》，《河北学刊》2011 年第 2 期。

社会自治、社区自治，也只是处理好社会与国家和市场的关系，构建"政府—市场—社会"的三维合作的一个方面，但无疑是一个越来越重要的方面，其中基层的自治和治理是尤其重要的。

　　加强和创新社会管理与社区治理是一项方兴未艾的伟大实践，立足于当代中国社会变迁的历史大背景，以国际视野和世界眼光，对其进行系统深入的调查研究，把分散的经验材料提升为较为系统的理论观点、形态，为其提供必要的学理支撑，这是中国社会学义不容辞的使命。反过来，中国社会学也只有这样做，才能源源不断地获得对学科自身发展极其重要的新鲜经验，切实抓住中国社会变迁赋予我们的理论创新的机遇和挑战，实现"理论自觉"，把握学术话语权，从而使社会学学科的理论之树常绿常青，为我们的时代作出相应的学科和学术贡献。我们衷心希望有更多的学者加入到这一队伍中来。

当代中国社会分层研究

清华大学教授 李 强

中华人民共和国自 1949 年建立，到现在六十多年了。在这六十多年的时间里，中国社会巨变，从社会分层的角度看，也是翻天覆地的巨大变化。怎样理解这些变化呢？共和国的领导人在创建这个共和国的过程中分别提出过"新民主主义"①的理念和"社会主义"的理念，这种新型的理念或社会模式，在中国的历史上是没有先例的，是一种创建全新社会模式的尝试，所以，我认为可以称作是一种"社会实验"。如果从社会分层、社会结构变革和实验的角度看，我认为，共和国六十多年的历史中，作出过四个重要的实验。下面分别述之。

一、打碎原有阶级结构的实验

笔者将第一个实验，称为打碎阶级结构的实验。关于打碎原有社会结构或阶级结构的思想，马克思没有表述过，马克思仅仅提到过打碎原有国家机器的思想。所以，中国共产党在这样一个有着数千年文字记载历史的文明古国，进行打碎社会结构、阶级结构的实验，确实是一种全新的尝试。因为中国历史上的农民起义也曾经多次打碎原有政权，但是，从来没

---

① 毛泽东：《新民主主义论》，《毛泽东选集》（一卷本），人民出版社 1967 年版，第 623—670 页。

有打碎过原有的阶级结构。地主占有土地的所有制是 1949 年的革命首次打碎的。1950 年 6 月 30 日《中华人民共和国土地改革法》正式颁布，到 1953 年土改基本完成，农村的阶级阶层结构被重新构建。打碎阶级结构的实验不仅是在农村，到了 50 年代中期，中国共产党又尝试了对城市阶级阶层结构的重塑实验。当然，采取的手法要温和得多，即采用了在一定时期里付给利息的赎买方式。城市里重塑阶级阶层结构的实验，主要涉及财产制度的三个大的方面。其一是对于私营工商业的社会主义改造，改造以后将原来私有的工商业变为"公私合营"，再以后就转为公有制了。其二是城市私有房产改造。将多数私有房屋改变为公有住房。其三是城市土地制度的变革，采用了公有制的运作方式。

这种新的社会阶级结构的最主要特点是，拥有生产资料和资产所有权的阶级被消灭了，其他阶级的社会地位也都有相应的变化。就城市阶级结构和农村阶级结构打碎的程度而言，农村打碎得要更彻底一些，因为，农村采取的是革命的方式、斗争的方式、没收的方式，而城市则采取赎买的方式，城市里原有的比较复杂的职业群体还是得到了一定的延续。今天，我们反思打碎阶级结构的这段时间，就会发现，打碎社会结构付出了很大的代价。社会结构本质上是一种社会关系，关系破碎了，社会管理必然困难重重。中国农村从 50 年代一直到今天，管理上一直难度非常大，这与当年打碎结构有一定联系。传统的中国农村，是所谓家族宗族社会，家族的管理者也就是村庄社会的管理者，两者是合一的，传统上也称作"士绅阶层"。费孝通说："绅士可能是退休官员或者官员的亲属，或者是受过简单教育的地主"，他们作为"受过较好教育的有钱人家里的头面人物"管理着村庄，"愈是有学问的人愈有威信做出决定"，[1] 他们传播着农村治理的理念和文化观念。所以，结构打碎了，观念体系也就不复存在。解放以后我们用干部来代替士绅，这里面出现的不仅仅是管理的问题，更严峻的是文化传承和观念体系产生了断裂的问题。直到今天中国农村的突出问题仍然是缺少思想意识形态的引导者。

在打碎阶级结构以后，中国大陆奉行的是以"均等化"为特征的收入分配政策。如果对比当时中国城市和农村的均等或不均等程度，那

---

① 费孝通:《中国绅士》，中国社会科学出版社 2006 年版，第 11、50 页。

么，城市的"均等程度"要更高一些。根据世界银行经济考察团1980年所撰写的报告，改革前，中国城市居民家庭人均收入的基尼系数只有0.16，如此低的基尼系数在世界上其他国家和地区还没有见到过。显然，当时用计划和行政手段配置资源的方式，是导致城市高度均等化的重要原因。

那么，农村的情况如何呢？1949年革命的成果最突出地表现在农村的土地改革方面。50年代初的土地改革，彻底地改变了革命前那种占人口比例甚低的地主阶级占有大量土地，而广大贫苦农民却没有土地的局面。因此，自50年代起，因土地等生产资料不均等而造成的农村巨大的贫富差距现象消失了。当然，农村的不均等程度比城市还是要高一些，因为中国农村的地区差异比较大。

总之，将改革以前的收入分配局面，特别是收入分配政策总结为"均等化"的特征还是符合实际的。

二、恢复社会分层结构的实验

笔者将第二个实验，称作恢复社会分层结构的实验，指1979年开始的改革开放以后，在全新的社会政策的干预下社会结构变化的过程与结果。所谓恢复结构，绝不是说改革开放三十多年，这个社会完全回到过去了，而是说，社会从否认经济分层的社会，回到了再次承认经济分层的社会结构。也就是说，社会分层、社会结构的逻辑恢复了，即承认人们经济地位的差异，承认财产的私人所有权等等。在改革开放以前的一段时间里，社会主导意识形态认为经济地位差异、阶级阶层差异的存在是不合理的，不承认财产私人所有权的合法性。

当然这里面有一个比较大的理论问题：一个社会，如果社会结构、阶级阶层结构被打碎了，怎么可能恢复？其实，在中国社会结构恢复的道理十分简单，那就是一些社会群体又"重操旧业"。笔者曾经目睹结构恢复的现象。1982年笔者曾经在中国河南新乡一带作社会调查。当时，正是改革开放初期，党中央的政策是鼓励"老个体户"重操旧业，所谓"老个体户"就是1956年中国社会主义改造以前的私人经济经营者。这些人很会做买卖、搞经济。他们本来就从事工商业，虽然被中断了20年，但是，这些人、群体还在，捡起过去的经营很容易。不需要别人教，自己本来就会。所以，中国社会结构恢复得很快，在一定程度上是因为中国打碎结构的时间不长，社会记忆还存在。中国和俄国比，有一个优点，俄国打碎结构的时间太长了，从1917年十月革命开始，到1991年后的大变革，想找到被打碎的那个阶级的人，已经完全不存在了。而中国的情况则完全不同。在中国，社会结构很快就恢复了。

恢复社会结构的起点是中共中央十一届三中全会提出的关于"允许一部分人先富"的新政策。邓小平同志于1978年12月13日作了相当于三中全会主题报告的讲话，指出："在经济政策上，我认为要允许一部分地区、一部分企业、一部分工人农民，由于辛勤努力成绩大而收入先多一些，生活先好起来。"[①] 邓小平讲话和"允许一部分人先富"政策成为启动中国改革最初的动力之一，也成为转变社会分层机制的重要力量。自80年代以后，在"允许一部分人先富"这一原则的指导下，出台了一系列的具体政策，最终改变了整个社会，型塑了新的经济分层机制。

通过80年代的重要转型以后，到90年代，经济分层的机制已经基本稳定了。几乎所有的经济政策都是有利于经济分层的。比如，在所有制方面，鼓励多种所有制并存，鼓励私营经济的发展。又如，在收入分配方面，允许多种分配方式并存：即个体经济收入、利息股息红利收入、资本收入都是合法的。中国共产党的文件明确提出：劳动、资本、技术、管理等生产要素按贡献参与分配。

90年代初期，自邓小平同志南方视察后，中国大陆的改革大大加快了引入市场经济的步伐。具有重要标志性的政策变量是：1992年10月中共十四大报告，第一次明确提出改革的目标是建立社会主义市场经济；1993年11月中共十四届三中全会通过了《中共中央关于建立社会主义市场经济体制若干问题的决定》。市场经济的加速发展，导致资源在社会阶级阶层和社会人群中配置的数量、内容和方式均发生重大变化。仅以土地

---

　　① 邓小平：《解放思想，实事求是，团结一致向前看》，《邓小平文选》第2卷，人民出版社1983年版，第152页。

资源的配置为例，自1990年国务院第55号令《城镇国有土地使用权出让和转让暂行规定条例》和1992年建设部第22号令《城市国有土地使用权出让转让规划管理办法》实施以后，我国城镇土地的出租、批租就合法化了，从此房地产业迅速发展起来，而在社会分层中的富有集团——房地产集团和房地产商业也迅速成长起来。房地产市场化以后，房产和地产资源的配置与过去分配房屋时期资源的配置有了本质的不同。城市住房体制改革中最为核心的是土地制度改革。土地制度改革以后房地产商才能够占有土地，然后才能盖房子。说是房价，实际上大部分是土地价格。新世纪以来城市住房价格暴涨，很大程度上是土地价格暴涨的结果。那么，高涨的土地价格的收益被谁拿去了呢？据调查，土地增值收益的40%—50%被各类城市房地产公司、开发区、外商投资公司拿去了①。所以，新的资源配置机制在塑造着新的社会群体的分层。除了土地以外，其他一些资源诸如国有企业改革中的资源、一些矿产资源、医疗资源等等，在90年代急速的市场转型中，也都出现了类似的配置倾向。新世纪以来，一些重要的法律和法规，进一步固化了业已形成的经济分层机制，比较重要的法规如2007年3月通过的《中华人民共和国物权法》，十分详细地阐释了法律对于国有、集体所有权和私人所有权的保护。因此，所有这些法律、法规成为新的经济分层的制度保障。

当然，新的社会分层机制形成以后，一个新的社会问题凸显出来，那就是贫富差距问题变得比较严重。上文已述，改革以前由于平均主义的分配政策，中国居民的收入差距是很小的。而改革以后，从80年代后期开始，贫富差距一路攀升。

那么，怎样看待贫富差距比较大的这种现象呢？评价任何一项社会政策都不能脱离当时的社会背景。当初邓小平提出一部分人先富的背景是：生产效率与劳动效率十分低下，经济发展严重滞后。改革三十多年来，致富、挣钱成为一种巨大的利益驱动，由此，中国经济进入高增长时期。所以，在研究贫富分化的问题上，也不能抹杀该利益驱动在刺激中国经济增长上的巨大社会功能。当然，事物总是辨证的。一个国家经

---

① 王平：《地根政治：全面解剖中国土地制度》，中国改革论坛（http://www.chinareform.org.cn/cirdbbs/）2005年8月。

济动力不足是个严峻问题，但是，如果追求金钱的动力过大也会成为严峻的问题。

三、改变社会资源配置方式的实验

第三个实验是资源配置方式的实验，即各种各样的社会资源是通过什么样的方式、什么样的规则，怎样分配给社会各个群体的。研究社会分层的专家早就指出，社会结构、社会分层的核心问题是两个：第一，谁等到了什么？第二，为什么等到？[①] 这当然关系到每一个人的切身利益，也是每一个老百姓最关心的问题。

从理论上说，任何一个社会，能够影响资源分配的力量有哪些呢？传统上有所谓三元社会力量之说，指政府、市场和公民社会是社会的三大构成部分或三大社会力量，社会资源的配置是在这三大力量的制衡中实现的。三大力量的制衡在解释欧美等西方社会时还是有解释力的，但是，在解释中国社会时就会发现这三种力量的严重不平衡的特征。笔者试着总结了一下中华人民共和国六十多年历史中配置社会资源的社会力量，大体上可以分为以下六种方式。

第一，政府干预，即政府动用行政体系，直接干预或直接进行资源的配置。当然，此种方式在毛泽东时期最为突出，上文已述，无论是土地改革还是私有企业的改造，都是政府直接干预或操作的。改革以前，就连一般的生活用品也是通过政府发行的票证分配给广大公众的。由于当时政府干预的基本原则是实现资源配置的均等化，所以，配置的结果自然是一种平均主义的分配。改革以后，政府的干预与过去比有明显变化，市场机制逐步被启动，所以，这一时期的政府干预与市场机制往往交织在一起。当然，政府在资源配置上的重大功能，仍然不可忽视。这一时期由于指导资源配置的原则变化了，开始强调竞争的机制，所以配置的结果是不均等有了明显的增长。

---

① ［美］格尔哈斯·伦斯基：《权力与特权：社会分层的理论》，关信平、陈宗显、谢晋宁译，浙江人民出版社 1988 年版，第 6—7 页。

第二，市场机制。中国经济体制改革的最明显特征就是引入了市场机制，所谓市场通常由三驾马车组成：商品市场、劳动力市场和金融信用市场。

当然，以崇尚竞争为标志的市场机制显然也有其负面效应。市场机制引入的直接结果是与市场接近的群体成为直接受益者，与市场远离的则利益受损。谁与市场接近呢？当然是做买卖的工商业层，所以，90年代中期曾有一段时间出现全民下海、全民经商的浪潮。只是，由于我们的市场机制初建，很多环节都不健全，比如：市场的审批环节还比较烦琐，市场竞争机会并不均等，于是，官商勾结、靠批件赚钱、市场寻租变得很普遍，所以，权力及社会关系与市场搅在一起，权钱交易的腐败现象逐渐蔓延开来。

第三是权力的作用，这里讲的更多的是个人动用公共权力。个人利用公共权力获取财富毫无疑问属于腐败行为。改革以来的三十多年，有三个巨大的资源配置受到了这种权力的干预，所以也是腐败频发的领域。第一是土地资源，虽然自上世纪90年代起中国就开始了出让土地使用权的市场化实验，但是，迄今为止，中国的土地资源很大程度上仍然是采用"划拨"的方式。这样，市场价格与划拨土地之间就有一个巨大的差价，这个差价的利益常常受到个人权力的干预，因此这一时期与土地利益相关的腐败案件层出不穷。第二个受到权力干预的巨大资源是矿产资源，尽管在法律上，中国的一切矿产资源均归全民所有，但是，实际上，在改革中，地方上的一些矿产资源被私人承包的现象屡见不鲜。第三大资源是国有资产。改革以前，中国几乎所有的企业都是国有的或集体的资产。上个世纪90年代是中国国有企业改革突飞猛进的年代，包括"抓大放小"、"股份化"、"破三铁"、"优化组合"、"下岗分流"等等多种举措。比如，在"抓大放小"的过程中，很多国有资业被拍卖了。但是，这种拍卖的价格是否合理呢？对谁有利呢？情况非常复杂。在国有资产转制中，一些人利用权力侵吞国有资产的案件屡见不鲜，国企的多数职工失业下岗，成为弱势群体，而少数有权力者却获得巨额财富。

第四是关系的作用。对于中国社会，社会学常常称之为"关系社会"，中国自古就是人际关系极其发达的社会，其社会关系的复杂性没有任何其他民族可以相比。社会关系网也不能说完全都是负功能，它也是一种润滑剂，在改革过程中，常常是运用社会关系网突破了体制的束缚。所以，中国改革的一个特点是制度不僵化、制度有弹性，造成了制度具有灵活性，而人际关系是松动制度的重要渠道之一。当然，在资源配置方面，关系对于制度的侵蚀也对法制社会形成巨大威胁。在这种情况下，法制的原则被关系冲破了。例如，表面上看起来都是合理的市场机制，都是"公开招标"、"公开招拍挂"，其实都是内部关系在运作，公开性都是做样子给别人看的。在关系网的作用下，配置资源非常不合理的事件频发。所以，怎样在新的社会环境下实现资源的公平合理配置，对我们仍然是一道难题。

第五是单位的作用。在中国，单位一直就是一种特殊的体制，每一个就业者的利益与自己的工作单位密切相关。虽然市场改革在一定程度上弱化了雇员对于一般企业、公司的依附性，但是，迄今为止，在所有的政府单位、事业单位、大型国有企业单位，特别是那些行政级别比较高的单位，个人的利益完全取决于单位对于资源的控制能力。

第六是老百姓的博弈。中国民间力量在参与资源配置方面明显不足，主要是体制机制的建设薄弱。中国每年也有"两会"（人民代表大会和政协会议）代表、委员作出种种提案，但是，两会不是常设运作，代表、委员不是专职，所以，开完会运作也就结束了。但是，资源配置常常直接涉及每一个老百姓的切身利益，这样每当资源配置影响到老百姓利益的时候，比如征地、拆迁、补偿款、住房问题、环境污染问题、拖欠工薪、劳资冲突等等，老百姓就会发动起"群体事件"。中国近些年来的群体事件数量之多为历史上罕见。在这些群体事件中，老百姓为切身的利益而抗争，也常常导致开发商、征地者、工程方、雇主方作出让步，这样，老百姓也在资源配置中争得了一些利益，只是，代价十分惨痛。

笔者在阐述配置资源的六种方式时，批评得多了一些，这并不是说这个实验是失败的。而只是说，目前正在进行的这个实验还有很多不合理之处，还需要逐步改进。资源配置方式的实验当然也有其成功的方面，这就是中国改革开放三十多年采用新的收入分配体制极大地激发了劳动者的积极性和经济发展的活力，带来了中国经济的持续高速发展。

对于上述资源配置中的问题，中央政府当然也看到了。在与社会分层密切相关的政策、理念上，中央政府提出了"更加注重社会公平"的口号。"注重社会公平"的提法，最初是从 2004 年 9 月中共中央十六届四中全会开始的，此后的一系列文件，包括中共十七大报告（2007）、国家"十二五规划"（2011）等，都明确表述了要更加注重社会公平的观点。这样一种注重公平的政策取向也落实为一系列的具体政策，这些具体政策包括：推进社会主义新农村建设、加强农村改革、重视农村公共事业、增加农民收入、促进城乡协调发展、城乡统筹、促进区域协调发展、创造积极的就业政策与和谐劳动关系、教育优先发展与教育公平、民主法治建设、完善公共财政制度、逐步实现基本公共服务均等化、把更多财政资金投向公共服务领域、深化收入分配制度改革、加快建立覆盖城乡居民的社会保障体系、建立基本医疗卫生制度、和谐文化与思想道德建设、建设服务型政府、强化社会管理和公共服务职能、城乡社区建设、统筹协调各方面利益关系、妥善处理社会矛盾等等。

　　上文已经陈述了，由于中国的改革与发展是政府主导型的，又由于中央在资源配置政策上的重要调整，采取了一系列更加注重公平的措施，采取了通过再分配向低收入者转移支付的政策。所以，可以预期，在未来，中国贫富差距拉大的趋势会有所缓解，贫富差距的水平会有所调整。

　　当然，从长远的政策取向看，如果要真正解决资源配置的问题，笔者以为，有以下五个方面的对策不可忽视：其一是城乡关系的调整，中国最为主要的贫富差距还是出现在城市与农村之间，所以，解决"三农"问题才是解决贫富差距问题的根本出路；其二，就业是民生之本，失业与贫困是孪生关系，所以，创造新的就业机会，解决失业下岗可以缓解贫困；其三，推进社会保障体系的建设，这是调节再分配，缩小贫富差距的重要渠道；其四，通过税金调整，完善累进的个人所得税等多种调节手段；其五是推进基础教育，以往的研究证明，一个国家的平均教育水平与贫富差距是反比例关系，所以，提高基础教育水平可以缩小贫富差距，随着全民族文化教育水平的提高，中国社会最终将会步入"橄榄型"社会结构。

四、缓解工业社会中社会矛盾冲突的实验

第四个实验是缓解工业社会中社会矛盾冲突的实验。我们知道，我国的改革开放包含几项最基本的内容——引入市场机制、工业化、城市化等。全世界的历史都证明，这个时期是最容易引发社会冲突和激化社会矛盾的时期。改革开放三十多年来，中国也正是处在这样一个社会转型期，社会分化所带来的矛盾和冲突十分明显。国内一般将几十人以上的聚众事件称为"群体事件"，目前，中国大陆每年发生的群体事件达到上万起，导致群体事件的原因大体上可以分为四类：第一类，农民维权，大多数是征地引起的。第二类，工人维权，大多是劳资纠纷、劳动关系纠纷引发的。第三类，市民维权，大多是城市管理中的问题引发的，因素比较庞杂，因房地产纠纷的、因环境问题的目前占比例较高。第四类，其他各种社会纠纷。四类中，农民维权事件占的比例最高。

我们知道，当年欧洲社会处在这个转型期的时候，也是工人运动、社会冲突连续不断，甚至曾经引发了两次世界大战。相比之下，中国虽然社会群体事件不断，但是，矛盾大体上在地方、区域范围内就处理了，没有形成全国整体的社会运动。总的来说，中国比较巧妙地运用了三个优势来解决当前的问题。第一是政府管理优势，上文已述，中国是政府主导型社会，在处理社会矛盾方面，政府的应对能力、处理危机能力比较强大。当然，仅仅靠政府强大和政府强干预也不行，绝不能忽视民间力量的重要功能，下文会阐述民间力量的缓冲作用。第二，组织资源优势，中国社会最大的优势，其实既不是自然资源也不是人口众多，而是各种各样的组织资源，下文专有表述。比如工人有中国特殊的工会组织，青年有中国特殊的共青团组织，妇女有中国特殊的妇联组织，农村有村委会、党支部，城市有特殊的街道委员会和社区居委会组织等等。第三，和谐文化优势。中国人文化上讲和为贵，讲整体利益，这与西方人的"个体本位"文化（梁漱溟语①）完全不一样。此种文化在下文所述的多种缓冲机制中都发挥了

① 梁漱溟：《中国文化要义》，上海世纪出版集团、上海人民出版社 2005 年版，第 70—72 页。

作用。

在缓解社会矛盾和社会冲突的实验中，中国政府提出了两个重要的理念，一个是"和谐社会"，另一个是"社会管理创新"。怎样实现和谐社会呢？有两个方面最为重要，其一为"民主法治"，其二为"公平正义"。中华人民共和国积累了六十多年的经验，要想长治久安，在政治上只能走民主和法治的道路。当然，共和国在前二三十年的实验里，民主和法治都出了问题，毛泽东认为"文化大革命"是"大民主"，但实际上是引发了大动乱。"文化大革命"中，"公检法"被砸烂，更谈不上什么法治。法治的建设在改革以后的三十多年里，立法做得比较突出，但是，要真正实现法治不是颁布了法律就可以的，而是要让法律成为管理者与被管理者共同遵守的行为准则，要实现这一点恐怕还要走相当长的道路。至于"公平正义"的实现，上文已述，分配领域不公平、不正义的现象比比皆是，所以，公平正义的实现也不是短时间能够完成的事情。在实践的层面上，中国政府在"社会管理创新"方面确实做了很多事情。所谓"社会管理创新"就是说，按照传统的管理方法难以解决当前的问题，要针对今天的新问题提出新办法。

笔者以为，中国社会是有很强的自愈能力的。社会的多种机制在中国当前的改革与转型中发挥着社会自我协调的功能。这些机制有些是传统的，有些是新生的，它们大体上都对于因社会急剧变迁而造成的一部分人出现的生活困难、社会地位下降起到了帮助和辅助的作用。笔者试分析以下六种。

第一，基层组织"缓冲机制"。上文已述，中国是组织资源最为发达的社会。长期以来，中国通过这套组织资源实现了极为罕见的社会动员。改革以后，从表面上看，层级的组织管理体系有所弱化，但是，2003 年对于突发的"非典"危机的处理和 2008 年对于四川大地震的应对，再次证明，即使在市场转型以后，我国的组织资源仍然是极为强大和有效的。目前，在社会转型中，与老百姓联系最为密切的组织资源是城市里的街道、社区居委会，农村的村委会等。

第二，传统单位体制的"缓冲机制"功能。近来关于单位制的探讨大多集中在讨论市场转型时期单位制的变迁和衰落方面，而对于市场转型中单位制为缓和社会矛盾、缓解社会冲突继续发挥功能方面关注得不够。

其实，即使在 90 年代中后期国有企业转制，失业、下岗、离岗、内退等人员激增的时期，单位制还是在发挥作用的，下岗、离岗、内退等人员在很长一段时间里，仍然与单位保持了一定的联系，不少单位在不同程度上为曾经工作过的职工提供了一些福利。当然，对于单位承担的社会功能，新近的说法是单位的"社会责任"或企业社会责任。

第三，政治身份群体"缓冲机制"。在社会转型过程中，具有传统优秀政治身份的群体，在不同程度上得到了一些社会照顾和福利，比如，市级以上的劳动模范、革命伤残人员、军属、烈属等受到了一些政策的保护，缓解了他们的一些危机。

第四，新的社会保障机制起到了缓冲社会矛盾的功能。新世纪以来，针对城市里出现的地位下降群体或新的贫困层，国家和各级政府建立和完善了一系列新的社会保障机制。

第五，子女地位上升对于父母地位下降的补偿功能。虽然一批老国企职工的经济地位明显下降了，但是，年轻的一代却迅速成长起来，所以，家庭中工作不久的孩子收入明显超过父亲和母亲的现象比较普遍。这里面有明显的代际补偿，这也是一种重要的社会缓冲现象。

第六，家庭内部的经济互助，这是最具有中国特色的社会缓冲机制。笔者的研究证明，在我国，家庭内部的经济互助、金钱帮助是十分普遍的。家庭中一个成员富起来了，父母就会出面调节，让兄弟姐妹之间能够互相帮助，这种家庭成员之间的互助使得下降流动的成员得到了经济补偿，缓解了他们的危机，这是一种特殊的缓冲机制。

以上所总结的我国社会缓冲机制的形成和发挥功能说明，正像一个人具有免疫系统一样，一个社会也具有它的免疫体系，也具有自愈的能力。改革三十多年来，转型中的中国社会遇到了诸多的社会问题，社会分化、社会解组、社会冲突、社会矛盾往往成为社会学家关注的焦点，但是，社会的另一个方面，我们也不能忽视，这就是社会的免疫系统和自愈功能也在发挥作用，而社会缓冲机制就是社会的免疫系统和自愈功能的重要内容之一。

综上所述，中国人对于社会的理解，自古称作"治乱兴衰"，即将中国社会的状态分为"治世"和"乱世"。治世是"国泰民安"，如历史上的"文景之治"、"贞观之治"，乱世是"兵荒马乱"人民生活不安定，如上个世纪的"军阀混战"时期,"内战外患"时期,"文化大革命"也通常被视为乱世。从中国特有的这种历史长河的视角看,尽管中国还有多种不同类型的社会矛盾、社会问题,但是,中国当前的社会经济和人民生活状况还是属于"治世"。从历史的纵向比较看,中国当前还是近一百多年以来比较好的发展时期,还属于"大治"之世,与"文化大革命"的"大乱"之世形成鲜明对照。所以,这里阐述的这第四种实验,还是有成绩的。当然,中国的改革开放绝不能就此止步,中国的社会实验也还要继续推进。

新时期民俗学研究与国家文化
建设的基本问题

北京师范大学教授　董晓萍

　　这里所讨论的新时期民俗学与国家文化建设的关系，不是指民俗学怎样为国家文化建设服务，而是指民俗学怎样将国家文化建设纳入自己的研究对象。在这个问题上，20世纪和21世纪有不同的认识。

　　在20世纪的民俗学中，三文明社会（前文字文明、前工业文明和工业文明社会）及其民俗研究是西方文化的主流。在东欧国家和中国的社会主义阵营中，在讨论民俗学的性质和功能上，则形成了社会分层与文化分层对应发展的经典问题。在20世纪50年代初，俄国的普罗普（Vladimir Propp）就已提出，民俗学在本质上是一种意识形态科学，社会主义国家的民俗学是阐释社会主义意识形态优越性的工具，民俗学研究体现了社会主义意识形态可以将传统社会的口头文学、民间信仰和民族文化纳入建设范畴的具体过程①。比普罗普还要早几年，在新中国成立前夕，钟敬文已发表文章指出，应考虑将民俗学的研究对象适时地转变为新型社会构建要素的可能性。他根据当时即将开展国家民主政体建设的趋势，认为，有必要抓紧口头文学和人民文化传统的研究，将其优秀成分视为民族文化

---

　　① Vladimir Propp, *Theory and History of Folklore*, trans. by Ariadnay Matin and Richard P. Matin, Minneapolis: University of Minnesota Press, 1984, pp. 9 – 11.

财富，纳入新社会建设①。在新中国史上，陆续出现的民间文艺学和民俗学成果还有很多。在这一时期，在我国人文社科的其他领域，也都有各自的研究著述。在民俗学的对象中，中下层文化，对应着社会主义社会的人民主体阶层，在彼此适应中互动，社会发展了，文化就发展；文化繁荣了，社会就繁荣。

但是，在当代，民俗学研究对象的社会分层与文化分层的对应关系发生了错位，这是由于中国的社会结构和文化结构发生了快速变化。由于社会流动、社会分层和市场经济等新因素的羼入，社会分层与文化分层的界限变得模糊不清，距市场最近的民俗，成了"最炫民族风"。非市场化的民俗，虽靠近历史传统和农业社会，曾被民俗社会成员肩扛手捧，现在却被锁在崇高礼仪、口承世传和手艺绝活中日渐冷落，两者矛盾突出。民俗学者需要重新面对20世纪民俗学提出的社会分层与文化分层对应的经典问题，提出有说服力的新阐释。当然，这也取决于民俗学者参与建设国家文化的决心和能力。

还有两点要注意。第一，由于全球化、现代化和信息化对多元文化的"解密"，中西民俗学展现了各自的学术优势。被西方同行分段切分的三文明研究，在中国民俗中却都不同程度地保存了下来，而且从20世纪起就被混合地考察或被整体地研究。我们曾羡慕西方学术主流，现在也看清了自己的优势。民俗学往哪里走？是继续跟在西方主流文化后面当"漂流瓶"，还是深入研究中国整体文化中的特有民俗文化？这要我们自己去思考。第二，在文化建设促进社会建设的方面，中西差距也很大，特别是在人口、教育、城乡、民族、地方和宗教等问题上，中国民俗学要解决的问题难度更大。民俗学能否在新的世界氛围和国内环境中得到新发展，也要看能否拿出理论新成果。

本文讨论两个基本问题：一是国家文化建设的概念与民俗学研究问题

---

① 参见钟敬文于1948年末所发表的分析延安诗人李季创作《王贵与李香香》的论文，1949年初发表的讨论华南方言运动系列论文《关于方言文学运动的理论断片》和1950年发表的《口头文学：一宗重大的民族文化财产》一文；详见收入钟敬文《钟敬文民间文学论集》（下），上海文艺出版社1985年版，第28—35、415—423页。重点看钟敬文《口头文学：一宗重大的民族文化财产》，收入钟敬文《钟敬文民间文学论集》（上），上海文艺出版社1982年版，第1—3页。

的再分类，二是新时期民俗学理论建设的重点领域。在这两点上，民俗学的理论研究和社会功能都要发挥作用。

一、国家文化建设的概念与民俗学研究问题的再分类

（一）民俗学视角的国家文化建设

新时期国家文化建设，指在党提出的社会主义经济建设、政治建设、文化建设、社会建设和生态文明建设的总体布局中，在 21 世纪的开局 20 年，以中国为主体，面向世界，总结改革开放以来我国文化建设的探索成绩和实践经验，进一步改进和完善国家文化建设的结构和内涵，加强以文化引领经济的理论建设、能力建设和相关协调发展的实践活动。

民俗学研究国家文化建设问题，要有针对性目标，才能提出建设性的对策。应从民俗学角度，对 20 世纪后期我国社会转型和经济发展中的文化运行的经验教训，作出描述性的解释，提出可以参与解决的关键问题，包括政府主导的社会主义文化运行与民俗文化良性运行的整体关系，国家公共文化政策与投入民俗文化服务的协调关系，政府文化工作进入联合国人类遗产保护框架后对维护原地文化权利和改善原地人民生活的关系，我国对外文化输出中的民俗代表作的成本与收益，以及在世界灾害一体化的变迁趋势中，对优秀民俗在综合防灾减灾工作体系中发挥文化作用的评估，等等。所谓基本问题，也正是国家文化建设的重点领域，民俗学需要在这些领域里占有话语权。

西方发达国家已实现现代文化输出的战略转型，它们采用政府、民间和外界都能接受的民俗文化传播方式，塑造一种人文亲和的姿态，实施国家文化战略建设。其实我国在这方面的传统更为深厚。我国还在长期统一的社会发展中，在各地区和各民族之间，形成了高度统一的中华民族历史认同和社会认同。不论中国的经济崛起到什么程度，都不能不重视这宗民俗文化财富。在继续加强这方面的国家文化建设的目标上，民俗学的研究正是一种学术支撑。

（二）民俗学研究问题的再分类

从民俗学的视角研究国家文化建设问题的分类，指从总结和预测的两个方面，描述具有中国特色的、为中国各民族人民所高度认同的国家文化系统的整体结构，其中包括国家管理的社会主义意识形态文化，也包括具有多元文化来源的传统文化、民俗文化、地方文化、民族文化和遗产文化。民俗学通过科学的问题再分类，促进完善新时期国家文化建构，并在这一过程中，将民俗文化传承变成文化权利。

社会主义意识形态文化。民俗学研究新时期国家文化建设，要关注它的主体结构部分，即以国家政府为主导的社会主义意识形态文化（也称"政府主导文化"），同时要将我国人民集体创造与长期共享的其他层面文化纳入政府主导文化结构综合思考，将政府主导文化与其他层次文化共同建设。这有助于改善政府的执政能力，有助于在 21 世纪中国继续对外开放和世界重新认识中国的双向需求中，加强建设中国的凝聚力文化。

其他不同层面文化。我国其他不同层面的文化的特点是具有多元文化来源，包括民俗文化、民族文化、地方文化和遗产文化。这些概念之间有交叉，但又不能彼此替代。它们在人文社科研究中的使用频率高，有创新提升的价值，适合开展非政府的对外交流，是政府主导文化的公信力的落脚点。它们的性质是局部特有文化。它们在特定的范围内，号召力强、开放能力大、人民对之习惯成自然、利用成本低而社会效益高、容易被国际社会所接受。其他不同层面的文化包括以下主要层面：

民俗文化。我国的民俗文化，是祖先创造并世代流传下来的共有风俗习惯，以及一套有关宇宙观、人生文化和周围世界和谐运行的人文知识系统与行为惯制。它是社会主义意识形态文化和其他层面文化都不可或缺的组成部分。它是现代学校教育之外的人类社会传承教育文化，但要比现代学校教育的资格更老，乃至在没有现代学校教育的地方都有民俗文化。在现代国家文化建设战略中，两者互补。

民族文化和地方文化。我国的民族文化和地方文化，在我国的多民族和多地区社会形成和发展，是社会主义意识形态文化的重要基础，也是民俗学研究对象的核心部分。在我国现代经济社会高度发展的过程中，民族文化的建设与地方社会建设相结合，已成为地方社会"维稳"的深厚文化基础。

遗产文化。遗产文化，由人类学、民俗学、社会学、历史学、艺术学和地理学等学者共同提出，用来界定人类共享优秀遗产的理论概念、政府工作框架、原地历史传统和建设可持续生态文明社会的未来意识、遗产公有化的脆弱性等。它是一个综合概念。上世纪 90 年代后期，联合国在制定千年发展规划中，将区域、种族、性别和民俗列为四大要素，纳入了政府工作的社会主流化框架。这对全面保护利用遗产文化是一种福音。我国的民俗学研究自上世纪初至今，已有 90 年的历史。钟敬文先生创建了民俗学的中国学派，为民俗学研究与国家文化建设的相关性探讨，在学科建设的主流方向上，做了一种蓝图式的规划。21 世纪初，我国政府加入了联合国非物质文化遗产保护的国际网络，进一步提供了民俗学研究国家文化建设中的"非遗"对象的可能性。上述概念和前期理论活动都成为具有我国国情特点的遗产文化建设形态。

国家整体文化建设结构内部的关系。在国家整体文化建设结构中，各层次文化划分不是绝对的，它们之间存在着彼此交叉的关系。在我国现行体制内，政府主导文化与其他各层面文化具有较高的融通性，但在对外沟通交流中，其他各层面文化则往往能承担优先开路的角色。在综合防灾减灾文化建设中，其他各层面文化还有更强的心理穿透力，能帮助政府主导文化建立"社会信任"。

在我国新时期文化建设中，加强以政府为主导的国家社会主义意识形态文化建设，绝不等于取代民俗文化、民族文化、地方文化和包办遗产文化。其他各层面文化都有自己面对的社会群体和特有文化内涵。它们的受保护程度和发展水平，还成为国际舆论评价我国改革开放质量的一种标尺。它们的生态文明环境良好与否，也与我国人民对幸福指标的体验和描述直接相关。政府主管部门要充分考虑到我国各层面文化的各自特点，这样在规划布局和实际利用时才能更为妥当。这方面的一些现实课题研究，还需要民俗学与社会学等相邻学科联手。

二、基本问题与理论建设的重点领域

在 20 世纪后期兴起的经济全球化引发的各种全球性变迁中,产生了诸多的文化不确定性。在这一时期,在人文社科的研究中,"文化空间"和"遗产文化"概念的引进,引起了民俗学理论走势的变化。认识这些变化,分析它们所带来的问题,是民俗学研究国家文化建设的一个重点。

(一) 国家化空间与多元时空格局①

在民俗学的研究中,将"文化空间"的概念引进,使民俗学者观察和研究民俗事象的时间序列被打破,进入了空间分析阶段。这时民俗学者需要思考的一个基本问题是:国家化空间与"文化空间"导向的多元时空格局对国家文化建设的意义。

1. 微观空间

20 世纪学者对"空间"有种种解释,但都赋予它以国家意识和国家时间属性,全球化的复杂进程引起了"空间"概念的变化。在 21 世纪前后,"文化空间"的概念被再三讨论,造成了对以往"空间"概念的颠覆,其目标是尊重多时空格局下的各种社会发展模式,承认微观空间的独立文化传统和社会发展价值,保护文化多样性,这是一个重要的国际思潮。

在我国的人文社科基础研究中,在国家统一文化体制下,以往都是讲国家空间。民俗学的研究也强调国家空间内的民族性和地区性民俗的特质,但不足之处是缺乏研究微观空间的社会发展模式的意义。

从我们近年的研究看,这种微观研究,不是对国家宏观空间观的补充,而是验证和阐释另一种富有地区差异的、被自然与文化一体世界观所制约的、以文化控制人类冒犯自然行为的、日常化又具有民俗权威性的社

---

① 在拙作《"文化空间"的民俗地理学研究》中,对民俗学视角的文化空间研究作了详细讨论,详见《民俗典籍文字研究》第 8 辑,商务印书馆 2011 年版,第 80—93 页。

会模式。它站在国家空间观的对面或侧面，但两者不是对立物，而是一种长期并存的现实。

从前有些民俗学者的研究不大管这种现实，即使在研究中涉及"民族民俗"和"地方民俗"，也只是从国家统一文化的层面，讨论民俗管理的角色，这其实等于忽略了微观空间是一种"研究"空间。这就使以往民俗学者在讨论人类肆无忌惮地侵犯自然的后果（其中也包括部分民俗成因）时，显得思想乏力。

在新时期国家文化建设中思考空间研究的微观性，还能揭示另外一个道理，即人类在拥有高消费经济能力和智能工具产品的时代，也会忘了民俗。民俗虽然无须高度集权而顺其自然地变动，虽然可以因无政治功利的传承而显得弱势，但它却可以借助局部更新的活力，在敬畏自然和群体文化规则中变动，成为自然与文化的双护神。相反，那些忘记了最具群约性的民俗的现代人，就是忘了人类集体性的自我，就会反遭自然对人类的无情报复。

2. 具体社会史

进入经济全球化时期后，国家化"空间"的实体性产生了某种不确定性，其时间的稳定性逐步消解。同时，人类利用地球资源的高速联合经济开发行为和高技术手段，也使国家化空间的概念被加以新的再界定，并介入不同时态与不同空间交错纠结的内涵。民俗学将空间研究延伸到民俗资源保护利用领域，可以从理论上，提出对微观空间中的社会文化控制的概念，主要通过具体社会史的研究，加强微观空间中的社会文化传承价值的定性研究[1]，对微观空间文化活力与国家宏观调控管理不一致的问题，作出解释。张镜湖所撰《世界的资源与环境》，对世界多国家多民族地区的调查数据加以分析，他发现，在微观空间中，生产民俗与微观空间具有高度的一致性，是工业化革命和商业暴利导致了两者的不一致性[2]。

安介生在《历史民族地理》中指出，识别微观社会空间中的具体历

---

[1] 史培军、宫鹏、李晓兵、陈晋、齐晔、潘耀忠：《土地利用/覆盖变化研究的方法与实践》，科学出版社2000年版。王静爱主编：《中国地理教程》，高等教育出版社2007年版，第267页。

[2] 张镜湖：《世界的资源与环境》，科学出版社2004年版，第18—19页。

史，其目标是识别社会关系。特别是在小群体的地方文化中，人们依靠它来进行族群识别，建立生活知识系统，这些微观空间中的有些地名还成为民族或地方群体的代名词①。这些意见对民俗学者认识具体社会史是有启发的。

现代社会是网络信息社会，民俗学者获得资料的渠道多了，但仍然要多下去做田野工作，了解具体社会史，到田野中去找机会。在民俗学理论的支持下，通过田野工作，民俗学者还可以重构具体社会史的资料系统。我国现代社会的急剧变迁，急需民俗学者走下去，他们的田野怎样多姿多彩，就能带来怎样多元化的具体社会史，就能充实怎样鲜活的民俗学理论。

3. 物质文化

法国学者对微观空间的研究比较透彻，他们强调全球化使国家化空间含义失落，使微观社会空间的价值被突显出来，"（全球化）其实是一个在不同时态与不同空间交错背景中具有多重形式的一个复杂进程"，在国家层面上，作为主权象征的领土或空间四至，现在已经"至少局部地失去了其物质价值，但却仍然保持着其象征意义和表述形式"②。发生这种转变的结果，是使物质文化研究登场。全球化造成国家化空间资源流失的另一后果，是使微观空间内的传承群体、传承空间和传承实物的知识消失。为此，学者要关注空间文化传承的社会变迁，也要关注被文化所塑造的物质产品的变迁。

我们从他们的研究看，现代人能在方便快捷的商业消费生活中忘记民俗，也能忘记民俗物质。我们看他们的讨论："所有涉及从区域到全球的流通，流通连接的产物，物质化或非物质化交换物，对于相异性和交融性的意识，几乎全部都被忽略而过。正是这种对过去的遗忘，导致了在理解全球化现象突然加速的当今世界时，人们才会显得如此知识贫乏"③。近六年来，我带我的科研小组与法国学者合作，转向对物质民俗的研究，特

①　安介生：《历史民族地理》（上），山东教育出版社 2007 年版，第 120 页。另见第 97、98、113、117 页。

②　［法］贝特朗·巴迪（Bertrand Badie）、［法］玛丽—弗朗索瓦·杜兰（Marie-Francose Durand）等编：《全球化地图》，许铁兵译，社会科学文献出版社 2007 年版，第 6、8 页。

③　同上书，第 8 页。

别是对其中的传统手工行业文化研究。我们也吸收了日本民俗学者的研究成果。千叶德尔认为，物质文化体现了"经济、社会、政治等各种各样的过程产生的结构"①。有些日本学者还把部分民俗当作物质文化要素开展研究，使民俗学研究深入到地方社会中去。本科研小组根据北京城市史的实际，开展了对北京传统手工行业的老字号企业的民俗志研究。这些研究理念与法日同行不谋而合。

民俗学运用现代空间理论研究国家文化建设的课题，需要了解行政管理空间与文化传承空间的差异；同时，还要了解多元时空格局中的空间研究的实质，是把空间视为一个"认知世界空间"②。全球化把世界空间一体化，这是必须抵制的错误倾向。民俗学者要继续关注微观空间的研究，重视多元文化的价值与合理性，这正是抵制全球化弊病的学术努力。

目前我国政府、学者都在帮助当地人强调微观空间的多样性，这导致地方利益变成文化权利，也导致各种声音的不统一。在这种情况下，"口头传统"的研究就变得特别重要，它是识别，是找回，也是"认知世界空间"的存在证明。

（二）"遗产文化"的复杂导向

现在民俗学研究来到了一个社会文化层次最多、民俗文化涵盖最广的时期。"非物质文化遗产"概念的引进，引起了民俗学理论走势的另一种变化。在这方面，以国家文化建设为对象，需要民俗学者具有复杂性思维，要认真讨论"遗产文化"的概念阐释与具体社会实践出现的复杂问题。

---

① ［日］八木康幸：《文化科学与自然科学》，原载［日］福田亚细男、小松和彦编《讲座日本の文化科学》，河合洋尚、陈浣娜译，收入王晓葵、何彬编《现代日本文化科学的理论与方法》，学苑出版社 2010 年版，第 177 页。但八木康幸最早发表此观点在 1997 年，参见该著第 190 页注释 1。

② ［法］玛丽—弗朗索瓦·杜兰（Marie-Francose Durand）等编：《全球化地图》，许铁兵译，社会科学文献出版社 2007 年版，封底。

1. 民俗学研究对象的变化

民俗学过去以民俗事象为研究对象，擅长文化分层，认为民俗事象的承担者有一个稳定的社会阶层。但是，在新时期国家经济社会建设中，在高速城市化进程中，民俗学的研究对象正在经历悄然变化：从以民俗事象为主，转为以民俗承担者为主。现代社会的民俗事象是什么？对这个问题，民俗学者的回答滔滔不绝，一般人也能通过看书或看电视作出解释。但是，现代社会的民俗承担者是谁？他们在哪里？在做什么？想什么？民俗学者却未必对答如流，一般人也不大能说清楚。这就需要加强调查研究，才能作出科学的解释。在这方面，民俗学与社会学需要进行交叉研究。从我们近年的调研结果看，你只看文化分层，你看不见民俗承担者的稳定；你看社会分层，你就能看见民俗承担者的稳定，并看到他们的文化表现都发生在什么地方：原来民俗承担者是把社会分层的压力与文化分层的生命力"混搭"在一起的。从两个学科看问题，就能让我们对文化建设的作用看得很清楚。民俗学者加强对民俗承担者的文化建设是必要的。在经过正确的社会实践之后，政府主导文化也会拥有更广泛的社会基础，地方社会建设也会得到更有力的支持。

2. 民俗承担者的变迁

现在我们不得不考虑民俗承担者的现代变迁。在我国经济社会的发展中，民俗承担者的变迁可归结为三点。

一是从民俗生活方式的承担者变为拥有民俗文化权利的目标人群。在旅游点和非遗示范村，他们成为被高度关注的人群对象。在民俗学研究中，可以发现，他们从拥有文化权利的个人或集体，转变为主动争取社会利益的人群。这种变化是在计划经济时期所没有的。

二是他们成为可观察的历史传统，其声音被认为具有祖先文化的特质。在现代社会，他们借助媒体和高新技术产品，部分地改变了传承材料，增强了传承的正能量。在民俗学研究中，我们能发现，民俗承担者从传承民俗文化的单一角色，转变为有时传承民俗文化有时传承时尚文化的复合角色。这种变化的根源，是我国由封闭社会转变为开放社会，社会结构已发生了根本性的变化，这就造成了民俗传承介质和传承渠道的变化。

三是他们中间的一部分人成为政府可控制的文化传承人。在民俗学研究中，可以发现，他们社会分层发生了较大的变化，但他们原有的文化分层与其社会分层的改变并不同步。这时民俗学的文化分层研究有哪些需要考察的问题呢？以下简要谈四点。

第一，民俗承担者的地方价值化和民族价值化倾向增强。在他们的观念中，"民俗"被看成是"地方"和"民族"的象征，他们社会分层的改变，源自他们是地方文化利益与民族文化利益的双重拥有者。

第二，在解释民俗现象上，他们的"历史化"做法比较普遍。他们纷纷为所享用的民俗事象接续历史人物和历史事件，补充历史文献，延长民俗事象的传承时间，争当传承人。这种现象，也往往被民俗学者当作延续民俗传统的现实生命力所在，如此民俗承担者便成为民俗历史与传承现实的双向代言人。

第三，通过对全球化下的非物质文化遗产的识别与肯定，他们赢得了政府政策的保护，政府和学者的工作也提高了他们的对外影响力，他们被当作内外文化的共有符号。

第四，民俗学者通过指出民俗知识和民俗权利，强化了民俗承担者对全球化下同化文化的抵御作用，他们随之成为全球化与民俗化的双化对象。他们中的国家级传承人还从文化分层进入了新的社会分层，获得有社会地位的文化代言人位置。

我认为，社会结构的变迁和社会分层的加剧，并不能直接引起文化分层的骤变，这也是社会学和民俗学都在讲的道理。但在我国的社会结构和社会分层巨变下的文化分层为什么变化得那么缓慢？作为国家文化组成部分的民俗文化，在文化分层上有哪些新动态？文化分层的变化迟缓是文化包袱沉重所致，还是表现了文化变迁适应社会变迁的特有动态过程？为什么说民俗学研究文化分层对国家的文化建设有辅助作用？这些都是需要民俗学者给予研究的。在我国这个历史文化大国，文化是有其特有价值的。这种特有价值就表现为对社会结构和社会分层变迁具有动态的适应性，民俗承担者正是动态民俗运行环节的主体部分。这种动态变化还能告诉民俗学者，很多文化分层适应社会分层的民俗知识，除非民俗学者看不见，民俗承担者自己总是能看见的。

3. 城市分类细化与农村分类细化

经费孝通研究，中国可作城乡二元社会分类，他本人也使用了社区的个案①，郑杭生和陆学艺指出两者混合和变迁的一般现象②。李强在研究我国高速城市化进程中社会分层时，对城市作了新的分类③。马戎的研究对少数民族流动人口与城市化的关系作了分析④。民俗学开展国家文化建设研究，要吸收社会学和人类学等等相关学科的理论和方法。我们近年用社会史方法开展城市民俗学的研究，有以下收获。首先，社会学的城市划分已经细化。现代城市是交通、人口、财富、知识、高科技信息、仪器设备、政府机构、水电国防高度集中密集区。社会学者已改变了以往的城市或农村的笼统划分，开始考虑到综合城市空间、城市社会布局、城市经济、城市文化构成和城市民俗等特色，将城市划分为传统城市、城市核心区、历史街区、民俗文化区、城中村、城乡接合部和卫星城等。社会学对农村的划分也在细化，陆学艺将农村划分为中西部贫困村庄、沿海发达村庄、纯农业村庄、工业发达村庄、传统村庄、城市化进程中的城中村和城郊村等不同类别，将政治、经济、文化和民俗因素都考虑在农村划分的要素之内，这些研究意见对民俗学都有启发，民俗学者所谓的纯农村研究也必须细化，因为细化才能深化。

我们近年主要对农村家族进城的北京中小商号企业和中小商人作了一系列个案研究⑤。研究证明，就民俗承担者本身而言，他们对农村与城市的划分也不是简单的行政划分。他们根据家族传统、社会资本、创新能力的区别和差异性，也根据对商业组织理念的认识，与对城市市场机会的把

---

① R. David Arkush, 1981. *Fei Xiaotong and Sociology in Revolutionary China*. Cambridge：Mass. Harvard. ，中译本，[美] 戴维·阿古什：《费孝通传》，董天民译，时事出版社 1986 年版。详见此书对费孝通"社区"理论的讨论。费孝通：《中国农民的生活：一个长江流域乡村生活的田野研究》（*Peasant Life in China：A Field Study of Country Life in the Yangtze Valley.* ），London：Routledge and N. Y. ：Dutton. 1939. 另见费孝通《行行重行行》，宁夏人民出版社 1992 年版。

② 郑杭生主编：《社会学概论新修》（第三版），中国人民大学出版社 2003 年版，第 347—348 页。陆学艺等主编：《2010 年北京社会建设分析报告》，社会科学出版社 2010 年版。

③ 李强：《转型时期的中国社会分层结构》，黑龙江人民出版社 2002 年版，第 1—57 页。

④ 马戎：《中国人口跨地域流动及其对族际交往的影响》，《中国人口科学》2009 年第 6 期。

⑤ 董晓萍、[法] 蓝克利（Christian Lamouroux）：《现代商业的社会史研究：北京成文厚（1942—1952）》，《北京师范大学学报》2010 年第 2 期。另见《北京成文厚个案研究——撰写北京商业史的资料、方法与初步结果》，载 [法] 蓝克利主编《中国近现代行业文化研究：技艺和行业知识的传承与功能》，国家图书馆出版社 2010 年版，第 319—347 页。

握程度等，确定在城市空间的某城区作为落脚之地和发展网络。北京成文厚家族企业适应了北京城市的现代化进程，学习了现代城市的工商业知识，掌握先进行业技能，利用参与现代会计学校教育的途径，扩大客户系统和就业网络，获得了在城市发展的机会。但从城市中小商号的城乡家族整体看，农民对城乡的选择也不是单一的，而是另有文化标准。北京成文厚由一个农村家族发展而来，我们曾三进其农村原籍调查，发现成文厚故乡农民的选择有三种情况：一是在城市做农村人，二是在农村做城市人，三是在城市做城市人。在城市做城市人的是北京成文厚的这个家族，但他们在城市空间的认识上也有自己的文化网络观。他们有对北京城市的总体概念，还有对北京商业公会的市民行业组织的观念，有对生活区兼商业区的西四的小空间运作观念（如对"前厂后店"的利用），有对房地产权的利用观念，有对宗教网络的划分观念等。他们在这些方面都有细致的认识，并付诸中小商业企业的经营实践。以往民俗学的研究，仅仅用城市或农村的笼统概念搞研究，不考虑民俗承担者的"文化人"角色，这样考察民俗是远远不够的。在现代社会中，还出现了文化村、文化市、城帮村、外省援建社区和新农村等命名，各学科都在城乡研究中利用"遗产文化"的概念，民俗学对这些现象也要加强研究，这样民俗学就大有提升的空间。

4. 历史文献化与现代地方社会建设的统一

"遗产文化"的概念还很容易导致一种倾向，就是将政府主导文化的权力成分与市场经济背景下的商人商业文化捆绑在一起。在这种格局中，政府对商人商业活动的政策会影响整体保护工作的进程。商人商业活动对政府保护遗产文化的价值观也会形成不可忽视的影响。民俗学参与研究，应促进将遗产文化建设变成生态文明建设，而避免将之变为市场经济掠夺的牺牲品。

我们对北京传统手工业老字号企业的调查研究进行得比较顺利，是由于学者和企业双方建立了共识——共建企业的"非遗"文化。企业领导在这种情况下，给我们提供了珍贵的企业档案，也通过我们的力量，把我们查到和使用的行业档案提供给企业，帮助完成企业历史文献化。企业欢迎我们是希望提升企业文化的知名度，对此我们要从积极的方面去理解，因为民俗学者的调查研究工作是携带社会功能的，民俗学者要有社会良知，心系社会命运，要与企业换位思考，这样才能在遗产文化研究与保护上树立民俗学者的新形象。

有些工作不是民俗学所能独立承担的，如对传统节日的研究，就需要民俗学与社会学、人类学和民族学通力合作完成。民俗学要研究的基本问题至少有二。第一，把握传统节日的民俗文化运行的本质。传统节日的民俗文化，从本质上说，不是以经济利益为主的文化，而是以地方群体利益和文化利益为中心的文化。因此，要避免将传统节日的历史文化做成博物馆资料，而不去描述原地社会文化的主流。第二，传统节日的民俗文化开发，要将社会利益与文化利益相协调。目前部分社会阶层的节日利益诉求可以在现代社会结构中得到满足，但也有一些原地利益群体在节日资源开发中未能得到妥善安排，因此会引发历史误读和社会冲突，包括节日运行的历史模式与现代商业目标的冲突、旅游目标与文化伦理的冲突、生活资源被纳入现代空间后受到生活方式的约束所产生的不适应性冲突、历史街区共有资源与产权竞争的冲突等。在"遗产文化"概念的引导下，在传统节日的研究中，农村民俗、城市民俗、民族民俗、区域民俗等概念共同进入地方建设，历史文献化的倾向在发展，口头传统被再利益化，民族特色被充分强调。"遗产文化"的建设，使民俗学者对文化分层进入社会分层的认识远远跟不上现实变化，理论跟进的任务尤为紧迫。

(三) 跨文化性

全球文化环境的变迁给民俗学又提出了一个问题：即如何在国家文化建设中，发展民俗文化的软实力，建设民俗传承渠道中的跨文化对话战略？这里大体谈三点。

第一，特色化。过去也叫"民族化"。但我们不是简单地讲"越是民族的，越是世界的"。民俗在本质上就是内部文化，其实要传出去很难。民俗学要研究的是，民俗文化怎样才具有跨文化性？在这个前提下，"特色化"才成为一个优势战略概念。它能促使民俗学以内外双视角看民俗，兼容别人，推广自己。民俗学要在这方面加强工作。在设计理论问题上，应包括：民俗学研究跨文化交流的历史本质和当代内涵是什么，在国家文化传播中的战略定位是什么，等等。在基本概念上，应包括：民俗文化交流对当代世界多元文化交流理论中的"跨文化"起点、"接触点（contact zone）"和"边际理论（boundary theory）"等概念，如何发挥自己的特长，如何创造自己的新工具概念，等等。开展这些工作，可以帮助民俗学研究扩大眼界，争取有更多的社会效益①。

第二，故事项目。开头讲过，西方发达国家把人民共同选择和价值趋同的民俗文化做成国际项目，如神话、故事、民间音乐、民间舞蹈和民间戏曲等。他们在与当地文化不冲突的前提下，开展不同国家间的文化运行策略互补和文化沟通的对话，中国也已处在这种主流中，发展讲故事项目，有助于增加国家文化的对外影响②。

第三，综合防灾减灾民俗文化建设。民俗学讨论这个问题的迫切性是，在全球气候变迁的环境中，我国作为灾害大国兼文化大国的特征突显，在防灾减灾中，抵御社会风险源，涉及脆弱性很强的一部分民俗文化保护问题，这已被提到议事日程上来。从我们对灾区的调查看，很多民俗文化遗产的价值不在于物品贵重，而在于它们所附着的情感、价值观和宗教信仰，一旦它们被自然力破坏，就容易引起文化恐慌，由此带来的社会恐怖，会危害极大，乃至能造成次生灾害。世界各国防灾减灾技术有模式，但防灾减灾民俗无模式，这就需要在本国文化建设中加以重构。还有一个更重要的问题是，民俗学研究对象中的中下层文化承担者，往往是现代社会的中低收入人群和低保群体，而他们正是政府加强公共资金和社会福利投入的对象，民俗因此成为政府制定社会政策的一种知识结构③。

结　论

在全球化背景下，民俗学研究国家文化建设特别重要，它涉及国家的

① 董晓萍：《跨文化的汉语文化交流：调研与对策》，《温州大学学报》2012年第1期，第1—10页。

② 关于对跨文化故事项目调研数据与理论讨论，参见拙文《跨文化的现代民俗传承》，载北京市社会科学联合会、北京师范大学编《前沿、创新、发展——学术前沿论坛十周年纪念文集（2001—2010年）》，北京师范大学出版社2011年版，第212—216页。

③ 关于民俗学如何参与国家防灾减灾文化建设，另见董晓萍、王静爱《减灾文化建设与社会管理》，载北京市社会科学联合会、北京师范大学编《科学发展：社会管理与社会和谐》（上），北京师范大学出版社2011年版，第108—117页。

文化权利、文化多样性、文化遗产保护、民族团结、生态环境、地方社会传统和综合防灾减灾等种种问题，不容忽视。民俗学研究国家文化建设，并作出理论贡献，这是新时期民俗学研究的大方向，也是民俗学学科建设能力的标志。

应将利用民俗文化资源的工作纳入政府文化建设的决策，包括从文化角度开展的社会管理实践、文化安全管理、政府投资方向管理和预防风险管理。要从民俗学的角度，理解中低收入社会阶层的风险补偿和民俗习惯，鼓励民间组织等相关社会力量的参与机制等。

民族民俗研究是国家维稳文化的核心工作。我国是多区域多民族的统一国家，地方民族和民族民俗一向是民俗学研究对象的重点。在我国现代经济社会高度发展的过程中，它们均已被前所未有地纳入地方社会建设，成为地方社会发展的支柱。正确利用地方民俗和民族民俗的资源，可以对国家与地方政府的社会管理起到互补作用。从民俗研究民族史和地方史，已成为一种理论兼方法。

加强跨文化比较民俗研究。在全球化和现代化时期，民俗、影视和汉语推广已成为我国文化输出的三大渠道。但我国民俗从封闭社会发展而来，在现代世界文化输出的高标准要求面前，民俗的优秀性还缺乏与开放环境和外部世界的联系与对比，对国家文化建设有效能力的预测水平和激发内生机制的水平不足，这些都是需要改进的地方。民俗学研究的功能就在于提升民俗文化的生命力。我国还要通过高校民俗学教育和社会普及教育，使民俗获得新的社会适应性，而改善民俗文化的输出水平是民俗学者的共同责任。

城市化过程中的民俗学田野作业[*]

北京师范大学教授　刘铁梁

　　当前民俗学研究中最热门的话题之一是非物质文化遗产保护与抢救，然而，我们作为民俗学者应该超越这个"非遗"问题，回到社会生活发展变化上来，更多地关注"民"以及"民"在今天的生活处境、文化困惑与情感诉求。这个"民"，就是包括我们自己在内的所有现实生活中的人。面对城市化进程，以往以抢救和研究传统文化为己任的民俗学，特别需要进行一定的学术转型。

　　其实各国的民俗学在诞生之时就已经面临着城市化的境况，例如：在"folklore"诞生的英国，工业化使得农民离开乡村而进到城市；在日本的柳田国男倡导"乡土研究"，关注农民和日本人的"心性"，也是由于他们开始欧化、工业化和城市化。但是城市化是一个逐渐加速的过程，它的最初阶段并没有妨碍一个传统乡村社会的存在。直到 20 世纪 90 年代初，中国的城市化过程虽然加快，但是在东南沿海地区的大部分村落中，传统的农耕生活方式与民俗文化都还大量保留着，一些节日祭祀活动甚至也处在复兴过程中。过了十多年，情况就大不相同了，中国乡村和城市的面貌都在加速度地改变。一些村落已被城市的扩张所淹没，或者成为了只有老人的村落，另一些村落由于改变了产业结构和走向公司化而变得面目全非。再看城市里，到处都是高楼林立，你已经很难再找到原来的街巷和见

　　* 本文是在 2012 年民俗学暑期讲习班发言稿基础上修改而成，赖彦斌老师为我的讲课录音，研究生杨俊生、毛晓帅、黄莺、任雨晨、程德兴、郜文娟为我整理录音稿，在此一并向他们表示感谢。

到原来的老街坊。在北京这样的城市里，想找人问个路都很难。更让我们感到尴尬的是，无论是在城市还是在农村，人们都在忙忙碌碌，不再那么愿意接受我们的访谈了，这可能是因为我们提出的问题跟他们的现实生活已经离得太远。"城市化过程中的民俗学田野作业"这一问题，就是在这样的情况下被提出来的。

一、面向城市化过程的民俗学研究课题

城市化过程要求民俗学再也不能墨守成规，不能只想着发现和保护一些传统的民俗文化形式，而要紧密联系现实生活的变化提出新的研究课题，确立新的研究方向。这里，根据我和同学们最近这些年在农村和城市中开展民俗学田野作业的经验，同时也参考其他学科的相关研究情况，讨论一下民俗学的调查研究可以有哪些新的课题方向。

（一）村落民俗调查的新课题

1. 作为村落记忆的民俗

近十几年来，社会学研究关于村落社会发展已经有很多调查性论著，比如有两本著作就引起我们的注意，一本是 1997 年出版的折晓叶的《村庄的再造：一个超级村庄的变化》，另一本是 2004 年出版的李培林的《村落的终结：羊城村的故事》。从书名上就可看出，两书见到的情况不尽相同，但共同关心的问题都是要认识村落社会发展的道路问题、模式问题，都是力图对村落变化的事实作出客观的认知。民俗学者看村落的出发点有所不同，面对一个个原来的村落都快消失的情况，我们最直接的问题就是：人们还会记得以前的村落吗？或者是：村落中的民俗还能得到保留吗？其实这都是一个问题——人们还保留有哪些村落记忆。这与关怀"非物质文化遗产"的心结有相似之处，但是看问题的眼界要更加宽广一些，更加现实一些。

所谓村落记忆，一般是指村民集体对于自己村庄由来已久的历史记忆。这种记忆是村民在世世代代生活实践中不断被积累也不断被选择的过程，保留在各种形式的民俗当中。无论是口头叙事、仪式表演，还是其他一切生产生活的习惯，都具有村落记忆的性质。所以说，在村落中的民俗调查，也是针对村落记忆所进行的调查。近来一些民俗学者提出"身体记忆"的概念，强调的就是文献记载并不是历史记忆的唯一方式，以身体为载体的民俗传承才是人们更为普遍掌握的历史记忆方式。

随着城市化进程的加速，许多村落不复存在，这些村落的历史自然会逐渐被遗忘。在村落尚存的地方，村落历史的记忆也开始变得含混不清，尤其是新一代的村民，不再记得那么多村落历史的故事，由于他们或者是在乡镇企业中上班，或者是远在外地务工，所以不能与本村的长辈人有日常的交流、沟通，已渐渐地融入到城市生活之中。在这种情况下，我们的村落民俗调查，的确就具有抢救那些比较久远的村落历史记忆的意义。但是从另一方面来看，今天的村落民俗调查也不应该摒弃村民对于现实生活经历的叙述，因为这些叙述依然具有村落记忆的性质，只不过是更多地记忆了村落发生重大变化的历史。我们从这些叙述中获得的是一个个鲜活的人生故事，包含了源于村落社会传统并且推动村落社会向前发展的集体生存智慧。因此，我们的民俗调查就需要了解那些拥有各种经历的村民个人生活史。

2. 村落发展的地域性观察

随着市场化农业和旅游业的发展，农民的生活方式发生了根本性的变化，但这并不意味着所有的村落都要走向解体。一方面高科技农业和旅游业等都需要依托村落的土地、环境和人力才能够发展。另一方面在城市化进程中，村落和地方社会的整体利益也被突显出来，农民在极力维护家乡共同利益的行动中，历史上形成的地方感和民俗传统作为情感的纽带发挥了强大作用。所以，在地域社会与文化传统的基础上实现村落的再造就具备了现实的条件。

社会学对于区域性的社会发展问题历来比较关注，例如费孝通先生的《江村经济》，所描述的其实是关于长江三角洲或者是太湖流域的农村在工业化影响下所发生的最初变化。对于今天农村的发展状况，仍然需要在区域发展历史背景下进行观察。桂华的《城市化与乡土社会变迁研究路径探析——村落变迁区域类型建构的方法》一文，就讨论到区域历史基础与村落发展路径之间关系的问题。

民俗学历来注意乡村生活及其文化的地域性表现，近年来还进一步加强了这方面的调查研究，例如对于华北社会村落庙会传统的研究，就与人类学、历史学一起进行，而且与其他地域如闽南、岭南地区的祭祀仪式传统研究形成了对话。但是这些有关区域性历史与文化传统的研究，一般还没有与当下的社会发展问题联系起来。地域性的民俗文化传统究竟怎样影响了当下村落社会的发展，应该成为民俗学今后自觉去调查研究的一个课题。

3. 村落传统的再造与劳作模式的转变

城市化过程导致村落生活发生重大变化，但是村落也可能进入一个再造的过程。那么村落的再造是怎样发生的呢？我以为，村落劳作模式的改变应该是我们考察的一个重点，或者说是当下民俗学研究村落发展问题的一个重要视角。所谓劳作模式，不仅是指获得某种物质利益的生产类型，而且是指身体经验意义上的日常生活方式。提出"村落劳作模式"，是为了将村落的物质生产活动、对外交易活动与其他交往活动统一于村落认同的身体实践之上来加以理解，也可以说要关注村落民俗文化传统的日常实践层面。我和蔡磊博士在房山沿村作过一个个案调查，发现近代以来这个村庄发展起来的"荆编"生产全面影响了村庄自身经济结构、社会关系的再建构。荆编生产的扩张，意味着村民日常生活与身体经验，也就是村落劳作模式发生了较大的改变，然而这种改变不仅没有造成这个村庄的解体，反而加强了村庄的地方感与文化认同感，而且还特别表现在村民共创共享的象征文化上面，例如由于荆条作为重要的生产原料是从与邻村交界的山上得来的，所以他们曾组织起十多个"山神会"，正月里举办祭祀山神的活动。

从日常生活的身体经验的视角，运用"劳作模式"的概念也可以深入理解今天的农村在经济与社会转型过程中，村民们如何实际调适与创新了自身的生活方式和民俗文化。一种普遍的现象是，许多村落共同体都在市场经济体制下进行了公司化的再建构，使得村落在市场环境、劳动关系、人地关系等方面都发生了结构性的转变。村民在劳作、社会交往的日常实践中既要主动去适应也要积极参与这种转变，但是这并不说明他们一定会忘却前辈人的生活经验。所以，村庄的传统如何再造，就成为民俗学在村落研究方面重要的新课题。

（二）城市民俗调查的新课题

有了关于村落民俗调查新课题的认识，再来谈城市民俗调查新课题，就可以用相互对比的眼光来谈了。城市，可以理解为具有区域社会中经济、文化和政治中心地位的社区。城市民俗历来与乡村民俗形成鲜明对比，同时又形成相辅相依的关系，我们从"清明上河图"上看到的从乡下涌入一个都市的源源不断的人流、物流，就描绘了这种关系。工业化之后的城乡关系所发生的最大变化，是城市作为行政中心、产业基地、商业中枢、知识与信息发散地等新老功能的地位都得以强化，而广大农村进一步成为了城市的腹地，全面卷入了国家控制的或者市场经济制约的体制当中，自给自足生存的程度大幅度降低，人口向城市移居的数量加大。因此，观察城市民俗的变化，也必须以城乡关系的变化为背景。

1. 作为城市记忆的民俗

城市的记忆并不比村落的记忆容易保留，以北京来说，各种历史建筑符号被破坏得比较严重，市民的居住空间和生活方式更发生巨大改变，人们对这个城市历史的记忆越来越淡。庆幸的是我们保留了紫禁城，保留了一部分老的街道和胡同；有很多人正热情地写着"老北京"的故事；当然，我们也竖起了鸟巢、国家大剧院等一些新的建筑，这些对于北京人的城市记忆都发生了某些正面的影响。在我看来，影响北京人历史与文化认同的城市记忆，流失最多的是在传说知识方面。北京人因为居住在五朝古都和新中国的首都而感到自豪，很多历史传说的流行都可以证明。其中，有关北京建城的传说就突出地反映出广大市民历史与文化的认同感。这中间有八臂哪吒城的传说、高亮赶水的传说、什刹海的传说等。可惜这些传说现在已经不那么广泛地流传了，这与城市古老风貌的被破坏是有关系的，连城墙都没有了，还谈什么八臂哪吒城？更重要的是城市居民的构成发生了根本变化，老居民所占的城市人口比重已经很小。

但是，一个城市的历史记忆是非常丰富与多元的，这与城市的庞大和生存方式的复杂相关，也与每个居民个人生活经历的差异相关。市民在彼此交谈中关于自己城市历史的述说不尽相同，共同地构成了不同职业、不同阶层、不同文化和教育背景的多群体的市民集体的记忆。如何择取和组织这些关于城市历史的多重叙事，其实是城市民俗学或城市民俗志研究特别需要解决的问题，需要在一定合理的框架下来处理好这些叙事内容的统一性与差异性关系。

城市的记忆又是随城市的发展而流动变化的，从身体记忆和情感记忆的角度来讲，不同年代的市民有对于不同城市面孔的记忆。举个例子，一说起"天桥"这个地名，立刻就会唤起许多老北京人的回忆。他们会想起当年在那里看"杂耍儿"的情景，还有那些撂地卖艺的人，他们的面孔、身段、语言都让人挥之不去。但是，年轻的北京人，从外地来北京还没有多少年的市民，就不会有这样的记忆了，因为他们根本就没有见过天桥平民市场，那里几十年前就"散了"。当然，他们对天桥也会有一点知识，但那是来源于各种媒体的宣传，或许在春节庙会上还有幸见过老天桥艺人的表演。

京东通州人关于大运河的历史记忆也如此。运河漕运早在清朝中期就已经衰落，到了光绪年间彻底停止，所以现在上岁数的人都没见过漕运。但是你到通州作民俗调查，当地学者特别爱跟你说有关漕运的历史。我觉得在这样的访谈基础上来写通州民俗，就可能与当地老百姓的实际记忆发生偏离。漕运，固然对通州地域社会的历史发展产生过重大影响，但是它与今天通州人的身体记忆和文化认同已经是一种间接的关系。我们在调查中发现，通州人实际上对不同时期的运河有不同的记忆，大体可以归结为三个时期：漕运时期、自清末开始的民船运输时期（或者说后漕运时期）和 1958 年开始的运河停运时期（因修建密云水库，运河失去潮白河水源）。也许还可以加上第四个，现在的运河旅游时期。要考虑到当地不同年龄段的人和与运河发生不同生活联系的人，他们有诸般不同的运河记忆，合起来才是通州人集体对于运河的记忆与想象。

2. 城市社会空间和文化空间的改变

村落边界是村民在日常生产劳作、社区交往、文化娱乐等实践活动的统一边界；而在城市里，市民各项日常活动的边界却是分开的：胡同是居住空间的边界，单位是工作空间的边界，另外又有剧场、餐馆、公园等是娱乐休闲空间的边界。如何描述出一个有声有色、有情有义的城市生活画卷，需要从人的不同行动空间入手。当然也不能把这些空间完全分割，比如住在北京胡同和四合院里的人，既是邻里关系，也可能是共同参与一些文化娱乐活动的伙伴关系。举个例子：庄孔韶教授每次跟我见面就问：

"最近玩什么呢？"因为他是老北京人，这么一问就很有一股京城爷们儿的味道。就是说，北京人讲究"玩儿"，而且多是在自己或别人的家里玩儿、玩鸟儿、玩虫儿、玩空竹、玩票（当唱戏曲的票友）等。再比如，去妙峰山朝圣的各个"会口儿"，也是从各个街道、胡同或者行会地点走出来的。他们也可以说自己是玩会的，但是这一玩就玩出了对于京城的神圣想象。所以，对于妙峰山庙会的研究，不要只关心碧霞元君是怎么回事儿，还要关心人们是怎样通过走会来结成空间和时间上的文化关系。

妙峰山庙会暗示了城市内部的生活空间与城市外部的世界有着紧密的联系。但是目前对妙峰山庙会的研究还是比较封闭，没有与北京历史上其他庙会，特别是丫髻山庙会的研究结合起来，也没有与京津地区近代以来的经济、交通、民间结社、地方性信仰等变动的情况结合起来，这就影响了对城市生活空间开放性的全面了解，因为庙会是与多种社会和文化网络结成复杂关联的，也会随这些网络的变迁而变迁。

今天，城市社区里人与人互动的关系变化很大。居住地点的不稳定、居所的封闭性，使得邻里之间缺乏来往，居住关系的地方感变得淡漠。就业的艰难和工作压力的加大，亲属、老友之间见面的减少，购物和娱乐方式的时尚追求等，都使得个人的自我认同和归属感变得更加不确定。社会秩序规则的复杂多变和贫富分化，使得人们安全感和信任感也有所失落。拿城里人的消费来说，以前常说的"开门七件事：柴米油盐酱醋茶"，虽然是说城里人的日子跟农村不一样，处处离不开花钱，但是买这些日常用品的地方都离家不远，一来二去的，售货员就跟你形成了彼此熟悉和信任的关系。相比之下，今天的消费者对商家就不那么信任了。现在上医院看病，有的病人想送红包还生怕送不上去。诚信是否丧失和如何建立，这也是民俗学应予关注的问题。

民俗学对于现代城市生活的关注，最初是在都市传说方面，这就要牵扯到人与人互动关系、交往方式的改变，特别是大众传媒的作用。现在民俗的传播可以超越血缘、地缘、业缘等关系，而进一步突出了趣缘（娱乐伙伴的）关系，这就与传媒技术还不发达的过去时代的民俗建构方式有很大不同。公众话语权力关系因为网络空间的出现而被重新建构，人们上网就可以非常方便地发表和交流各种意见，似乎一下子就获得了参与和监督公共政治生活的权力。中国社科院文学所有一篇硕士生学位论文刚刚答辩，研究的就是网络上的政治民主问题，重点描述了在网上的那些批评时政的文字。比如，网络管理机构屏蔽了一个隐晦的词儿，马上就会又冒出一个替代的词儿。所以，网上的言论好像是很民主，但又不像是在严肃地提意见，倒像是在"恶搞"。这种政治生态是不是正常的呢？文章提出了这样尖锐的问题，并且用了民俗学叙事研究的手段来解释网络空间上话语建构的特点。

3. 文化群体、职业群体的新生与多变

如何对城市中缤纷复杂的群体生活及其文化进行描述，一直是城市民俗志调查与书写的最大难题。在城市化过程加快的情况下，城市民俗志又面临一个新的难题，这就是群体文化的新生与多变。近些年来，城市公园里的大众文化活动非常活跃和自由，这是城市文化空间再建构的一个重要现象，也是城市各种文化群体不断新生的一种表现。这样，公园也成了民俗学者进行城市民俗调研的一个出发地，可以跟随着在那里的人一起活动，再进入到众多群体和社区的日常生活当中。比如，我们2011年在崇文区调查时关注到戏迷这个群体，就是从公园里开始接触他们的。我们认为民俗学对于戏曲的研究应该与一般戏曲史的研究有所不同，不能只是研究在各个剧场舞台演出的那些名角，还要重点研究住在城市各个角落里的戏迷。龙潭湖公园有一个地方叫"蛤蟆坑"，一群老戏迷就在那边儿活动，热情无比。这个戏迷群体中有工人、干部、老师等各个职业的人，他们走到一起形成了以戏会友的关系，也形成了京剧艺术得以传承的观众基础。这些戏迷的生活经历包含了许多关于艺术与人生的道理，因此是对戏曲文化研究资料的重要补充。

各种文化产业的兴起，也影响到城市文化空间的变化，造就了一些新的职业或业余文化的群体。比如在北京怀柔区，由于北京电影制片厂的拍摄基地建在那里，附近就经常有大批年轻人等着被招聘为"群众演员"。当地的市民或农民为这些人提供住宿、吃饭和信息服务，由此进入了一个新的文化产业群体。为了整顿这些群众演员、劳务人员的市场，在区政府主导下成立了"群众演员协会"。文化产业如何造成了一些新生群体的出现，这也是需要民俗学加以关注和研究的问题。从这些情况来看，我相信今后生活文化的多样性并不是被保护出来的，恐怕主要是被创造出来的。

此外，民俗学以往对业余生活中的娱乐群体情有独钟，现在必须要改变这种偏好，要把目光更多地投向那些新生的、流动的或重组的各种谋生群体，关心他们的生存处境，体会他们的情感，了解他们的诉求。我最近正在指导一篇博士学位论文的写作，这篇论文是以东北老工业基地某国企工厂的下岗工人为研究对象，写他们在收入水平和社会地位骤然下降的困局中，如何适应新的环境和发挥个人聪明才干的生活经历。这说明，民俗学正在关注社会变革中群体生活及其民俗文化的巨大变动，近几年北师大就出现了好几篇这方面的研究生学位论文。我觉得，民俗学的确应该有这种自觉的担当意识，不是只去挽救那些正在失去的文化，而是走近所有那些需要关怀的人群，去了解他们的生活经历，倾听他们的心声，理解他们的情感，协助他们在社会与文化协商中获得应有的话语权。

二、田野作业与文化对话

面对城市化过程的现实生活，民俗学不仅需要有一些新的课题研究方向，而且需要改进田野作业的态度和方法。有些民俗学者比较习惯于将访谈对象当成研究资料的提供者，而不是当成真诚谈话的朋友，这种具有距离感的做法曾被美其名曰是客观的态度和科学的立场，但是，今天看来这样的态度和立场显然不利于深入生活。照我看来，民俗学者只有与访谈对象建立起相互关心、相互信赖的对话关系，才可以说是真正进入了田野作业的过程。民俗学者以访谈为主要方法的田野作业与人们平常关于生活与文化的谈话，其实并没有本质上的区别。

（一）地方生活史与个人生活史

研究当下生活的民俗学田野作业的任务，从大的方向上来说，就是要通过实地访谈，了解和掌握当地人关于地方生活史与个人生活史所拥有的记忆。地方生活史的记忆属于一个地方社会的集体记忆，个人生活史的记忆属于有不同生活经历的个人记忆，两方面的记忆是相对而言的，在人们日常交流的谈话中其实也是相互交织的。

近年来，社会学、历史学等普遍展开有关"社会记忆"问题和"口述史"方法的讨论，这说明大家都意识到，不是所谓客观的历史事实，而是全社会参与的社会记忆与文化建构的实践，才是社会学历史学等学术研究的直接对象，也是学术生命的现实基础。民俗学一直就是以老百姓创造传承的文化作为研究对象，到各地进行访谈和观察，获得口述的和身体记忆的资料，本应该在有关社会记忆、口述史的讨论中占有一个重要席位，可是，由于民俗学以往比较习惯于往"过去"看，未能更多地关注现实生活中的文化，所以反而与社会大众的生活与文化传承过程发生一定的分离，多少影响了民俗学对于上述有关讨论的一度冷淡。现在，我们面对城市化过程提出了民俗学研究的一些新课题，这种情况自然就会发生改变。

民俗学与社会学、历史学相比，在对于社会记忆概念和口述史方法的理解和运用上，也有与自身学术传统相联系的一些特殊表现：（1）在有关群体或个人记忆的访谈过程中，各行各业、各个年龄段的人都可以作为民俗学者的访谈对象，当然那些相对被边缘化或被忽视的群体一般会受到民俗学者的更多关注，这是因为民俗学者的研究一直具有"自下而上"的眼光。（2）关注现实的研究方向，与以往对民俗进行追根寻源的研究方向有所分工，更加强调民俗学的"现在性"，即不是静态地而是动态地去理解民俗作为生活文化传承现象的本质。（3）民俗学在实地进行访谈与观察的田野作业方法，可以在任何一个地方运用，不必再专门去寻找"古朴的乡村"。因为无论在城市、乡村的哪一个地方，都有关于那里生活变化的集体记忆和个人记忆，并且可以从人们的口述中被记录下来。（4）在这种情况下，"民俗"被进一步看作是历史记忆与文化创造的同一过程；"访谈"就成为民俗学者与各种个人、群体的文化对话。总之，民俗学关注当下的研究方向是与对自己学术传统的反思与重温联系在一起的。

按照这样的方向进行民俗调查，一定会有与以往不同的收获。比如，我们的民间文学调查向来是要获得口头表演的文本资料，再回到案头去研究这些文本的类型性问题，但这与今天大部分人对于自己生活经历的真实感受却离得太远。以往我们之所以去关注民俗"传承人"如歌手、故事家、艺人等，但那主要是因为他们能够给我们提供研究传统文化的资料，而不是因为他们代表了更多的大众所拥有的生活经历与生存智慧，尽管他们也可以代表。因此在进入访谈的时候，我们如果能够从大家普遍关心的社会文化话题谈起，而不是从我们既定的文化遗产抢救目标谈起，所拥有的视野是不一样的。例如，我们在北京通州的一个村庄，访谈过有一位梁姓老人，因为他很会做一种传统玩具——"风车儿"，所以被命名为国家级非物质文化传承人。但是在他拥有这一名誉之前，在村民看来却是一个最爱动脑子，在村办工厂中很能进行发明创造的多面手。此外，他还向我们讲述了自己一生中见过的许多事情，也说了做人的许多道理。那么，我们应该怎样看他呢？"传承人"这一称号，对他来说的重要性是在哪里呢？

我认为，民俗学并不是满足于对各种文化形式进行比较，然后给一些人贴上某类文化的标签，而是要整体地了解一个人和他（她）周围人的各种关系，了解他（她）全部的生活经历和人生价值，那就需要开展个人生活史的调查和记述。属于一个社会共同体的多种个人的生活史，一般都具有相互勾连和相互构造的关系①，可以作为一个社会共同体集体记忆的主体内容。

（二）民俗志：感受生活变化的意义

在深度访谈的过程中，田野作业关系的所谓局内/局外、主位/客位等强调研究者与当地人差别的概念就显得不那么重要了，因为民俗学研究的主要是自己所在的社会，甚至就是"家乡民俗学"，因此民俗学调查的目的主要不是对于他者社会和文化传统的理解，而是通过访谈和参与地方生活实践来认知那些可能被主流文化所忽略、压抑的人群社会，以改变我们关于自身社会与文化认识上的某些疏忽、偏颇和误解。有学者认为，"争夺记忆反映了一种权力关系，对记忆的解释和支配反映了人们的社会地位"。"非主流的另类记忆具有一定的批判价值，是底层社会人们争夺话语霸权的表现。它的存在，为社会记忆增光添彩，使社会记忆变得更为真实，更贴近本色"。② 因此民俗学的调查和民俗志的书写，从一定意义来说，就成为支持广大民众文化话语权的一种学术实践方式。对此，我们应该有高度的责任承担意识。

---

① 集体记忆，也被认为是个人记忆相互勾连和相互建构的过程和结果。刘亚秋：《从集体记忆到个人记忆——对社会记忆研究的一个反思》，《社会》2010 年第 5 期。

② ＊郭景萍：《社会记忆——一种社会再生产的情感力量》，《社会学家茶座》（济南）2010 年第一辑。

　　民俗学固然需要建立起一些新的概念和分析工具，但是更加需要建立的却是民俗学特有的话语形式，在这种话语中，人们的文化思考与对于生活的感受（往事的回忆、情感的表达等）是交融在一起的，这种话语形式能够将大众所关切和交流的文化话题突出出来，将他们的生动叙述呈现出来。因此作为民俗学调查、研究方式和书写文体的民俗志，与一般采用理论分析研究方式和书写文体相比，最大的不同就是要掌握并且传达出人们对于各种生活经历的鲜活记忆与真切感受。对于任何一个常人来说，拥有一段生活经历就拥有了一些难忘的身体经验和情感记忆，他对这一段生活经历的讲述就赋予了那段生活以新的意义，不管与其他人之间发生过哪一种故事，或者让人愉快，或者让人难过。反过来，对那段生活的追忆又赋予他今天的行动以自我认同的意义，不管他已经怎样改变了自己。所以，在记述个人与集体生活史的民俗志文字当中，就不可以缺少有声有色的故事和有血有肉的细节，否则离开了生活史写作的特性，也就削弱了大众话语的感人力量。令人高兴的是，现有的民俗志写作实验中，已经取得一些书写个人生活史的成功经验，或者直接呈现个人记忆，或者整理为用来分析的口述资料，或者以第三人称写出鲜活的个人与群体，都是为了深刻理解一个地方社会中某些人的某些生活方式及其变化。

　　北师大 2011 年毕业的一位硕士研究生，她写的一篇学位论文，题目叫《乡村医生·父亲——乡村医患关系的变迁（1985—2010）》。她叙述了作为乡村医生的父亲 25 年间的生活经历。这位乡村医生遇到过乡村医疗制度的几度改革，他的医生身份也发生过多次变动，都影响了他和乡亲们之间关系的微妙变化。他需要克服各种困难来适应医疗制度改革的新规定，又需要灵活地发挥自己的聪明才干，让乡亲们既能治好病，又能少花钱。他与乡亲们保持了互相信任的关系，但未来的道路该怎么走，还是不甚明了。这篇论文的选题、对研究对象的认识以及写法都很有创造性，可以看出作者背后的理论修养与观察生活的能力，作为一种民俗志文体的论文，具有特别的感人力量和批评精神。例如我们从这位乡村医生的经历中，能够体会到城市化过程对乡村原有生活秩序的巨大冲击，乡村的医患关系一步一步变化，认识到某些制度、政策都需要进一步深化改革。这个例子说明，民俗志最重要的作用，就是通过叙述老百姓的生活来传达老百姓的心声。

民俗志也会通过一定的主动对话与发现，去掌握在个人生活追忆与群体民俗文化传统之间的各种关联；就民俗文化地方性的表现来说，有些民俗现象具有地方或人群社会历史和文化的标志性意义，包含了鲜明的地域或群体文化认同感，所以对于区域民俗志来说，就需要将这样的民俗现象摆在一个突出的位置，并且以它来引领当地其他民俗文化现象的书写。我提出"标志性文化统领式"民俗志的调查与书写方法，就主要是针对区域民俗志说的。最初主要是考虑怎样抓住一个地方民俗文化的总体特色，也考虑到一个地方的各种民俗现象之间会有互相连带和建构的意义关系。经过主持一段时间的调研，我和同学们进一步意识到，区域民俗志的调查与书写除了要有一般生活文化知识的详细叙述，还要容纳一些个人或群体的生动、微妙的故事，从而丰富区域民俗志的内容，特别是能够与地方文史志的写作形成一定的分工。也许当下社会大众的生活记忆，包括可以叙述的和表现为身体习惯与技术方面的，其中那些基本不被主流学术和宏大叙事所关注的部分，正是应该由民俗志去承担记录和写作的部分。

另外，如果集体记忆与个人记忆可以相对区分的话，那么民俗学也可以进一步在集体记忆之下提出群体记忆的概念，就是指一定群体对于自身生活变化的记忆，而群体记忆是由所有对这一群体有认同感的个人的记忆所分担和交汇而成的。一般来说，民俗学调查容易操作的情况是，或者选定地域，或者选定群体，从具有模式化表现的生活文化即民俗的提问开始，通过访谈与观察来理解地域或群体生活的整体变化。正是通过捕捉群体记忆与个人记忆之间的关联性调查，民俗学才能够在更为广泛的社会记忆中来表述和保留"民众"的记忆。所以，民俗调查的课题指向与民俗志书写文体形式之间的完美统一，就有了多种选择的可能性。我说过，"应该将问题、事件、人凝结于富有弹性变化的表达与呈现之中"，并认为这是感受生活的民俗学所应该追求的。[①]

（三）身体性的关注

城市化过程中民俗学调查研究新课题的提出，并不只是民俗学为获得现实的合法性而采取的权宜之策，也是对于自身学术传统进行自觉反思的

---

① 　拙作《感受生活的民俗学》，《民俗研究》2011 年第 2 期。

表现。如岩本通弥所说："都市民俗学兴盛的原因和意义在于，它针对定型已久的民俗学提出了不同的观点，并对既成的方法论、调查论以及记录论提出了重新考察其前提性概念的必要性。"①

我们经常会问：民俗学的本位是什么？我想这不是一两句话就能完全说清楚的。在《民俗研究》2011 年第 2 期中，主编特意组编了几篇论文，都是围绕民俗学的本位问题来谈的，由于角度不同，看法也就不尽相同。简单的说，就是赵世瑜主张民俗学是传承之学，我主张是感受之学，王晓葵主张是记忆之学。另外，有德国学者卡舒巴关于欧洲民俗学本位的反思，大体是民族学走向的主张；日本学者菅丰主张民俗学向公共民俗学发展的"第三条道路"。② 我觉得，面对民俗学现实的各种经验来说，这些主张基本上还是可以互相借鉴和补充的关系。这里我只谈一下与我那篇文章有关联的一个问题：民俗的身体性。

学科的本位取决于一个学科共同体一贯性的作为。各个学科都需要面对生活世界，但是通过民俗来直接感受生活，是民俗学回归生活世界的特殊途径。这应该是对民俗学本位的一个基本解释。但是下面的具体看法就比较多了。我提出感受生活的民俗学，其实也是出于对民俗身体性的关注，也就是意识到：民俗是在身体上发生、习得、记忆、使用和改变的语言和行为文化。各国民俗学发生的背景不同，研究的目的也不尽相同，但是所关注的现象却十分一致，都是口头、仪式等作为身体性文化的民俗，所建立起来的一些研究方法也是以民俗的身体性特征为根据，用来更好地解读民俗形式与身体感受结为一体的现象。民俗学后来的发展，虽然与其他学科发生了更多的交叉和对话，但是始终没有抛开民俗作为身体性文化的眼光，而是从民俗中全部丰富的感觉入手来感受生活之变，从而使民俗学研究的传统不断得到发扬和深化。

民俗学最初从研究口头传统、信仰行为等民俗入手，就已经包含了对

---

① ［日］岩本通弥：《"都市民俗学"抑或"现代民俗学"？——以日本民俗学的都市研究为例》，《文化遗产》2012 年第 2 期。

② 这五篇文章分别是赵世瑜：《传承与记忆：民俗学的学科本位》；刘铁梁：《感受生活的民俗学》；王晓葵：《记忆论与民俗学》；［德］沃尔夫冈·卡舒巴：《民俗学在今天应该意味着什么？——欧洲经验的视角》；［日］菅丰：《日本民俗学的"第三条路"——文化保护政策、民俗学主义及公共民俗学》。

于身体的关切，但是这种朴素的关切能够变成后来自觉的学科意识，是与现象学、存在主义等哲学思想相呼应，与社会学、人类学有关身体研究的经验相结合的结果。彭牧概括了美国民俗学在这一方面所经历的过程，认为：自 1989 年美国民俗学年会上，民俗学家凯瑟琳·扬依据民俗（folk-lore）的构词法，创造性地提出"身体民俗"（bodylore）以来，"二十年过去了，美国民俗学的身体研究已远远超越了对身体民俗的探究，不仅把身体实践看作一个可以和口头叙事、仪式行为等相提并论的研究类型（genre），而且将身体看成民俗学一个基本的理论视角。"她也注意到在我们国内开始探讨民俗的身体性问题，并且指出："bodylore 一词出现的背后是波及几乎所有的人文和社会科学界愈演愈烈的'身体转向'（the body turn），其矛头直指西方哲学的根基之一，也即从柏拉图开始到笛卡尔达致顶峰的灵魂与肉体的二元对立。"①

从国际民俗学的视野来看，对于民俗身体性的认识表现出一些差异。在中国古代哲学思想中，身体整体性的观念始终占据主导地位，将灵与肉绝对分离开来的观念不占上风，所以也就缺乏关于灵肉二元论的讨论。可是由于中国在引进西方现代民俗学的同时也引进了科学主义，所以也需要反思民俗学曾过分倚重文本而疏离身体表现的研究习惯，对于民俗身体性特征、民俗与身体相互塑造关系等问题进一步加深认识。与中国稍有不同，在日本民俗学开创期的柳田国男的思想中，已较多地用身体的视角来理解乡土社会的生活史，特别是关于民俗分类的思考，他说："我自己依据其自然顺序试着立了方案。即首先把映入眼睛（看得见）的资料作为第一部，把耳闻（听得见）的语言资料置于第二部，把最微妙的诉诸心意和感觉才能开始理解的事物放入第三部。"显然这是从发挥调查者身体能力的角度谈到对民俗资料的分类，其实也是考虑到民俗与身体感官相联系的性质，他说："另外，第二部正合口传这个词，所以我认为可以把第一部叫做身传；把第三部叫心传。"他一方面是站在对民俗资料进行客观分类的立场，一方面也自然地流露出研究者与乡人面对面接触的不同程

---

① 彭牧：《民俗与身体——美国民俗学的身体研究》，《民俗研究》2010 年第 3 期。

度，说这三部分资料分别属于"旅人学"、"寄居者学"和"同乡人学"。① 柳田还在一些研究中体现出对于民众身体感觉的关注，如在其名著《木棉以前的事》论述了木棉在日本的普及如何影响了人们的生活，对于木棉制品普及于庶民以后，人们穿上棉制衣服时的感觉给予了体悟，也比较了陶瓷制品普及的重大影响。在其他论文中还就色彩、声音、气味等感知的世界给予关注，这些都是以前的历史学当中所没有的。② 提出感受生活的民俗学，不是要拒绝对于生活进行各种理性的思考和普遍意义的阐释，而是说这些理性思考的合理性必须是与身体的感受深刻交融而不发生冲突。同样，在高科技手段进入生活，深刻影响人们交往方式的时代，这种对于民俗的研究，并不是为了要拒绝高科技而退回到过去，而是为了更加自觉地调动身体感受的方式加强人与人的交流，从而加深对于生活变化的理解。这也是文化自觉的一种表现。

相关文献（以与正文各部分文字的关联为序）：

李培林：《村落的终结》，商务出版社 2004 年版。

折晓叶：《村庄的再造》，中国社会科学出版社 1997 年版。

桂华：《城市化与乡土社会变迁研究路径探析——村落变迁区域类型建构的方法》，《学习与实践》（武汉）2011 年第 11 期。

刘铁梁：《近代以来北京城乡的市场体系与村落的劳作模式——以房山为案例》，赵世瑜主编《大河上下——10 世纪以来的北方城乡与民众生活》，山西人民出版社、山西出版集团 2010 年版。

郭景萍：《社会记忆——一种社会再生产的情感力量》，《社会学家茶座》（济南）2010 年第 1 期。

张海燕：《城市记忆与文化认同》，《城市文化评论》（东莞）2011 年第 4 期。

刘亚秋：《从集体记忆到个体记忆——对社会记忆研究的一个反思》，《社会》（沪）2010 年第 5 期。

---

① ［日］柳田国男：《柳田国男全集》第 28 卷，载《民间传承论》，筑摩书房 1990 年，第 370—373 页，乌日古木勒：《柳田国男与日本民俗分类》，《民俗研究》2010 年第 3 期。

② ［日］福田亚细男：《日本民俗学方法序说——柳田国男与民俗学》，於芳、王进、王京、彭伟文译，学苑出版社 2010 年版，第 110—116 页。

［日］岩本通弥：《作为方法的记忆——民俗学研究中“记忆”概念的有效性》，《文化遗产》2010 年第 4 期。

周晓红：《中国人社会心态六十年变迁及发展趋势》，《河北学刊》2009 年第 5 期。

赵晓峰：《“被束缚的村庄”：单向度的国家基础权力发展困境》，《学习与实践》（武汉）2011 年第 11 期。

朱清蓉：《乡村医生·父亲》，硕士学位论文，北京师范大学，（民俗学）2011 年。

戴玉婷：《身份认同与社会认同的实现与变迁——以四方机车车辆厂为例》，硕士学位论文，北京师范大学，（民俗学）2010 年。

［日］岩本通弥：《“都市民俗学”抑或“现代民俗学”？——以日本民俗学的都市研究为例（西村真志叶译）》，《文化遗产》2012 年第 2 期。

安娜·布希（Anne Bouchy）：《从法国看日本民俗（民族）学》，鞠熙译，《西北民族研究》2010 年第 4 期。

户晓辉：《构建城市特性：瑞士民俗学理论新视角——以托马斯·亨格纳的研究为例》，《民俗研究》2012 年第 3 期。

乌日古木勒：《柳田国男与日本民俗分类》，《民俗研究》2010 年第 3 期。

［日］福田亚细男：《日本民俗学方法序说——柳田国男与民俗学》，於芳、王进、王京、彭伟文译，学苑出版社 2010 年版。

彭牧：《民俗与身体——美国民俗学的身体研究》，《民俗研究》2010 年第 3 期。

王杰文：《作为文化批评的“当代传说”——“当代传说”研究 30 年（1981—2010）》，《民俗研究》2012 年第 4 期。

杨利慧：《语境、过程、表演者与朝向当下的民俗学——表演理论与中国民俗学的当代转型》，《民俗研究》2011 年第 1 期。

民俗学的基本概念[*]

爱沙尼亚塔尔图大学教授　于鲁·瓦尔克（Ülo Valk）

董晓萍　译

一、民俗

"民俗"的概念是在两种理念基础上形成的，一是启蒙主义思想，二是 18 世纪的历史哲学。这两种思想最早出现在维柯（Giambattista Vico，1668—1744）和赫德（Johann Gottfried von Herder，1744—1803）的著作中。赫德同时也是德国浪漫主义运动的奠基人之一，他的思想后来被格林兄弟继承和发展，格林兄弟也因此而一举成名。格林兄弟通过他们的著作，使民俗研究成为一门学科，从此民俗学向学科建设的方面迈出了关键的一步。

1846 年，英国文物学者汤姆森（William Thoms）提出了"民俗"一词，这时"民俗"被当作古旧的文化事象，包括"礼仪、风俗、行为惯制、迷信、歌谣和谚语，等等"①。在当代民俗学中，这个概念已失去了往日的吸引力，当代民俗学者更倾向于将民俗界定为本土的创造，通过传统的形式得到再现。

　＊ 本文的研究获制度研究项目（IUT2—43）和欧盟欧洲区域发展基金（Center of Excellence CECT）的支持，特此说明并致谢。

　① Dundes, Alan (ed.) 1999. *International Folkloristics: Classic Contributions by the Founders of Folklore*. Lanham, Boulder, Oxford, New York: Rowman and Littlefield Publishers, Inc. p. 11.

　　当代民俗学更注重的研究对象，不是民歌，而是民歌的演唱；不是故事，而是故事的叙事；不是静态的记录文本，而是文本的实践。以往民俗学曾将民俗事象文本化，再将文本转成文本的实体，这种做法，并没有丧失文本的重要性。不过，当代民俗学著作的核心，却是民俗的非文本化部分。当代民俗学者已认识到，民俗的主要含义，存在于它与社会功能的联系之中，不具备民俗史、民族和地区的有关知识，其实是无法了解当地民俗的。

二、传统

　　对民俗学来说，"传统"一词，是一个十分关键性的概念。长期以来，"传统"，曾被用来描写那些无文字社会，或者前文字社会的文化事象。在那些社会中，知识、规矩和社会组织等，都被保存在记忆中，在口耳相传的活动中传承①。在欧洲启蒙思想运动和文化进化论的思潮中，"传统"的概念，又被与落后、野蛮和无文明社会的概念联系在一起。

　　在某些场合，"传统"还被解释为无用的、累赘的、阻碍社会进步的障碍物②。但在伊雷克·霍伯斯勃姆（Eric Hobsbawm）和特伦思·兰格（Terence Ranger）出版了他们的重要著作《传统的发明》（*The Invention of Tradition*，1983）之后，人们改变了看法。学者们意识到，很多所谓的"传统"，貌似古老，却原来是新近的发明。后发明的东西有时也能成为某种标识，与文化认同的概念粘连在一起③。

　　皮亚提·安东尼（Pertti Anttonen）在《穿过现代的传统》（*Tradition through Modernity*，2005）一书中指出，"现代"与"传统"看上去矛盾，其实有内在的统一性。今天人们谈论的现代性和现代主义概念，是可以从

　　① Ben-Amos, Dan 1984. The Seven Strands of Tradition: Varieties in Its Meaning in American Folklore Studies. *Journal of Folklore Research*, Vol. 21, No. 2/3: 97–131.

　　② Honko, Lauri 1995. Traditions in the construction of cultural identity and strategies of ethnic survival. *European Review*, Vol. 3, No. 2, p. 131.

　　③ Honko, Lauri 1995. Traditions in the construction of cultural identity and strategies of ethnic survival. *European Review*, Vol. 3, No. 2, p. 132.

"传统"中找到渊源联系的，因而"传统"只是在表面上与现代性相左，其实是现代性的差异面①。

"传统"的概念还有其他多种含义，如"做文化之外的材料"②。在民俗学者看来，最重要的工作，是要记录"被研究的"传统共同体中的人们，正在被他们自己的文化遗产纳入"传统"的过程③。"如果共同体中的传统的一部分被抽取出来，当作文化沟通的现象加以再现，那么其他一系列的认同，包括价值观、符号和人们的情感等，就会接踵而来地形成"④。在某种情况下，这种"传统"还会被表述为一种认同的情怀，一个在自我与他者的关系中被加以强调的东西等⑤。这时的认同就成了把一些外来因素加以文化地结构起来的工具，有时还能造成共同体的拆分。

三、体裁分类

民俗学学科建立之初，体裁的分类（Genre）就已经成为民俗学的一个基本概念。人们曾把民歌等韵文类作品划为一类，把魔法故事或文化英雄传说等散文类作品划为另一类，这就是早期对民俗事象做的分类。民俗学者也曾对民俗性质加以分类，例如，指出民俗的变异性及其在非正式渠道的传承等性质。民俗学者还对一些基本的体裁分类术语加以命名，例如，划分了史诗、神话、笑话、谚语、谜语和其他各种表现形式。

在两个层面上，体裁分类可以被概念化：一是民族志分类（被用来识别传统的边界），一是概念分析层面（被学者用来界定民俗事象）。从历史上说，体裁分类曾经是资料分类的重要工具，曾为海量文本信息构建了一个可查询的秩序。现代社会更重视信息化建设，在这种情况下，体裁

---

① Anttonen, Pertti J. 2005: Tradition through Modernity: Postmodernism and the Nation-State in Folklore Scholarship. *Studia Fennica Folkloristica* 15. Helsinki: Finnish Literature Society. p. 33。

② Honko, Lauri 1995. Traditions in the construction of cultural identity and strategies of ethnic survival. *European Review*, Vol. 3, No. 2, p. 134.

③ Ibid., p. 133.

④ Ibid.

⑤ Ibid., p. 140.

分类又经常被界定为创造或接受某种对话的框架。它也有时被界定为某种可预期的远景、可感知的世界或世界观等①。在这一派看来，在认识社会现实上，其实有不同的思维方式，那些幽默的体裁分类，如笑话和模仿他人行为的滑稽故事等，是一种思维方式；而那些超自然的传说和妖怪学等，则建构了另外一种思维方式。

结　论

民俗，经常在个体层面上执行，在个体记忆中保存，但民俗终究是集体共享的传统。如果读者能够接受阐释学的原则的话，便可以进一步理解，文化，其实是被文本化的过程延续着；与此同时，文本，也被文化化的过程延续着②。从这个角度说，文本与上下文的联系始终是民俗学研究的关键。

迄今为止，对民俗表演的研究或对表演文本的研究还都不够充分，但同时对民俗（及其传统）的历时研究也到了一个关键时刻，民俗学者还要考虑到对民俗的社会功能开展研究。

现代民俗学者更倾向于做地方传统、小社区和非正式信息（如因特网）的深描研究，这是一种几十年前已开始的共时研究；因此还可以说，在现代社会，共时研究与历时研究正趋于平衡状态。

---

① Bakhtin, Mikhail; Medvedev, Pavel. 1991. N. The Formal Method in Literary Scholarship. *A Critical Introduction to Sociological Poetics*. Baltimore and London: The Johns Hopkins University Press. p. 133.

② Bauman, Richard 2008. The Philology of the Vernacular. *Journal of Folklore Research*, Vol. 45, No. 1. 29 – 36.

口头传统研究:探索人类表达文化之根

中国社会科学院研究员　朝戈金

老的不讲古,小的失了谱。

——满族古谚

Oral poetry works like language, only more so.

口头诗歌与语言的运作规则一样,且有过之而无不及。

——约翰·迈尔斯·弗里(John Miles Foley)

一、口头传统:非物质文化遗产的大本大宗

"口头传统"这个概念,来自于英文的 oral tradition。为了说清楚"口头传统"的含义、范围和特点,我们先看一些实例:

我们大家都知道,联合国教科文组织在 2003 年公布的《保护非物质文化遗产公约》中将全球的非物质文化遗产分为五大领域,其中"口头传统"是首先提及的领域。这五个领域是:(1)口头传统和表述,包括作为非物质文化遗产媒介的语言;(2)表演艺术;(3)社会风俗、礼仪、节庆;(4)有关自然界和宇宙的知识和实践;(5)传统的手工艺技能。①

---

① 《保护非物质文化遗产公约》中的原文如下:The "intangible cultural heritage", as defined in paragraph 1 above, is manifested inter alia in the following domains:(a) oral traditions and expressions, including language as a vehicle of the intangible cultural heritage;(b) performing arts;(c) social practices, rituals and festive events;(d) knowledge and practices concerning nature and the universe;(e) traditional craftsmanship。

在联合国教科文组织的概念性框架下，口头传统都是指什么呢？我们可以从近年公布的"口头传统"类非物质文化遗产项目入手，得出更为直观的结论来。

联合国教科文组织近年推出了人类非物质文化遗产的三类名录体系，它们分别是《人类非物质文化遗产代表作名录》、《急需保护的非物质文化遗产名录》和《优秀实践名册》。按照年份统计，在 2008 年公布入选了 90 项，2009 年 91 项，2010 年 51 项，2011 年 35 项。也就是说，截止 2011 年，总共有来自众多会员国的 267 个非物质文化遗产项目入选。在这 267 个项目中，"口头传统"类项目总共有 64 个入选。按照年份计算，2008 年入选 11 项，2009 年入选 26 项，2010 年入选 25 项，2011 年入选 2 项。也就是说，在整个人类非物质文化遗产项目中，口头传统类项目占大约四分之一的份额。由此可以大致判断，在非物质文化遗产领域，口头传统占据相当重要的位置。

下面，我们撷取几个 2008 年正式列入教科文《代表作名录》的口头传统项目来略作示例性说明[①]：

例 1：加利弗那语言、舞蹈和音乐（The Garifuna Language，Dance and Music，2008/2001）

加利弗那是由加勒比土著与祖籍非洲的族群杂居混合而形成的文化群体，他们于 1797 年被迫离开圣文森特岛，逃亡到中美洲的大西洋沿岸，现散居在洪都拉斯、危地马拉、尼加拉瓜和伯利兹等地。加利弗那语属于阿拉瓦人语系，历经数百年的迫害和语言上的霸权而存活下来。这种语言内涵丰富的叙事，起初在守夜或群众集会上讲述故事时使用。今天，这一语言用得越来越少，讲故事的艺术也濒临失传。加利弗那语言与歌舞有着非常密切的联系。音乐的旋律融合了非洲和美洲印第安的元素，歌词则成为加利弗那人历史和传统知识的载体，如木薯种植、捕鱼、独木舟制作和用陶土建筑房屋。他们的舞蹈经常用三种不同的鼓伴奏，遇有仪式庆典，

---

① 这里的项目简介，来自联合国教科文组织的官方网站和相关文件，其中 2001 年和 2003 年代表作简介译文引自《联合国教科文组织人类口头和非物质遗产代表作申报指南》（文化艺术出版社 2005 年）；2005 年代表作简介由张振涛、李楠翻译。《保护非物质文化遗产公约》正式生效后，这前三批代表作于 2008 年正式并入《人类非物质文化遗产代表作名录》，特此说明。

观众也参与其间，与表演者共舞。这些歌词含有大量的讽喻，专门用于讽刺某些行为表现。

例2：传统知识技艺——瓦雅皮人的口头和图画表达形式（The Oral and Graphic Expressions of the Wajapi，2008/2003）

在亚马逊河北部，居住着一群说图皮·瓜拉尼语的瓦雅皮居民，现在大约有580人，他们居住在巴西东北部阿马帕州的瓦雅皮保护区，分布在40个小村庄里。远古以来，瓦雅皮居民就用植物颜料在身体和各种物体上画出几何图形。随着时间推移，他们逐渐创造了一种独特的语言，这种语言把图画和口头表达混合兼用，以反映他们独特的世界观，并传承他们关于社会生活的基本知识。这种特殊的绘画艺术叫"库西瓦"，使用从亚马逊胭脂树提炼出来的黄红色颜料和芬芳树脂绘制美丽图案。"库西瓦"需要复杂的技艺，按照瓦雅皮人的说法，不到40岁，掌握这门艺术并学会调制颜料是不可能的。常见的图形有美洲虎、水蟒、蝴蝶和鱼类。这些图案反映人类的创造，并栩栩如生地表现了以人类起源为主题的各种神话。这一人体图画形式和古老的美洲印第安口传文化有着极其紧密的联系，富有社会学、美学、文化、宗教和玄学的意义。实际上"库西瓦"也是瓦雅皮社会结构的写照，其意义远远超过绘图艺术的作用。它包容了一个广阔而复杂的体系，包括认识理解宇宙以及天人相互作用的特殊方式。这种蕴涵丰富传统知识的图形艺术，随着图案不断更新和本土艺术家的创新而不断发展着。

例3：传统音乐——中非阿卡俾格米人的口头传统（The Oral Traditions of the Aka Pygmies of Central Africa）

阿卡俾格米居民生活在中非共和国的西南部。他们的音乐传统完全不同于周边民族，并且区别于非洲大陆上任何地方的音乐。这是一种非常复杂的四声部的复调音乐，尤其不同凡响的是，所有阿卡人都通晓这种声乐技巧。音乐和舞蹈向来都与阿卡居民的社会文化活动密不可分。具体地说，它们是阿卡地区各种活动的有机组成部分。各种与狩猎、集会、新营地落成、葬礼等有关的仪式或活动都少不了这种艺术。与记谱的复调音乐不同，阿卡俾格米人表演的这种复调声乐允许演唱者即兴发挥。他们创造了十分复杂的音乐形式，在表演的过程中，每个演唱者都可以变换声音，产生大量的变调，让听众感到音乐在持续不断地变化。这种演唱一般要用打击乐和弦乐伴奏，不同的场合用不同的乐器。在手工制作的乐器中，最常用的有堂堂鼓（enzeko）、一种竖琴（geedalebagongo）和一种单弦弓（mbela）。他们唱歌为的是传承知识，从而增强集体凝聚力和保持群体价值观。舞蹈则伴随掌声的节奏来表演，有些是男性舞蹈，另一些是男女对舞，也有独舞，根据仪式而定。阿卡俾格米人的口头传统世世代代完全依靠口耳传承。儿童在十分年幼的时候就参加仪式活动，使得这种音乐知识在整个族群中保存下来。

例4：口头传统——黑拉里亚史诗（The Al-Sirah Al-Hilaliyyah Epic，2008/2003）

这部长篇口头流传的诗歌，又称黑拉里亚史诗。它讲述的是贝都因人巴尼·黑拉勒（Bani Hilal）部落，在公元10世纪从阿拉伯半岛移民至北非的传奇故事。这个传奇式的部落曾统治了北非中部的大片领土长达一个多世纪之久，后来被摩洛哥人消灭了。从中世纪到19世纪，阿拉伯的民间文化中出现了12部口头传唱的史诗，其中只有黑拉里亚史诗以其完整的音乐形式流传了下来。而且，这种曾经在中东阿拉伯世界广为流传的艺术形式，到今天只存在于埃及这一个国家了。14世纪以来，史诗由专业诗人吟唱并自奏打击乐或"拉巴布"（一种二弦琴）。这种表演一般出现在婚礼、割礼仪式和私人聚会等场合，（演唱）可持续50—100个小时。吟唱史诗是一种重要的独特的文学和音乐表现形式，同时它还汇集了阿拉伯民族历史、习俗以及宗教信仰。许多与史诗相关的谚语和谜语现在仍在整个中东流传着，而且很多地区的地名以英雄名字命名。过去，传承人是在家族内部培养出来的，吟唱史诗是他们唯一的收入来源。直至今日，勤奋的学徒五岁便开始了学习，而且要坚持十年。学徒们要进行提高记忆能力的特殊培训，进行声乐和器乐的学习演练。同时他们还必须学会即兴评说，使故事情节更加贴近当代观众。

例5：礼仪与节庆活动——吠陀圣歌传统（The Tradition of Vedic Chanting，2008/2003）

吠陀经包含数量众多的梵语诗歌、哲学对话、神话以及宗教咒语，是由 3500 年前雅利安人在印度创作和发展的。吠陀经被印度人奉为他们知识的至高无上的源泉和神圣宗教的基础，是至今尚存的最古老的世界文化遗产之一。吠陀一词来自梵语，意思是"知识"。吠陀遗产以吠陀经的形式汇编了大量的经文和经文注释，尽管经文通常都是以口头形式流传下来，但是人们还是称之为经"书"。吠陀经一共有四套，其中的《利格经》（Rig Veda）是一套圣歌选；《萨马经》（Sama Veda）是将《利格经》及其他的诗歌配乐而成；《雅哲经》（Yajur Veda）收集了大量僧人的祈祷词和祭祀时使用的程序；《阿萨那经》（Atharna Veda）包括咒语和符咒。吠陀经向人们展示了印度教的历史全貌，同时也使人们能够更加深刻地了解艺术科学和哲学等基本观念的早期发展，零的概念就是一个很好的例子。吠陀经来源于古典梵语，语言优美。吠陀经在传统的宗教仪式和典礼当中诵读，而且也是吠陀族人每天必须诵读的功课。尽管经文在 1500 年以前就有了以文献流传的文字，但是时至今日它的主要流传方式仍是口头的。吠陀梵语传统的重要价值不仅在于它丰富的口头文学的内容，而且还在于婆罗门教的僧侣几千年来保存吠陀经文本完整所使用的独到和智慧的方法。吠陀经的背诵技巧非常复杂，每个字母都有一个特别的发音，这些古老的技术包括声调和语音要非常精确地结合在一起，以保证每个字吐字发音的准确无误，因而传承者从儿时开始就必须接受严格的训练。

例6：传统知识技艺——扎巴拉人的口头遗产与文化活动（The Oral Heritage and Cultural Manifestations of the Zapara People，2008/2003）

扎巴拉人居住在横跨厄瓜多尔和秘鲁两国的亚马逊丛林里。亚马逊丛林是世界上极具生物多样性的地区，扎巴拉人或许是最早生活在这里的族群之一。在西班牙占领之前，这里曾有过包括另外 39 个群体的族群，而现在扎巴拉人是这一族群仅存的最后代表。他们在亚马逊河流域的中心发展了一种异常丰富的口头文化,以记载他们对自然环境的了解。这可以从他们拥有大量的动植物词汇以及他们对森林中的药用植物的医学实践和知识得到证明。这种文化遗产通过他们的宇宙论、神话、仪式、艺术实践和语言得以表现。事实上,他们的语言就是他们的神话和传说的载体,讲述着民族和整个地区的历史。

例7:撒丁岛牧歌文化——多声部民歌(The Tenore Song, an Expression of the Sardinian Pastoral Culture, 2008/2005)

持续低音多声部民歌由撒丁牧歌文化中发展而来。它是一种非常特殊的四声部复调演唱形式。四个不同的男声部称为低音、低音哼唱、麦苏(mesu)。其中的突出特点是低音部和低音哼唱声部的喉音音色。表演者围成一个紧凑的圈,圈中的独唱者演唱一段散文或诗歌,与此同时,其他声部为其伴唱。为了同时听到自己和别人的声音,达到完全和谐,歌唱者捂住一只耳朵。大部分参加演唱者居住在巴巴吉亚地区和撒丁岛的北部和中部地区。他们的演唱艺术深植于该地区的日常社会生活之中。他们常在当地酒吧里自发地表演,也在一些正式场合,如婚礼、剪羊毛比赛、宗教庆典和狂欢节中表演。至今仍在一些村庄表演的古老的持续低音多声部民歌(古称 Gosos),已在 17 世纪早期的典籍(Gosos de sa Figumorisca)中提到。持续低音多声部民歌有许多保留曲目,因地区的不同而不同。最常见的有小夜曲和舞蹈歌曲,如木特斯、戈索斯和巴勒斯(the mutos, gosos, and ballos)。歌词既有古代诗歌也有现代诗歌,内容涉及当今事件,如移民、失业和政治等问题。从这个意义上说,这类民歌可以被认为是汇总了传统和当代的文化表达。

例8:文化空间——佩特拉和维地拉姆的贝都人文化空间(The Cultural Space of the Bedu in Petra and Wadi Rum, 2008/2003)

贝都人是半定居的游牧民族,他们居住在约旦南部接近佩特拉和维地拉姆遗址的地区,那里属于半干旱的高原和沙漠地区,这种环境使他们过着定居与游牧两者互补的生活。许多贝都人部落仍然在接近佩特拉的地区使用"那巴提恩"(一种蓄水池和凹洞)。佩特拉东南部的维地拉姆坐落于宽广干旱的牧场上。今天,许多半定居的贝都人社区继承了这个地区的传统，仍然保持着鲜活的、传统的游牧文化和相关的知识技能。这在阿拉伯世界中被视为寻常，然而佩特拉和维地拉姆的贝都人，在特殊的气候和地理条件下，与定居社会经常接触，其特殊知识涉及该地区的植物和动物、传统医药、骆驼饲养、帐篷工艺、跟踪和爬行技术、咖啡制作和待客仪式等。贝都人创造了广博的有关生活环境的知识、杰出的文化、复杂的道德和社会规范，所有这些都以口头形式得以表达和传播。贝都人与自然环境的关系密切，在此基础上产生的丰富的神话以多样的口头表达形式得以表现。这些形式包括诗歌、民间故事、地区命名、歌曲以及故事讲述。有些口头表达形式属于整个贝都民族。佩特拉和维地拉姆的贝都文化之特殊是与地域和历史紧密相关的。

由上述经由联合国教科文组织认可的口头传统"范例"，可以看出口头传统的几个特征和维度：第一，口头传统是无文字社会的最主要信息传递手段，在有文字的社会中也在发挥重要作用；第二，口头传统既可以单独列为一类，如埃及的黑拉里亚史诗演述活动，又与其他几类非物质文化遗产的范畴相互交织和重叠，成为技艺的习得和身体实践的重要载体，如与表演艺术交织（与音乐、舞蹈等，例如中非阿卡俾格米人的口头传统）、与社会实践礼仪和节庆活动重叠（例如撒丁岛的多声部民歌传统）、与有关自然界和宇宙的知识和实践交融（譬如约旦佩特拉和维地拉姆的贝都人文化空间）、与传统手工艺叠合（典型的例子是瓦雅皮人的口头和图画表达形式），如此等等；第三，口头传统又与文字体系形成某些相互支撑和契合的关系，如印度的吠陀圣歌传统等。总之，可以大体概括说，口头传统历史悠久、形态多样，在许多社会中发挥着文明赓续的核心作用，在口头艺术诸文类上（神话、史诗、故事、传说、歌谣等等）获得了充分的发展，取得了很高的艺术成就。

至此，我们可以总结说，广义的口头传统指口头交流的一切形式，狭义的口头传统特指传统社会的沟通模式和口头艺术（verbal art）。民俗学和人类学意义上的口头传统，往往是指后者。也就是说，民俗学和人类学意义上的口头传统，主要是指不同族群人们世代传承的史诗、歌谣、说唱文学、神话、传说、民间故事等口头文类以及与之相关的表达文化和口头艺术。口头传统不仅是民族文化传统的重要组成部分，而且是全人类共同的文化遗产和精神财富。

二、口头传统研究:理论与方法论

口头传统的历史极为悠久。英国牛津大学遗传学专家安东尼·玛纳克教授领导的一个研究小组,通过研究发现,人类开口说话的起点,距今大约有 12 万年到 20 万年之间。他们的研究成果公布在《自然》杂志上。该小组发现,老鼠和所有灵长类动物身上,都有一种让语言表达"行不通"的属于 5% 最稳定遗传物质的 FOXP2 基因。在生物进化史上,在人类、黑猩猩和老鼠"分道扬镳"的 13 亿年中,FOXP2 蛋白质只变了一个氨基酸。而在人类和其他灵长类动物"人猿相揖别"的 400 万到 600 万年之间,两个语言基因中的氨基酸在人类身上却完成了突变,并最终成为遗传性基因。科学家们计算的结果是,这个遗传基因的关键性突变,就发生在距今大约 12 万年到 20 万年之间。[①]

表一　　　　　　　　　　　　人类媒介纪年表[②]

1)	中东记数符号	公元前 8000 年, 第 328 天, 相当于 11 月 22 日
2)	巴尔干前书写字符	公元前 5300 年, 第 338 天, 相当于 12 月 2 日
3)	埃及书写传统	公元前 3200 年, 第 346 天, 相当于 12 月 10 日
4)	美索不达米亚楔形文字	公元前 3100 年, 第 346 天, 相当于 12 月 10 日
5)	印度文字	公元前 2500 年, 第 348 天, 相当于 12 月 12 日
6)	闪米特文字	公元前 2000 年, 第 350 天, 相当于 12 月 14 日
7)	克里特线形字母甲	公元前 1800 年, 第 351 天, 相当于 12 月 15 日
8)	线形字母乙	公元前 1550 年, 第 352 天, 相当于 12 月 16 日
9)	腓尼基文字	公元前 1200 年, 第 353 天, 相当于 12 月 17 日
10)	希腊字母	公元前 775 年, 第 355 天, 相当于 12 月 19 日
11)	玛雅和中美洲文字	公元前 500 年, 第 356 天, 相当于 12 月 20 日
12)	亚历山大里亚图书馆	公元前 250 年, 第 357 天, 相当于 12 月 21 日

①　《光明日报》2003 年 2 月 14 日。

②　[美] 约翰·弗里:《怎样解读口头诗歌》(*How to Read an Oral Poem*, University of Illinois Press, 2002)。

续表

13)	中国印刷术	750 年，第 360 天，相当于 12 月 24 日
14)	古腾堡印刷厂	1450 年，第 363 天，相当于 12 月 27 日
15)	切罗基文字	1821 年，第 365 天，相当于除夕早 8 点
16)	打字机	1867 年，第 365 天，相当于除夕中午
17)	现行国际音标字母表	1993 年，第 365 天，相当于除夕夜 23：24 分
18)	因特网	1997 年，第 365 天，相当于除夕夜 23：24 分

　　就算保守一点推算，人类从喊出劳动号子，到表达相对完整的意思，应当是与心智的较高水平发展相关，与人之间交往的渐趋频繁和合作的逐渐复杂化相契合的，这大约是旧石器时代中期到晚期的时间。按照美国学者约翰·弗里（John Miles Foley）的说法，可以退一步保守地把人类会说话的历史算作是距今 10 万年，如果再进而把这 10 万年浓缩为一年的话，那么，人类文字的发明和使用，都是发生在人类这过去的一年中的最后一个月里，而语言的发明和使用则贯穿始终。由此可见，文字发明和使用的历史与语言比较起来相当短暂。大略地说，埃及书写传统产生在 12 月 10 日。一天以后，苏美尔发明了象形文字。中国的表意文字、希腊的线形字母乙（Linear B）等，发生在 12 月 16 日。腓尼基人的字母书写体（所有现代欧洲书写体的基础）发生在 12 月 17 日。美洲的玛雅文字出现在 12 月 20 日。中国印刷术出现在 12 月 24 日。欧洲的第一本印刷的书籍（古腾堡出版）出现在 1450 年，大约相当于 12 月 27 日。至于 1867 年出现的打字机，是人类在这一年的最后一天中午才发明的。再晚的因特网技术等，更是鼻子尖前的发明（见表一）。于是，我们可以下这样的结论：书写技术其实是我们这个物种的一宗相当晚近的发明，而且因为掌握文字需要专门的长期的训练，文字的使用长期以来都是一个社会中很小一部分人的专有权利。而且在许多文明中，早期文字的使用范围相当有限。于是，对文字的膜拜就出现了。文字被赋予了超越其符号体系的意涵，变得神圣起来，掌握文字的人，也获得了普遍的崇敬。文字进而在许多文明传统中，与威权和统治、精英阶层和上层文化紧密结合起来，进而在知识积累和传承中（图书馆、学校、学术研究活动等）被赋予了特殊重要的意义。

　　虽然把口头传统作为一个独立的学术研究对象看待，是稍微晚近的事情，但是对口头传统有所认识和评述，在东方和西方的文化传统中，历史都十分悠久。中国历史上向有采风问俗的传统，如对民歌的系统记录（例如《诗经》，尤其是其中的十五国风），就可以看作是对口头传统的有意识记录和使用。在西方文化传统中，例如古希腊荷马史诗从口头传唱到文字写定，进而出现对荷马的诗歌艺术的讨论和总结（如亚里士多德《诗学》），也可谓历史久远。至于从严谨的学术研究角度讨论口头传统起于何时，美国学者朱姆沃尔特的意见是开始于18、19世纪的"大理论"（Grand Theories）时期。"浪漫主义的民族主义"、"文化进化理论"、"太阳神话学说"等理论，分别把口头传统看作是一个民族的"档案馆"，或看作是民族精神的集中体现，或看作是"文化遗留物"，它再现了人类的"原始知识"；乃至看作是"远古的回声"，直到"语言疾病"破坏了我们对它的正确理解等等。赫德尔、泰勒、朗和缪勒（Johann Gottfried Herder, Edward Burnett Tylor, Andrew Lang, Max Müller）分别是这些学说的领军人物。以阿尔奈、汤普森（Antti Aarne, Stith Thompson）为代表的芬兰"历史—地理学方法"和以博厄斯（Franz Boas）为代表的"地域—年代假设"则开创了"机械论"的口头传统起源研究。前者的研究方向，一言以蔽之，就是书面文本地理分布的采集分析，后者的研究方向则是口头文本的地理分布分析。[①]　说起来，这个"大理论"时期的学术取态，倒是与孔子所谓"礼失求诸野"有异曲同工之妙。

表二　　　　　　　　　　口头传统研究方法一览表

方法论分类	具体方法和理论	关于口头传承的观点	代表人物
18—19世纪起源研究的"大理论"	浪漫主义的民族主义	一个民族民间精神的表达	赫德尔
	文化进化学说	原始或野蛮时代的遗留物	泰勒
	太阳神话	自原始神话诗歌时代以来的语言疾病	缪勒

---

① ［美］朱姆沃尔特：《口头传承研究方法术语纵谈》，尹虎彬译，《民族文学研究》2000年增刊。

续表

方法论分类	具体方法和理论	关于口头传承的观点	代表人物
20世纪"机械论"的起源研究	芬兰 历史—地理学方法	书面文本按地理分布采集资料	阿尔奈，汤普森
	地域—年代假想	口头文本的资料采集地理分析	鲍亚士
文本模式	史诗法则	从文本法则中产生的口头传统	奥利克
	口头程式理论	作为记忆手段和传统参照的文本形式	帕里，洛德，弗里
	形态学方法	关注口头传承样式的内部结构	普洛普
结构主义和解释学方法	结构主义方法	作为自我写照的口头传承	列维—斯特劳斯
	象征—解释学方法	作为自我写照的口头传承	格尔茨
	结构主义—解释学方法	口头传承作为深层结构和个人表演	费尔德
精神分析学说	精神分析方法	作为心理投射的口头传承	邓迪斯
民族志诗学	民族志诗学	翻译口头传承以呈现诗学的和戏剧的特色	特德洛克，海莫斯
表演理论	表演理论	作为创作过程的口头传承	鲍曼，纳拉扬
女权主义	女权主义理论	作为权力和性的社会存在的口头传承	霍利斯，米尔斯，伯欣，谢辽莫维奇，扬

[注] 该表引自罗斯玛丽·列维·朱姆沃尔特（Rosemary Levy Zumwalt）的《口头传承研究方法纵横谈》（*A Historical Glossary of Critical Approaches*）一文，尹虎彬译，《民族文学研究》2000年增刊。

让口头传统具备学科体系特征，是20世纪学者们的贡献。我们首先要提到的是美国哈佛大学教授米尔曼·帕里（Milman Parry）和艾伯特·洛德（Albert Lord）。帕里从古典学阵营出发，以解决"荷马问题"为契机，开始了对口头诗歌的深湛研究，最终与他的学生和合作者洛德一道，成就了"口头程式理论"（Oral-Formulaic Theory）的多年辉煌。这个学派又以他们师徒两人的名字命名为"帕里—洛德学说"（The Parry-Lord Theory of Oral Composition，又作"口头学派"）。这个理论的最杰出贡献，在帕里这里，是关于荷马史诗是传统的进而必定是"口头的"伟大论断，在研究中帕里所显示出的深厚古典学修养和娴熟运用西方语文学方法的能力，令人叹为观止。他在大半个世纪之前对荷马史诗诗法和句法的精妙解析，就是今天看来，都是难以追攀的。而洛德很好地继承了帕里的遗产和思想，形成关于"程式"、"典型场景"和"故事范型"的层级结构单元的理念，对民间文艺学和民俗学影响极为深远。他的代表作《故事的歌手》（The Singer of Tales）于 1960 年在哈佛大学出版社出版以来，已印行多次，被学界称为口头程式理论的"圣经"，其奠定范式的地位可见一斑。再具体些说，帕里—洛德理论凭借着这些核心概念和相关文本的分析模型，很好地解释了那些杰出的口头诗人何以能够不借助文字的帮助在演述现场流畅地讲述成千上万诗行的奥秘。这套方法从史诗文本中发现程式并分析程式的频密度、分析句法的结构（如平行式、跨行、韵律特征等）、解析主题和典型场景，都能驾轻就熟，有很强的阐释力。诚然，语文学和人类学是在帕里之前就获得发展的学科，但是将它们结合起来，以对口头演述中的若干要素进行深入的把握，则是由帕里和洛德首倡的。这一套新的工作原则，既体现出了语文学的严谨和精密，又具有人类学注重实证性作业、注重田野的特征。

　　对于中国读者而言，梳理和总结口头学派理论和方法论的代表性著述主要有洛德的《故事的歌手》①，弗里的《口头诗学：帕里—洛德理论》（The Theory of Oral Composition：History and Methodology，1988）②，以及纳吉（Gregory Nagy）的《荷马诸问题》（Homeric Questions，1996）③。这几本书都有了中译本，大家阅读也方便。此外，由弗里主持编纂并一直保持更新的《口头传统参考文献总略》（Summative Bibliography from Oral Tradition）已经集纳 16000 个条目，涉及一百多个不同的研究领域，堪称

---

　　① ［美］阿尔伯特·洛德：《故事的歌手》，尹虎彬译，中华书局 2004 年版。

　　② ［美］约翰·弗里：《口头诗学：帕里—洛德理论》，朝戈金译，社会科学文献出版社 2000 年版。

　　③ ［美］格雷戈里·纳吉：《荷马诸问题》，巴莫曲布嫫译，广西师范大学出版社 2008 年版。

口头传统研究领域最为详备的研究索引，发布在密苏里大学口头传统研究中心的官网上。由此也可以看出该学派的拥趸众多，成果数量惊人，影响广泛：迄今在全球范围内已经有接近 200 种语言传统的研究，或是直接或间接地运用了帕里—洛德理论的理念和方法，或是从个案研究和具体的语言传统出发，发展和深化了"口头学派"的理论主张。迄今为止，口头传统研究在世界范围内方兴未艾，成为跨学科、跨领域的一道独特学术景观。这方面的拓展，我们稍后还会提到。

"民族志诗学"（Ethnopoetics）和"演述理论"（Performance Theory）① 分别从各自的学术立场出发，扩展了口头传统研究的学术维度。其中"民族志诗学"更可以看作是对西方诗学典律的超越和对"民族的"立场的坚守。他们的主要阵地是于 1970 年创刊的《黄金时代：民族志诗学》（Alcheringa：Ethnopoetics）。在口头程式理论的引领作用下，在 1970年，该刊物面世，标志着"民族志诗学"的兴起。其代表人物为丹尼斯·泰德洛克（Dennis Tedlock）、戴尔·海默斯（Dell Hymes）和罗森博格（Jerome Rothenberg）。该学派的宗旨在其创刊号上是如此表述的：

> 1）拓展我们怎样理解一首诗的问题；2）提供一个空间，为我们对部落的/口头的诗歌的翻译进行实验提供一个园地，使得我们可以基于彼此极为不同的语言和文化，来探讨这种翻译中的问题以及翻译的可能性；3）鼓励诗人积极参与部落的/口头的诗歌的翻译；4）鼓励民族学家和语言学家从事在他们领域的学术著述中被长期忽视的相关研究，具体说就是强调部落诗歌自身所具有的价值，而不仅是它们作为民族志材料的价值；5）在诗人、民族志学者、表演者和其他人之间开展合作项目；6）通过文本呈现样例和评述，强调部落诗歌在今天对我们的意义。②

---

① 学界还有"展演理论"、"表演理论"等不同译法。在口头传统研究领域，该概念直接源自语言学，原意为"语言运用"，与"言语行为"（act of speech）不可或分。因此，我们认为译为"演述理论"更为贴切。概念上的理解和翻译上的周延等问题，需做学术史的钩沉，这里不宜展开。

② 此据巴莫曲布嫫、朝戈金《民族志诗学》，《民间文化论坛》2004 年第 5 期。

诗人和学者杰诺姆·罗森伯格进一步概括说，民族志诗学有四个核心的构成要素，即声音（Sounding）、视觉（Visuals）、诗歌（Poems）和对话（discourses）。他认为民族志诗学与演述理论有一点是契合的，那就是文本的重现，即将一次既定表演事件的艺术匠心重新体现在纸张上，根据对地方语言、言说型式、文类等方面的理解，重新去发现审美的感性。这种方法之所以被称为"民族志诗学"，就在于它能够复原早期搜集到的资料中所缺失的艺术性。许多努力都有效地证明了学者肯定能够实现这个目标，尤其是依据诗歌的节奏、复沓等特征，通过极其谨慎的转写，将口头文本的停顿、声响、言说型式等语言活力复原到纸张上。这种诗学方法是一种艺术的人类学，也颇合民俗学精义。通过对文本呈现方式及其操作模型的探究、对口语交际中表达和修辞方面的关注，以及对跨文化传统的审美问题的解索，民族志诗学能够给人们提供一套很有价值的工具去理解表达中的交流，并深化人们对自身所属群体、社区或族群的口头传承的认识和鉴赏。①

虽然《黄金时代：民族志诗学》只存在了十年，到 1980 年就不再刊行，但这个学派关于声音和表达的阐释和强调，对于以文本解析见长的口头程式理论而言，是一个极为重要的补充。口头传统的核心特质、口头诗歌的存在样态和传播力量，都得到相当有趣的讨论，进而形成了某些极具冲击力的论见。

"演述理论"（Performance Theory）的代表性人物，有戴尔·海默斯、理查德·鲍曼（Richard Bauman）、罗杰·亚伯拉罕（Roger Abrahams）和丹·本—阿莫斯（Dan Ben-Amos）等。演述理论关于"语境"、"过程"和"表演者"等要素的多方面强调，特别是对当下情景和现场诸要素的格外关注，为口头传统研究从对"唱词"的研究，扩展到对信息传播和接受过程中"新生性"要素的把握和解读，意义很大。从口头传统的角度来看，演述理论强调注意"交流"的实际发生过程和文本的动态而复杂的形成过程，强调这个过程是由诸多因素共同参与制造的等。② 这

---

① 此据巴莫曲布嫫、朝戈金《民族志诗学》，《民间文化论坛》2004 年第 5 期。

② 参见杨利慧《语境、过程、表演者与朝向当下的民俗学——表演理论与中国民俗学的当代转型》，《民俗研究》2011 年第 1 期。该文对"Performance Theory"的译法做了精到的分析，持见中肯。

样一来，口头传统的研究，就从偏重于文本形成的结果——文本化（tex-tualization），转向了同样偏重于文本形成过程中参与发挥作用的诸要素。这样的维度对于整体地把握口头传统的生命力和存在方式，具有重要的补正作用。

三、口承与书写：从认识分野到视界融合

若要讲清楚口头传统的特征和规律，我们也需要谈及口头传统的"对立面"或者"对等物"——书面文化或书写传统，因为不如此不容易厘清相关问题。

1960 年洛德的《故事的歌手》问世，成为"口承—书写大分野"讨论的先导。从 1962 年到 1963 年的一年时间里，有四宗著述问世，它们是：传播学家麦克鲁汉（Marshall McLuhan）的《古腾堡星光灿烂》（*The Gutenberg Galaxy*，1962）；结构主义人类学家列维—斯特劳斯（Levi-Strauss）的《野性的思维》（*La pensee sauvage*，1962）；社会人类学家杰克·古迪（Jack Goody）和小说理论家伊恩·瓦特（Ian Watt）合写的论文《书写的逻辑成果》（*The Consequences of Literacy*，1963）；古典学者埃瑞克·哈夫洛克（Eric Havelock）的文章《柏拉图导言》（*Preface to Plato*，1963）等。[①]

美国哈佛大学的古典学者哈夫洛克和英国剑桥大学的人类学家古迪可谓"书写论"最具代表性的学者。他们两人都认为，古代希腊字母的发明和传播，对公元前 5—公元前 4 世纪的古代希腊启蒙运动产生了难以估量的影响。极为简略地概括的话，他们的论点主要是：人类认知的发展与现代理性是"字母书写"的"逻辑成果"；在人类社会的口承与书写之间，横亘着人类认知与现代心智的"大分野"。[②] 这就极大地肯定了书写文化对人类文明进步的推动作用，同时也极大地贬抑了口头传统所能够达

---

① 巴莫曲布嫫：《口头传统·书写文化·电子传媒体——兼谈文化多样性讨论中的民俗学视界》，《民俗学刊》总第 5 期。

② 同上。

到的高度和在文明进步过程中所发挥的巨大影响力。这种认识论,往往导致形成如下的两相对立的推导:识文断字者/文盲、书写/口头、受过教育的/未受过教育的、原始/文明、简单/高级、现代/传统、神话时代的/逻各斯经验主义的、前逻辑/逻辑、前理性/理性、前分析/分析、具体/科学。而他们的对立面"连续论"学派的持论,则针锋相对,认为口承与书写在本质上都负载着相似的功能,它们在心理学上的差异不应过分强调,二者的载体确有物质上的区别,从而在一定程度上形成了两极间谱系关系。与此相呼应的,就有学者出来呼吁,说人们长久以来过于关注与书写相关联的精英文化产品,而轻视民间口承文化传统。①

关于口头传统与书写传统的后续讨论中,有两位人物不能不提及。一位是瓦尔特·翁(Walter Ong),一位是鲁斯·芬尼根(Ruth Finnegan)。他们两位分别基于各自的研究,发表了连题目都很相像的两本书。芬尼根的书是《书写与口承:传播技术研究》(Literacy and Orality:Studies in the Technology of Communication,1988),翁是《口承与书写:语词的技术化》(Orality and Literacy:The Technologizing of the Word,1988)②。芬尼根在非洲从事多年文学研究,她关于林巴人故事讲述的研究和关于非洲口头文学的综览式研究,为她带来了很高的声誉。她反对过分简单化地理解"口头文学",反对割裂和绝对化书面文学与口头文学之间的分野。

翁的研究在一些地方引用了心理学实验的案例,用以说明一个受过教育的学生和一个没有受过教育的文盲,在看待和解释同一个事物时彼此之间的有趣差异。翁是强调书写与口承的差别的,不过他通过两者特性的对比,为我们深入地理解口承与书写提供了极为清晰的思路,也划出了两者大致的边界,为日后弗里等人强调两者构成"谱系"关系的论断,提供了很好的基础。翁关于口头传统的几大特征的总结,为日后"口头诗学"

① 巴莫曲布嫫:《口头传统·书写文化·电子传媒体——兼谈文化多样性讨论中的民俗学视界》,《民俗学刊》总第 5 期。

② 顺便说,orality 和 literacy 这两个术语的并置,实际上很难找到完全周延的汉语表述,或可译为"口头性与书面性";考虑到汉语表达的"俭省"和易于理解,我们采用"口承与书写"的对译,以涵括口头传统和书写传统的历时性和共时性维度。此外,翁的这部著作已经有了中译本(《口头文化与书面文化:语词的技术化》,何道宽译,北京大学出版社 2008 年版),但译者将 orality 和 literacy 分别译为"口头文化"和"书面文化",是否妥当还可以再讨论。

（Oral Poetics）总结语词艺术的特点和规则，做出了很好的铺垫。

　　"口头传统研究"（the study for oral traditions），主要生发自对语言艺术的研究，故而与民间口头文学的研究有着天然的联系。不过，欧美民俗学界在晚近的发展中，已经越来越意识到，口头传统作为一个学科，其边界大大超越了口语艺术的范围——从《旧约全书》的形成到当代黑人宗教布道，从荷马史诗的文本衍成到当代的"诵诗擂台赛"（Slam Poet-ry）①，都成为口头传统的研究对象，在理论视阈上从分歧走向融合。例如，由约翰·弗里主编的《口头传统教程》（*Teaching Oral Traditions*，1998），向我们精要地介绍了在美国的高等教育体系中，涉及口头传统的诸多课程的开设情况。通过这些介绍我们知道，口头传统与许多专业方向和领域进行了深度结合，已经绽放出满园的百花。这些课程分布在古典学、民族音乐学、文学、人类学、民俗学、神话学、区域研究、中世纪研究、国别文学研究、性别研究等等领域中，显示了强劲的发展势头。诚然，这个认识上的深拓，与多学科的学者都参与其间是分不开的。

　　如果说，口头传统研究发展到今天已经成为一门跨学科的学科，那么这一研究领域的形成与约翰·弗里二十多年来围绕"一个中心"和"一本学刊"的多重付出和苦心经营也是密不可分的。这里，结合本期民俗学暑校的办学宗旨，我想更多地谈谈弗里长期的学科经营和学术民主化的倡导。或许通过一位学者的术业专攻和心存高远，能为我们今天的人才培养和青年人的治学方法提供一个鲜活的范例。

　　弗里精通法语和塞尔维亚—克罗地亚语，兼通古希腊语、拉丁语、德语、意大利语、古英语和中古英语等，长期致力于口头传统的比较研究，

---

　　①　诵诗擂台赛（slam poetry，又译作"斯莱姆诵诗运动"），20世纪80年代中后期美国诗歌新潮，滥觞于芝加哥白人工薪阶层聚集的酒吧屋，旨在通过竞赛复兴和提升口语艺术，倡导大家都来即兴朗诵原创诗歌，评判权交给选定的评委和听众，从而打破诗人/演述者、评论家和观众之间的壁垒，因而被视为诗歌平民化运动的结果。这一运动在后来的发展中，形成了全国性或地方性比赛，还出现了青年诵诗擂台赛和妇女诵诗擂台赛等形式，使得诗歌和大众的结合达到前所未有的紧密程度，尤其在年轻人中风行，成为许多年轻人表达自我的普遍形式，反映出诗歌作为一种口头艺术形式再度流行的趋势，各地的有志者和社区也借助这一势头培养出了新一代的诗人和文学爱好者。参见 Susan B. A. Somers-Willett，*The Cultural Politics of Slam Poetry*：*Race*，*Identity*，*and the Performance of Popular Verse in America*. Ann Arbor：University of Michigan Press，2009。另见维基百科的相关介绍：http：//en. wikipedia. org/wiki/Slam_ poetry。

其主要的研究领域是古希腊史诗、中世纪英语（盎格鲁—萨克逊语）、南斯拉夫语和民俗学。他早年亲炙艾伯特·洛德门下，分别在哈佛大学和贝尔格莱德大学完成了博士后研究。因此，他也堪称哈佛口头学派的传人之一。他用功极勤，著述颇丰，到现在已经发表了超过 200 篇的专题研究论文，其中涉及口头传统、古希腊、中世纪英语及南斯拉夫的论文达 175 篇；代表性专著除了大家都熟悉的《口头诗学：帕里—洛德理论》外，还有《传统口头史诗：〈奥德赛〉〈贝奥武甫〉及〈塞尔维亚—克罗地亚归来歌〉》（Traditional Oral Epic：The Odyssey, Beowulf, and the Serbo-Croatian Return Song, 1990），《内在性艺术：传统口头史诗的结构与意义》（Immanent Art：From Structure to Meaning in Oral Traditional Epic. 1991），《演述中的故事歌手》（The Singer of Tales in Performance, 1995），《荷马的传统艺术》（Homer's Traditional Art, 1999），以及《怎样解读口头诗歌》（How to Read an Oral Poem, 2002）等。从弗里的著述中可以发现，其学术视野早已不局限于"口头程式理论"，他已将"讲述民族志"、"演述理论"、"民族志诗学"等 20 世纪最为重要的民俗学理论，创造性地融汇于口头传统的比较研究中，先后系统地提出了"口头传统的比较法则"、"演述场"、"大词"、"传统指涉性"等学说，从而构造出独具学术个性的口头诗学体系和口头诗歌文本的解析方法。虽然身为古英语专家和古典学者，他也曾多次前往塞尔维亚的乌玛迪安地区从事田野调查工作，编校并翻译了帕里和洛德于 1935 年采录的南斯拉夫歌手哈利利·巴日果利奇演唱的史诗《穆斯塔伊贝伊之子别齐日贝的婚礼》（The Wedding of Mustajbey's Son Bećirbey as Performed by Halil Bajgorić, 2004, FFC No. 283）。弗里还将当代中国的说书艺术进行了"跨文化的并置"，将这种古老而常新的口头艺术纳入了国际口头传统的比较研究框架中。他客观公允地评价了瓦尔特·翁等人早期的口承—书写二分法的理论预设，认为二元对立的分析模型是通向正确理解并鉴赏口承传统及其多样性的第一步。同时，弗里也指出，口头传统本身打通了口承与书写之间的壁垒，在二者之间假设的"鸿沟"上架设了一道通向正确认识人类表达文化的桥梁。弗里一再重申"传统指涉性"（traditional referentiality）的理论见解，强调传统本身所具有的阐释力量，提醒我们要去发掘口头传统自身的诗学规律，而不能以一般文学批评的诗学观念来考察口头传统。

　　1986 年，弗里在密苏里大学建立起"口头传统研究中心"（The Center for Studies in Oral Tradition），一直担任中心主任，同年他还创办了学术期刊《口头传统》（*Oral Tradition*），并亲任主编。"在该刊创办之前，口头传统研究领域的开创性学术活动发生在许多不同的语言传统中，而且每一种传统或既有学科都或多或少地在自身的研究范围中形成了出版或发表的渠道，然而却一直没有出现一种基于比较研究的、跨学科的专业学术刊物。因此，专注于某一领域的学者很少去关注其他领域产生的重要学术成果，因而往往也忽略了更广阔的传统谱型。……有鉴于此，弗里教授从 1984 年起就着手创办该刊，旨在为许多不同学科的专家开展学术交流和批评对话提供一个共同的学术阵地，以便各方学者把握世界范围内的研究格局，了解最新的科研走向，以推进国际化的口头传统研究。"[1] 应当讲，迄今为止，这一办刊宗旨不仅得到了全面贯彻，而且极大地超越了当初的设想。

　　归总起来说，《口头传统》自创刊以来已出版了 27 卷（每卷又分作 2 至 3 册），从其刊发的论文和研究报告来看，内容包括"口头程式理论"的方法论及其工作模型的应用性研究、特定语言传统的田野作业与专题研究、跨文化的比较研究、口头传统与书面文学的交互关系等，集中刊发了涉及口头传承、圣经研究、口头诗学、比较研究等方面的理论文章，拜占庭时期的希腊、中世纪爱尔兰、中世纪高地德国、北欧、中亚地区、拉丁美洲、非洲、美洲非裔、澳洲本土的专题研究论文；从语言系属而言，则含括了古代（中世纪、现代）希腊、古（中古）英语、印—欧、日耳曼、西班牙、葡萄牙、南斯拉夫、法、德、波斯、挪威、意大利、罗马尼亚、印度、蒙古、阿拉伯、匈牙利、芬兰、日等数十种传统。此外，该刊既重视理论和方法论的探讨，也重视具体领域的学术工作和个案研究，故在众多的分析性文章和实证性研究报告之外，还多次印行了特定地区、特定传统的研究专辑，如西班牙民谣研究、阿拉伯传统、南太平洋传统、塞尔维亚—克罗地亚传统、美洲印第安传统、非洲传统、亚欧丝绸之路的史诗传

---

　　① 巴莫曲布嫫：《〈口头传统〉学刊 20 年》，《民间文化论坛》2007 年第 1 期。

统、南亚妇女传统,以及瓦尔特·翁纪念专辑、中国口头传统专辑。① 这几年还出版了口头传统要义、演述文学、迪伦的演述艺术、巴斯克、声效,以及犹太教、基督教和伊斯兰教的口头传统等专辑。

这些年来,弗里一直在身体力行地践行他所倡导的学术民主。尤其是近几年,弗里及其团队力图在口头传统与互联网之间的结点上拓展这一跨学科领域的学术空间和国际交流。在他的主持下,《口头传统》学刊已经全面实现数字化与网络共享,读者可以前往 http://journal. oraltradition. org 免费下载该刊自创刊 27 年来的所有电子版论文,包括世界范围内从古至今的数十种传统,五百多篇文章,近一万页,并可在其网站上进行检索。与此同时,弗里创办的 e 研究中心顺利实施"通道项目:口头传统与互联网"(The Pathways:Oral Tradition and the Internet,http://www. pathwaysproject. org/),随后发起成立了口头传统研究国际学会(ISSOT),为全球范围内的口头传统研究者提供在线交流的学术平台。这些举措和努力,使得口头传统研究在全世界范围内得以推进,其中也包括中国学者的参与。

在其晚近的学术探索中,弗里将口头传统研究与人类文明进程,特别是口头信息传递与书写技术的发展关系进行了深入的勾连,做出了精审的讨论。在他的箧中遗作《口头传统与英特网:思维通道》(*Oral Tradition and the Internet:Pathways of the Mind*,Univ. of Illinois Press,2012)中,口头传统与因特网的信息传递规则,得到极为有趣的类比讨论。弗里引入古希腊关于"市场"(agora)的概念,发展出文本市场(tAgora)、口头市场(oAgora)和电子市场(eAgora)等概念,而且认为电子信息的浏览方式、信息之间的连接"节点"和信息之间通过"通道"流动的关系,与口头传统的信息组织方式、传递方式乃至存在方式,极为相通。以电子方式呈现口头传统,有着难以比拟的优势和便捷。这一洞见,对方兴未艾的互联网技术和电子技术的成长方向,意义重大。

_____

① 同前揭。该刊卷 16 的第 2 册即"中国少数民族口头传统专辑",2003 年年初在美国布鲁明顿由印第安纳大学斯拉维卡出版公司正式出版。该专辑由朝戈金博士担任特约主编,收入了中国社会科学院民族文学研究所老中青三代学者的 13 篇专题研究论文(其中有三位学者直接以英文撰写而成),分别探讨了蒙古、藏、满、纳西、彝、柯尔克孜、苗、侗等民族的口头叙事传统,成为国际学界首次用英文集中刊发中国少数民族口头叙事艺术的论文专辑。

　　弗里生前一直致力于推进世界范围内的口头传统研究和学术合作，他本人也曾获得过密苏里大学国际参与奖、传媒生态学会瓦尔特·翁终身学术成就奖、芬兰卡勒瓦拉学会奖等多种国际奖项。就国际合作而言，我们仅举一身边的例子。不久前，芬兰的"文化三宝磨：芬兰文化语义网"（CultureSampo：Finnish Culture on the Semantic Web 2.0）计划，中国社科院民族文学研究所的"中国少数民族口头传统图文音影档案库"项目与密苏里大学的"通道项目"（the Pathway Project），已经开始了部分基于弗里学术理念的跨国合作。在三方合作的框架性文件中，弗里的关于知识组织方式的哲学化思考，构成了核心的理念。

　　因此，从一定意义上说，弗里不仅继承了帕里—洛德的学术衣钵，还从研究到教学、从刊物到网络、从田野实践到国际合作，毕其一生之功，引领其工作团队从多方面、多维度地拓展了"口头传统"研究的领地。因此，我们可以说，作为研究主体的学者，在立德立功立言上，弗里可谓集三者于一身。虽说这是一个极少见的个例，但确实为我们的问学道路点亮了一盏明灯。

　　综上所述，口头传统作为一个重要的和晚近出现的学术方向，得到了人文学界诸多领域的重视和积极响应，已蔚然成风，前景广阔。在我们这个拥有丰厚民间文化遗存和活形态少数民族口头传统的国度中，口头传统的研究也当能大放异彩。正如钟敬文先生指出的那样，"我国境内口承文艺资料，是无比丰富的，它是一个深不见底的文化金矿。"进而，他论述了口承文艺的社会文化史价值、社会伦理价值、艺术表现魅力，认为"口承文艺在民俗学研究中的位置不容削弱"①。那么，从清理过往的学术史发展脉络到展望口头传统研究的未来趋势，我认为要重视"四大关系"的理论思考和学术实践，即口头传统与民间文学的关系、口头传统与民俗学的关系、口头传统与非物质文化遗产的关系，以及口头传统与现代新媒体的关系。这些问题也就留给大家去思考、去讨论，让我们一同去"探索人类表达文化之根"（弗里语）。

　　几年前我在为《光明日报》撰写的一篇文章中说过这样的话，拿来作为本次讲座的结尾当是合适的——

---

　　①　钟敬文：《口承文艺在民俗学研究中的位置》，《文艺研究》2002 年第 4 期。

　　文字在人类文明中的作用,或者口头传统应当如何评价,已经降格为次要的问题。一扇新的知识之窗向人们打开了,大家蓦地发现,我们既往的目光是何其狭隘!由于对信息传播的演进历程缺少完整的了解和反思,我们重文字而轻口传;由于对积累、筛选和存储知识以推动文明进化的宗旨缺乏深度认识,我们在框定"经典"和"遗产"时充满了偏见。总之,如果把人类作为一个整体看待,那么,在知识和文化的建构中,这个物种的既往工作,既有骄人成绩,也有重大缺失。好在这也是一个善于从错误中学习的物种。在学界的引领下,新的理念正在逐步形成之中。"口头传统"的重要性,越来越为社会所认识。联合国教科文组织从 1979 年以来,多次出台文件,呼吁其成员国调查、立档、保护、复兴和研究"人类口头和非物质文化遗产",就是这种反思和补救举措的有力证明。事有必至,理有固然。近些年来,在对大型古代口头叙事的研究和当代无文字社会叙事的研究中,人们惊讶地发现,口头文化中不仅可以而且确实生长出了人类心智和文化的伟大奇迹,例如长达十万"颂"的印度口传史诗《摩诃婆罗多》,以及长达数十万诗行的藏族口传史诗《格萨尔》。它们的创编、记忆、表演、流布和保存,无不体现了口传文化的博大精深和神韵妙谛。有学者关于人的大脑只能记忆大约 4000 诗行的论断,如今变成笑谈。长期存在的视民间口头创作为简单粗鄙的偏见,已不值一驳。这些口头和非物质文化遗产,不仅是民族文化传统的重要组成部分,也是全人类共同的文化遗产和精神财富。就我国而言,由各民族所创造的口头文化遗产的丰富性罕有其匹。许多文类样式具有独特的艺术魅力,长期以来深受民众喜爱,如史诗类大型英雄叙事、藏戏等戏曲艺术、十二木卡姆等民间弹唱艺术、侗族大歌和蒙古族长调等声乐艺术、彝族克智口头论辩等语词艺术,都为我们提供了极大的审美享受,并以巨大的艺术生命力、丰厚的文化内涵、多样的传承方式,成为中华民族文化整体内容的重要组成部分。①

---

① 朝戈金:《口头传统:人文学术新领地》,《光明日报》2006 年 5 月 29 日。

关联网站:

中国民族文学网·口头传统专栏:http://iel. cass. cn/read. asp? menuid = 109

中国民俗学网·口头传统专栏:http://www. chinafolklore. org/web/index. php? ChannelID = 176

民俗学论坛·口头传统专栏:http://www. chinafolklore. org/forum/forumdisplay. php? fid = 227

密苏里大学口头传统研究中心:http://www. oraltradition. org

思维通道项目:http://www. pathwaysproject. org/

哈佛大学帕里口头文学特藏:http://chs119. chs. harvard. edu/mpc/

哈佛大学希腊研究中心:http://chs. harvard. edu/

芬兰文学学会民俗档案库:http://www. finlit. fi/index. php? lang = eng

文化三宝磨:芬兰文化语义网:http://www. kulttuurisampo. fi/? lang = en

芬兰国际民俗学者组织:http://www. folklorefellows. fi/

国际民间叙事研究会:http://www. isfnr. org/

口头传统研究国际学会:http://issot. org/

国际史诗研究学会:http://www. worldepics. org

中国非物质文化遗产网:http://www. ihchina. cn/main. jsp

教科文组织·非物质文化遗产频道:http://www. unesco. org/culture/ich/

东方民间文学与东方文学

北京大学教授　陈岗龙

东方民间文学是东方文学的重要组成部分。绚丽多彩的东方民间文学和作家文学共同构成了东方文学的整体，而且古老的东方文学的传统特征主要见之于民间文学。东方各国有着取之不竭的民间文学遗产，古代埃及的神话、古代巴比伦史诗《吉尔伽美什》、印度两大史诗和《五卷书》、阿拉伯的《一千零一夜》等曾经对世界文学产生过巨大影响，而且世界史诗宝库中的活形态史诗主要流传在东方。因此，加强东方民间文学的研究对建构完整的东方文学体系具有重要的学科建设意义。

一、口头传统与东方文学史上的民间文学

当我们翻开任何一部东方文学史，都会发现民间文学在古代东方文学中占据着重要地位。古代埃及神话、古代巴比伦的《吉尔伽美什》、古代希伯来《圣经》的神话传说、古代印度的两大史诗，无不都是民间文学；在中古东方文学中，印度的《五卷书》、阿拉伯的《一千零一夜》、波斯的《列王纪》等也依然是民间文学。而古代东方文学中的不少经典作品都是在民间文学的基础上改编升华而成的，如朝鲜的《春香传》、《兴夫传》[①] 等。

---

① 何镇华：《评韩国著名古典小说〈兴夫传〉》，载《东方研究》（2006 年卷），经济日报出版社 2007 年版，第 113—122 页。实际上《兴夫传》的原型就是我国和很多国家广泛流传的著名的"两兄弟"故事类型或者是"狗耕田"故事类型。关于中国流传的该故事类型的最代表性的研究请参阅刘魁立《故事的生命树》。笔者以为，从比较故事学的角度对《兴夫传》进行探讨将会取得更大的成绩。

但是，过去在东方文学史中介绍和探讨这些民间文学作品的时候①，文学史家们主要是用作家文学的眼光去看待的，这实际上没有足够地关注它们本质的口头特征。其结果，这些民间文学作品或者传统被看成了一个个孤立的作品。而且，文学史家们过去所关注的也只是那些民间文学作品被记录成文字的印刷文本形态，而不是自古以来就在每个东方国家民族中口头传承至今的一种传统。

其实，人类的口头传统和书面传统是一直并存到今天的。并不是文字出现之后书面传统便完全代替了口头传统，作家文学完全代替了民间文学。但是，以往的东方文学史将本质上有区别的口头传统和书面传统相混淆，用研究书面传统的方法来研究口头传统，其结果，多半是从作家文学研究的角度阐释民间文学作品，而这种解释和分析的结论不一定完全符合民间文学作品本身的实际情况。

我们简单举几个概念。讨论一下我们过去在对民间文学文本的认识上存在的一些问题。我们在一般文学史著作中经常遇到"某某神话或故事中描写了某某内容"这样的表述。我们知道，描写是作家用手握着笔来写的，"描写"无意识中都带有用笔写在纸上的含义，实际上就是我们习以为常的作家文学观念的潜意识的表露。而所有的民间文学，包括神话传说、民间故事和歌谣、民间戏曲都是用口讲述或演唱出来的，或者说是口头表演出来的，是口耳相传的。民间文学的内容都是用嘴讲述的或者说唱的，而不是用笔描写的。因为一则神话是讲述或者口头描述世界的起源或人类起源的，所以"该民间文学作品中描写道"等说法是不准确的。同时，"一篇民间故事"、"一篇神话"、"散文叙事文学"等概念背后的印刷文本和作家文学观念也是明显的。这些概念都有一个共同点，就是把口头讲述或表演出来的民间文学口头表演文本，统统当作用文字写在纸上的书面文本，从而混淆了作为口头传统的民间文学表演文本和作为书面传统的文字文本，不分析地用作家作品的思路指示代替了民间文学，结果，把民间文学完全当成了作家文学。既然研究对象

———————

① 这里所说的"民间文学作品"，严格地讲，是不够精确的。民俗学的研究中一般使用"民间文学文本"的概念。在本文中考虑到东方文学史上一些民间文学文本已经经过长时间的文字形式的传播和传承，形成为经典作品，因此继续沿用"民间文学作品"的提法，但是在具体分析中我们将这些作品都看作是民间文学的一个个文字文本。

已经变成了作家文学作品，那么这些神话、史诗和民间故事的研究也就不可避免地采用了作家文学研究的理论和方法。而今天的民俗学研究和民间文学研究对民间文学文本的分类和定位是非常精确而详细的，而且对民间文学不同文本的学术研究资料价值的认识也是相当明确的。① 民间文学文本有表演文本和印刷文本等多种，其中活形态民间文学的研究提倡表演文本的研究，而且把民间文学文本放在活的文化语境中进行探讨。而文字文本也分忠实记录本、转述本、改编本等多种，它们的学术资料价值各不相同。

因此，研究东方民间文学，首先要用口头传统研究的目光去重新审视和反思东方文学史中的民间文学作品，还民间文学的本来面目。实际上，在古代东方民间文学的宝库中，每一部文学作品都是一个活的传统，与作家独立创作的文学作品是不同的。研究东方民间文学就是要关注民间文学的这种口头传统。过去东方文学史的研究一般都是将民间文学传统当作一部孤立的作品来探讨文本本身传达的信息和内容，这种截取式的研究实际上是不全面的。如古代埃及的神话并不是一个孤立的一次性创作的作品，而是几千年流传下来的一个悠久的传统，只有注重对这种传统的研究才能正确解释埃及神话的含义。而只把埃及神话当作一部文学作品，放在简单的社会背景下去探讨，常常无法解释其真正的意义。我们今天见到的《罗摩衍那》虽然是已经文字定型的史诗，但它不仅仅是一部史诗作品，而且其背后有一个历史悠久的史诗传统。如果不探讨这个史诗传统，那么《罗摩衍那》的理解也就失去了历史性。②

我们以《一千零一夜》为例，看一下一部民间故事集是怎样形成的。这部故事集的形成实际上经历了一个从口头传统到书面传统的过程，和中国的《三国演义》由最初的民间文学传统发展成古典文学很相似。③ 约在8世纪末，一部名叫《赫扎尔·艾福萨纳》（一千个故事）的波斯故事

---

① 朝戈金：《口传史诗诗学：冉皮勒〈江格尔〉程式句法研究》，广西人民出版社2000年版，第57—71页。

② 张玉安、裴晓睿：《印度的罗摩故事与东南亚文学》，昆仑出版社2005年版。

③ ［俄］李福清：《三国演义与民间文学传统》，上海古籍出版社1997年版。该著作深入探讨了中国古典小说《三国演义》与民间文学传统的关系。东方文学史的研究领域目前还缺乏这样的研究。

集被译成阿拉伯文，这部故事集的主要故事源于印度。10 世纪，伊拉克人哲赫舍雅里在此基础上着手按夜编著《一千个故事》，但他只编到第四百八十夜便去世。人们认为这便是《一千零一夜》的雏形。从《赫扎尔·艾福萨纳》到《一千个故事》，这些故事广为流传，人们在讲说、传述中，不断对其进行增删、淘汰、筛选、扩展。由于中世纪阿拉伯城市商品经济的发展、繁荣（特别是巴格达和以后的开罗），中产阶级和市民阶层兴起，城市说书艺术发达，不断有新的故事进入其中。至 16 世纪初，终于在埃及定型成书为《一千零一夜》。我们认为，讨论《一千零一夜》的形成和完善，城市说书艺术的发达是非常关键的，这种说书艺术的传统的探讨很有必要，正如中国的平话和说书传统对中国古典小说形成过程中的作用。同时，我们还应该从故事学的角度，结合阿拉伯的历史文化，来探讨《一千零一夜》庞杂而丰富的内容的形成，以及《一千零一夜》对世界的影响。《阿拉伯通史》中提到："在文学方面，影响是更普遍的……十字军一定听到过《卡里莱和笛木乃》和《天方夜谭》的故事，而且把这些故事带了回去。"著名民俗学家汤普森也说："《一千零一夜》的什么故事都可能成为故事之源，我们的许多古老民间故事都在这部作品中找到，并以多种形式使这些故事首先传给欧洲的故事讲述者。"除阿拉伯故事、传说流传到欧洲外，欧洲的故事、传说也流传到阿拉伯。《一千零一夜》的形成，综合了故事讲述家、中世纪城市说书艺人的活动、文人的记录和加工改编、东西方文化交流和故事的传播等多种因素。《一千零一夜》文本的形成过程本身就是一个口头传统与书面传统互动、东西方文化交流的动态过程。

如果我们从口头传统的角度反思《圣经》，也会发现《圣经》具有比较明显的口头特征。《圣经》的"五经四源说"其实与《圣经》的口头起源有密切的联系。希伯来《圣经》"五经四源说"中起源最早的是亚卫派叙事，被认为是史诗，其他内容都是依托其上而形成的。以色列民族无论从内部统治的需要还是从外交的角度考虑，都需要一部自己的民族史诗来表达其民族的身份认同。我们知道，重复和程式化是口头传统的最主要特征，这种特征也常见于《圣经》中。譬如在《创世纪》42 章，雅各说："要我白发苍苍、悲悲惨惨地进坟墓。"《创世纪》44 章，约瑟也说了同样的话："要我白发苍苍、悲悲惨惨地进坟墓。"有的重复，人物和语境、时间完全不同，重复却完全相同，更能够说明口头传统的特征。希伯来《圣经》中具有史诗特征的这部分内容与荷马史诗一样，都保留着口头传统的典型特征，集中体现在"重复"的手法中。

二、民间文学与东方作家文学

在作家文学与民间文学关系的探讨中，一般强调的都是作家在创作中如何从民间文学吸取营养，或者如何把民间文学提升到作家文学的艺术高度。实际上，这里存在着一个误区，即认为民间文学在艺术和思想上都没有作家文学高，只有经过作家的艺术加工和再创作，民间文学才能获得艺术生命。值得强调的是，民间文学是所有民族文学的母体，民间文学与作家文学之间的关系并不是简单的一部民间文学作品和一部作家文学作品之间的关系，而应该是一种民间文学传统或者口头传统与一个民族文学传统之间的关系。这不仅仅是个人之间的，而且是一个民族传统文化与民族文学之间的关系。因此，讨论一个作家与民间文学的关系，并不是作家如何从民间文学中吸取题材或素材，也不是如何学习民间的口头语言，如在作品中插入谚语、成语等简单的问题，而是以作家创作为表现方式的一个民族的书面传统如何在与本民族的口头传统的互动中形成自己的民族文学特色的问题。概而言之，作家文学与民间文学的关系应该是一个民族书面传统和口头传统之间的关系，而不是作家简单利用民间文学作品中的题材、素材或语言的问题。一般讲，东方国家出现的杰出作家，其成功的原因大都是由于继承发扬了自己的传统民族文化，并结合了现代文学手法。可以说，孕育一个优秀作家的民族文化都是由书面传统和口头传统组成的。然而，我们往往重视文字文献，而忽略口头传统，忽略民间文学作为一种重要传统对作家文学、对民族文学所产生的潜在影响。在许多东方国家的古代文学经典中今天所看到的只是经过作家艺术加工和定稿的作品，而在此之前的作品原型在发生和发展的过程中，被世世代代无数个无名民间艺人传承与加工的印迹，却不知不觉地被埋没了。而我们的东方民间文学研究所强调和探讨的正是孕育古代东方文学经典的民间文学传统。

民间文学的传播方式和影响方式也和作家文学有所区别。东方民间文学的研究对东方文学古老传统的挖掘具有重要的学术价值。实际上,民间文学是东方各国古代文学孕育发生的母体。东方各国的古代文学都有一个从口头文学过渡到作家文学的发展阶段。

三、民间文学与古代东方文学对西方文学的影响

在东西方文学关系的探讨中,一般关注较多的是西方文学或欧洲文学对东方文学的影响,而极少涉及东方文学对西方文学的影响。实际上,古代东方文学对西方文学的影响是巨大的,尤其是古代东方民间文学对西方文学的起源产生过重大影响。在发生学的层面上谈东方古代民间文学对西方古代文学的影响,完全可以改变目前东西方文学之间对话的不平等局面。但是,我们一直未能很好地挖掘东方文学这个宝贵资源,即未能从文学的源头去探寻西方文学的由来。而东方民间文学在神话传说、英雄史诗等领域里探讨的正是这个问题。我们是在东方口头传统和书面传统的互动关系中把握东方文学,从而强调东方民间文学的探讨与研究的。过去在东西方文学关系的探讨中,更重视的是以工业革命为背景的西方文学传统和诗学体系,而忽略了作为文学源头的口头传统。我们认为,东西方文学之间的联系和比较,必须从两者分道扬镳之前的共同的口头传统,即最早的神话、史诗和早期歌谣入手,这就要求我们正视东方民间文学在东方文学中的地位了。这并不是意味着我们重视东方民间文学,只强调神话和英雄史诗等早期民间文学样式,而是东方各国的文学传统一直到现在,都没有和自己民族的民间文学传统割断联系。其实这就是东方各国现代文学的一个特征;而以西方文学的价值观来判断,这便成了东方文学落后的原因。我们不禁要问:一个民族的文学,未能过早地接受西方文学的价值观和审美观,长期保持自己的口头传统或民间文学传统,并将其带入自己的现代文学之中,难道就是落后的文学吗?很显然,从文化多样性的角度来讲,对东方文学的这种价值判断是不公平的。我们认为,东方民间文学对东方各国文学传统的影响实在太深刻、太久远了。但是,我们过去偏偏忽视了这一点,去用西方文学的发展观和价值观衡量和审视自己的东方文学,认为东方文学在艺术水平上没有西方文学成熟。难道,一个民族的文学过早

地脱离自己的口头传统或民间文学传统，盲目地去附会单一的价值观和创作模式，就是发达的文学吗？

四、从"一国民间文学"到东方民间文学

研究东方民间文学，首先应着力于东方各国的民间文学和它们之间的历史的、文化的联系以及它们相互之间的趋同性。其目的是在描述东方各国民间文学的内容和特点的基础上，通过历史研究或比较研究等方法，探索东方各国民间文学之间的趋同性，从而建构超越一国民间文学的东方民间文学。这种超越东方"一国民间文学"的区域民间文学，不是东方各国国别民间文学的简单叠加，也不是从东方各国民间文学内容中总结归纳出来的一般性的"民间文学"，而是通过分析东方各国民间文学之间的渊源关系和久远的历史接触关系，揭示其共同的区域特点和历史发展的规律性，从而显现其具有历史延续性的有机整体。因此，东方各国的民间文学是东方民间文学得以建构的基础，是东方民间文学分别描述的客体。东方各国的"一国民间文学"只有通过深度挖掘和理论超越，才能达到建构东方民间文学的目标：挖掘东方各国民间文学之间的历史联系和由此形成的共性，用这种历史联系和共性来建构超越一国民间文学的具有东方特点的区域民间文学。我们认为，东方民间文学和东方各国国别民间文学之间不仅仅是一般和个别的关系，也不是表层上的全局与局部的关系。

东方各国的民间文学共同构成了东方民间文学的实质内容，同时也是东方民间文学作品描述和理论探讨的基础。然而，目前东方民间文学的研究状况还基本处于"一国民间文学"的阶段，而且各国的研究状况很不平衡。其中，中国、日本、韩国（朝鲜）、蒙古等国家的民间文学已经有了比较充分的研究，埃及、印度、阿拉伯等国家的民间文学在某些特殊领域里的专题研究也取得了相当可观的成就（如古代埃及神话的研究、古代印度两大史诗的研究和阿拉伯《一千零一夜》的研究等），相比之下，东南亚国家以及非洲国家的民间文学研究相对比较薄弱。东方各国的民间文学研究现状虽然直接关系到东方民间文学的学术背景和研究前景，但东方民间文学的整体研究也会对国别民间文学的研究起促进作用。可以预

见，随着东西方文化对话的加强、在全球化背景下文化多样性的强调以及比较文学研究的盛行，在东方各国"一国民间文学"研究的基础上，超越"一国民间文学"，关注整个东方民间文学，将成为东方民间文学研究的趋势，也应作为我们研究东方民间文学的基本出发点。

应该指出，"东方民间文学"并不是相对西方民间文学而提出的，因为西方民俗学研究领域里并不提倡"西方民间文学"这个概念。我们并不是在东西方二元对立中强调东方民间文学自身的异质特点，而是在人类民间文学共同规律的探索中，更加注重东方文化区域性规律的描述与探讨。我们强调的是东方各国民间文学之间的交流和接触比东西方文化之间的交流和接触发生得更早、更广泛、更深远，这也是东方各国民间文学相互之间具有诸多趋同性的根本原因。我们认为，只有深入了解东方各国民间文学之间的渊源关系和历史交流所形成的趋同性，才能进一步了解东西方民间文学之间的交流和共同性，才能更好地探讨人类民间文学的共同规律，这种研究途径也符合从个别到一般的认识规律。

我们经常使用的"西方民俗学理论"、"西方神话学"等概念，其实也都是我们自己提出和强调的。但是西方民间文学的整体性话语已经在西方学者的民间文学理论中被表述出来，如 AT 分类法是根据欧洲或者西方国家民间故事的资料总结出来的，这种故事分类学体系在国际范围内推广的过程中必然以西方或者欧洲民间故事类型来做衡量和分类各国各民族民间故事的标准。在西方学者的古典文学研究中，荷马史诗被当作人类英雄史诗的一般样板，希腊神话和奥林匹斯神谱成为神话的标准，这在其欧洲民间文学和欧洲文学的范围内都是合情合理的。然而，当越出一定的学术范畴，将其视为放之四海而皆准的理论模式的时候便显露出其局限了，这也是我们经常批评欧洲中心论的一个重要原因。当然，除了古典的学术以外，还有文化霸权和话语霸权的问题。虽然西方民俗学界尚无对西方民间文学的整体描述，但是他们所建构的民间文学理论体系已潜在地控制着关于人类民间文学和口头传统研究的一般性学术话语。在这种情况下，东方民间文学所面对的，首先是要建构东方民间文学的主体，描写出那些西方民间文学理论还不能完全概括的人类文化多样性中的东方民间文学内容，用东方民间文学的实际内容来与西方学术界对话。应该看到，西方学者研究东方各国民间文学，如神话等，只是为了从中获取自己的东方经验，他

们可能从未考虑过把东方民间文学作为东方文明中实实在在的存在去进行
完整的客观描述，继而告诉西方甚至全世界的学者。简而言之，他们只是
想从中吸取，而没有打算去建构。然而，我们的目的并不是建构一个强调
和突出异质特征的东方民间文学价值体系来与西方对立，而是通过描述东
方民间文学的实质内容和整体性的历史逻辑，补充和完善民间文学理论中
那些根据西方或欧洲民间文学的经验得出的理论和观点（比如东方没有
英雄史诗或者发达的体系神话），使人类一般性民间文学的描述和理论更
加全面和多样化。

五、东方民间文学的范畴

东方民间文学是系统研究东方各国的民间文学，包括东方各国古代民
间文学和现代活形态民间文学两个部分。

古代东方民间文学包括两河流域、古埃及、希伯来、古印度和波斯的
民间文学，从口头传统的立场出发，用民间文学理论分析古代东方文学史
上的神话、史诗和《五卷书》、《一千零一夜》等故事集，探讨其口头传
统本质或民间文学特征，修正过去东方文学史研究中将其当作作家文学或
书面文学来探讨的错误观点和方法论。古代东方民间文学主要结合早期东
方文明的研究成果，探讨古代东方神话、史诗等民间文学的文化内涵和形
式特征，并探讨其在古代东方各民族宗教哲学、文化艺术发展上的重要作
用和地位。

现代东方民间文学主要讨论东方各国活形态民间文学的表演和传承形
态，结合东方各国民俗文化的描述，探讨民间文学在东方各国日常生活和
民俗仪式中的功能和形式，并论述民间文学在东方各国民族文学发展历程
中的重要作用。

东方各国的文学史上不仅有丰富多彩的民间文学，而且今天的东方各
国民间也依然流传着具有旺盛生命力的活形态的民间文学。并且东方各国
的民族繁多，很多国家的民族不一而足，大多数东方国家都是多民族国
家，比如，印度是一个具有一百多个民族的国家，有 15 种主要语言及
844 种方言。因此，印度民间文学的范围，除了我们比较熟悉的两大史

诗、《五卷书》等梵语民间文学以外，还应该包括中世纪以前的、梵语以外的印度其他语种的民间文学和今天活形态流传在印度的各民族民间文学，特别是南印度的民间文学。就拿民族比较少的日本来讲，日本民间文学除了我们比较习惯的所谓日本民间文学以外，还应该包括阿伊努人的民间文学和冲绳岛的民间文学，而且阿伊努人的民间文学和冲绳岛的民间文学更是保持着古老的传承形态。巴基斯坦西北部的民族文化大部分属于部落文化范畴，这些民族的居住地分散在偏远山区和荒漠之中，难以与内地沟通，多少个世纪以来，他们内部各自保持着自己的文化传统和社会制度。从莫卧儿时代开始，这种沉寂被打破，繁忙的贸易往来和苏非的传教沟通了他们与内地的交往，内地流传的民间故事传到西北地区，反之西北地区的故事也传到内地。此前，边远地区的民族中虽然有民间传说世代传承，也有自己的民间文学，但分散的游牧生活，使他们的民间文学难以在大范围内流传，其民间文学也难以成熟。苏非派来到后，他们深入到各个部落传教，以传教的形式把这些爱情传奇故事从这个部落传到另一部落，从这个地区带到另一个地区，推动了各族民间文学的相互交流。① 由此我们可以看出《巴基斯坦民间文学》的范畴应该包括这些诸多部落的民间文学。真正科学意义上的口头传统的研究，应该是基于地方的、部落的、方言的民间文化传统。因此，东方各国活形态民间文学的研究应该是深入到部落民间文化的田野调查研究。只有部落传承的民间文学才保留着它的口头传统本质，才是人们生活中享用的民间文学。在过去，西方传教士和人类学家曾经在东南亚等东方国家进行过原著民的人类学田野调查，搜集记录了不少土著部落的民间文学，但是正如上面提到的那样，他们搜集记录这些民间文学的目的不是建设和研究东方民间文学。不过，我们今天研究东方民间文学，也应该重视东方各国民间文学的田野调查。只有在田野调查中去感受东方各国各民族土生土长的民间文学及其口头传统，我们才能深入理解东方民间文学的丰富内容和实际的传承形态，才能真正认识到东方各国民间文学宝藏不局限于我们上面罗列过的那些东方文学史上的神话史诗和民间故事集。我们才会理解东方文学史上的那些作为经典来研究

① 张玉安、陈岗龙等：《东方民间文学概论》第二卷，昆仑出版社 2006 年版。孔菊兰：《巴基斯坦民间文学》，宁夏人民出版社 2008 年版。

的神话、史诗和民间故事只不过是经过国家意识形态或者文化精英的筛选而推举出来的代表而已。而真正的活的东方民间文学传统永远都在民间。我们在研究东方民间文学的时候，每个国家的主体民族和人口少的民族或族群的民间文学都应该同样受到重视。在我们所提倡的东方民间文学里，每个东方国家的民间文学都不是单一民族的民间文学，而应该是多民族的民间文学。这些多民族的活形态民间文学共同构成了活生生的东方民间文学口头传统。

东方各国都是历史悠久的文明古国。同样，东方各国的民间文学也从远古时代传承到今天。因此，东方各国的民间文学既包括古代民间文学，也包括今天在这些国家民间活形态流传的民间文学。其中，多数古代民间文学文本已经被记录成文字，收入这些国家的文献中，或者已经成为古典文学，因此对这些民间文学的研究就必然带上文献民间文学的性质，主要根据文献记录，从口头传统研究的角度进行探讨。而活形态民间文学则一方面根据这些国家本国学者搜集记录的民间文学作品集，或者亲自去进行民俗学田野调查，在民间口头表演中观察和研究。同时，我们还应该注意东方文明古国古代民间文学或文献民间文学与今天民间传承的活形态民间文学之间的关系。比如伊朗民间文学包括古代波斯民间文学和现代伊朗活形态民间文学。古代波斯民间文学，主要是神话、传说和史诗，依靠《阿维斯塔》等宗教典籍和《列王纪》等文学经典来研究和建构。而在现代伊朗，民间文学或者口头传统仍然具有旺盛的生命力。

从我国目前的东方文学研究和民俗学研究、人类学研究的条件来看，当前的东方民间文学的研究，基本上还是文献民间文学和对东方各国本土学者搜集记录的活形态民间文学文本的研究，还没有达到中国学者亲自到国外做田野调查，在东方各国的各民族或各族群中进行田野调查，在口头传统的表演中去感受和研究作为地方性知识的民间文学传承的地步。目前，只有北京大学东语系青年教师史阳在菲律宾山地民族芒阳人中进行人类学田野调查，观察了神话与仪式的关系。这将是今后具有人类学理论背景的东方民间文学研究者大显身手的一个趋势。而我们现阶段的东方民间文学研究，基本上是东方各国民间文学文字文本的阅读式的研究，我们的终极目标是我们用眼睛和耳朵去真正感受表演中的东方民间文学传统。而从文本到田野将需要东方民间文学的长期的学科建设。

六、东方民间文学的研究方法

在我国，无论对于民间文学，还是东方文学，东方民间文学都是一个新兴的学科。在东方民间文学作为学科名称正式提出之前，在一般性的民间文学研究和东方文学研究中都曾经有对东方民间文学部分的或者局部的研究，比如说东方文学史中对古代东方神话和史诗的研究，并在某些领域内已经取得了可资借鉴的一些成果。但是，以往的这类研究是不全面的，且没有严整的理论体系，研究者也没有明确的独立的学科意识。因此，东方民间文学的学科建设，一方面，要求吸收和继承东方文学研究领域里的一些可资借鉴的研究成果；另一方面，还要吸收民间文学界的理论成果，并以东方各国一国民间文学研究成果为基础，逐步建构东方民间文学的理论结构和体系。因此任重而道远。

（一）东方民间文学的学科属性和理论建设

东方民间文学从学科属性来讲，是民间文学的。不过，由于它与东方文学史的特殊关系，便必然具有交叉学科的特点。但是，研究东方民间文学并不是简单地用民间文学理论来研究东方文学，其理论体系的建构要复杂得多。东方民间文学应在全面描述东方各国民间文学内容和特点以及历史文化联系的基础上，探索和建构自身的理论体系。这种理论体系并不是直接套用我们目前普遍使用的一般性民间文学概念和理论来衡量研究对象或者分析研究对象，而是主要根据东方民间文学自身的内容来探索适合于作为整体的区域民间文学研究的理论体系。此外，东方民间文学还要借助东方文学史所提供的研究对象和作品文本，同时还要通过对东方文学研究理论的批判继承来实现自己的理论建构。东方各国民间文学既有古典的文字定型的民间文学，如古典神话和英雄史诗，又有至今在民间口耳相传的活形态民间文学，因此东方民间文学的研究理论既要适用于古典（文献）民间文学的研究，又能指导当代活形态民间文学的调查与研究。比如，目前东方学家和东方文学史学者对古代巴比伦史诗《吉尔迦美什》的研究，多侧重于古典东方学的典型语文学研究和历史学研究。一般的东方文学史所借鉴的内容，也基本上是这种考据学的学术传统。这在古代东方文学的研究中是无可厚非的，但是这种研究注重的只是文字定型的泥板文本，而很少关注史诗《吉尔迦美什》的口头起源。固然，探讨史诗《吉尔迦美什》的口头传统起源及其对后世文学的影响困难极大，而且也只能借助泥板文本的文献。然而，东方民间文学研究的出发点是，把史诗《吉尔迦美什》放在口头传统与泥板文书书面传统的互动中加以考察，以探讨《吉尔迦美什》作为英雄史诗所具有的主题、情节结构、母题类型和对以后口头传统的影响，其实，这种研究在本质上就是民间文学的研究。在理论层面上，东方民间文学研究对东方文学、东方学而言，既与东方文学、东方学的研究有所交叉，又对其有所批判和继承，一方面我们要将民间文学研究观念和口头传统的理念灌输到东方文学史的研究中，另一方面又要批判地吸收东方学的一些研究方法，如语言学研究、历史学研究、考古学研究等古典学的方法，将这些古典学的方法与民间文学和民俗学的研究方法结合起来，从而探索建构一种能够适用于东方民间文学的理论体系。

目前，东方各国的学者们对自己国家的民间文学都有不同程度的研究，尤其是日本、韩国等国家的民俗学家们相当深入地研究了本国的民间文学，并建构了自己的民间文学理论体系，甚至在本国民间文学与周边国家民间文学之间进行了深入的比较研究，并取得了一定的理论成果，为建设独立的东方民间文学理论体系作出了基础性的贡献。但是，这些研究成果目前还不能和严整的东方民间文学学科体系相提并论。因为这些国家的民间文学比较研究基本上还是以自己国家的文化为核心来进行的，严格地说，这还属于一国民间文学中心论的研究。而东方民间文学的研究则应超越这种研究格局，把东方各国的民间文学看作一个具有历史的内在联系的有机整体，进行宏观描述和系统阐释。不可否认，这些东方国家民间文学的基础研究和比较研究将提供弥足珍贵的局部研究经验和微观分析的理论成果。因此，东方各国民间文学作为分别描述的客体对象，其研究成果和研究经验将为东方民间文学的理论建构提供根本性的研究基础和研究经验。同时，东方民间文学在一般民间文学研究理论的层面上也将对东方各国民间文学进行普遍性的观照。因此，一般民间文学理论、东方各国一国民间文学研究理论成果和比较研究经验、东方民间文学理论体系之间形成了一种多层次的理论关系。

从口头传统的角度探讨东方民间文学是我们的根本出发点。同时，研究东方民间文学还要讲究方法论和具体的研究方法。因为，口头传统的研究是把民间文学复原到它传承的文化语境中去观察和研究，所以还涉及人类学和民俗学的研究。同时，东方各国的民间文学具有悠久的传统，因此，我们还要在历史的发展中观察民间文学文本生成的历史文化语境，而且还要和各国家各民族不同时期的民族志描写和记录结合起来探讨民间文学作品生存的文化语境。一句话，东方民间文学的系统而深入的研究本身体现出了从单一的文学研究走向文化研究的趋势。

（二）对东方民间文学文本的认识

在进行学术研究之前，我们首先要对研究对象有清醒的认识。对于东方民间文学的研究来讲，正确把握民间文学各种文本是非常重要的。在东方各国现代活形态民间文学的表演文本或记录文本的探讨与研究方面，一般民间文学基础理论基本上都能够提供理论依据。但是，古代东方各种民间文学，主要是神话、史诗文本的认识方面，我们除了运用一般民间文学的观点和理论去认识以外，还要考虑到东方古代文明的自身情况。其中，特别是古代两河流域楔形文字泥板记录的神话、史诗，古代埃及象形文字记录或者绘画中表现的神话，《圣经》等古代宗教文献中记录的神话传说和史诗，要求我们在进行学术研究之前，对这些不同类型的文本作全面的分析。最为关键的是，我们对这些古老文本的形成过程要有一个比较全面的认识。这些文本的形成，并不像我们今天到民间做田野调查，直接用录音机或摄像机记录下民间艺人的表演，然后将其按照民间文学记录整理的学术规范记录成文字文本，提供给学术研究者。这些文本的形成是一个比较复杂的过程，而且因为缺乏过程的记录文献，我们无法知道泥板上的神话怎样从讲故事人的口中被记录下来，书吏在记录过程当中，作了哪些方面的修改，修改了哪些内容，删除了哪些内容，最后形成的文本是反映最初讲述者的立场，还是书吏的立场或是国王的立场。而且，两河流域和埃及文明都与后来的文明没有直接的联系，准确把握文本特征的难度就更大了。两河流域文明在后续文明体系中保存的比较少，两河流域专门化的书吏阶层对复杂文字系统的垄断性使用，楔形文字文化的重建几乎完全倚赖考古发掘和文献释读，当时官方文学对民间文学的大量汲取，以及作家文学的分化独立尚未完全形成，田野调查的不可能性和文本依赖的唯一性，又使得这一研究难以像针对当今尚有活态文本传唱民间，或者是文本传统尚有一脉传承的其他民族民间文学那样，获得准确的定义和精辟的剖析。这些构成了古代两河流域民间文学研究的特殊性和艰巨性。我们只能以"以今律古"的方式，来具体分析两河流域楔形文字泥板文献，而且清醒认识到其局限性：已经刊布研究的楔文民间文学作品的故事结构不甚合理，段落之间的联系不密切，结构分散、缺乏紧凑感。不过，从另一个角度审视，我们还是能够发现两河流域泥板文献中民间文学文本的口头特征。诸如大段程式化诗歌段落的重复，程式化套话的频繁出现，以及在此基础上描述细节的从容不迫和对人物原话的成段引用，却反映出了楔形文字的使用者在将这些作品从口头创作转移至书面媒体（泥板）上来的过程中少有实质性加工的特点，从一个侧面证明古代两河流域文学作品在今天的留存物仍然具有浓重的民间文学特点，在很大程度上即是早已逝去的两河流域远古民间文学的生动体现。①

　　同样，我们在引用和研究东方各国宗教文献中的民间文学作品的时候也要作具体分析。成书于伊朗萨珊王朝（224—651 年）以及伊斯兰时代早期的各种巴列维语（Pahlavī）文献，也保存了大量的古代伊朗神话传说，尤其是为数众多的注解《阿维斯塔》和阐释琐罗亚斯德教教义的宗教典籍，更是极大地丰富和发展了原有的琐罗亚斯德教神话传说体系。经这一时期宗教祭司们加工整理过的琐罗亚斯德教神话，被赋予了更多的哲学和道德内涵，显得更加系统化和伦理化。萨珊王朝覆灭后，伊朗皈依了伊斯兰教，但在最初的二三百年间，仍然有许多以巴列维语撰写的宣传琐罗亚斯德教信仰的宗教著作问世，其中最具有神话学价值的当数完成于 9 世纪的《丁·卡尔特》（Dēn-Kart）和《本达希申》（Bundahīshn）等著作，这些流传下来的巴列维语宗教文献，保存了大量反映古代伊朗人关于开天辟地、人类诞生、善恶交战、世界末日等信仰的神话。

---

① 张玉安、陈岗龙等：《东方民间文学概论》第一卷，昆仑出版社 2006 年版。"古代两河流域民间文学"。

（三）东方民间文学的研究方法

东方民间文学的研究，除了运用一般民间文学的理论和方法外，还要结合东方民间文学和东方文明自身的特征和条件，要辅以多种研究方法。下面简单举几个例子。

古代埃及、两河流域民间文学和古代希伯来民间文学的研究，除了文献民间文学的分析解读，还要结合考古发现，利用各种非文字的图像资料，来进行跨文本形态的比较研究。在这一点上，古代埃及、两河流域民间文学和古代希伯来民间文学的研究的基础，是传统东方学的语言历史研究。首先是古代语言的精确释读和翻译，是研究用这些语言书写的民间文学文本的最关键的一步，在这一点上，古代东方民间文学的研究要比东西方现代民间文学的研究难度大。尤其是古代两河流域的一些楔形文字文献的释读，更是显得难能可贵。北京大学拱玉书教授的《升起来吧！像太阳一样——解析苏美尔史诗〈恩美卡与阿拉塔之王〉》[①]，就是古代东方民间文学文献文本精读的范例，古代东方民间文学的文本研究需要更多的这种研究成果。我们在精确的语言学研究和翻译的基础上探讨东方古代民间文学内涵的时候还要结合古代东方文明的研究成果，主要是历史文献和考古资料来进行综合的多学科的研究。其中，早期神话的非文字图像资料的利用很重要。比如，青铜器晚期的希伯来陶制女神像的发型多是典型的埃及女神哈托尔的发型，从此我们可以得出古代希伯来神话受到了古代埃及神话的影响。我们相信，在长期的探究历程中古典东方学的语言历史研究方法、东方文学史的研究方法与民间文学和民俗学方法之间也逐渐会找到共同点和互补的交叉点，从而形成东方民间文学研究的新的理论体系。

古代神话、史诗的研究还要和古代民族的民族志研究结合起来，进行综合考察。《创世纪》中该隐杀死兄弟亚伯的故事，反映了早期畜牧业和农业在使用珍贵的可耕地之间发生的冲突。在美索不达米亚神话中也有类似的冲突，畜牧业神杜木兹和农业神恩金都为了得到女神伊南娜的爱而产生了矛盾，最后畜牧神胜利。奥赛里斯的神话反映了王权的神圣性。在位国王的合法性基于这样一个神学观念：他既是活着的"儿子"，也是他死

----

① 拱玉书：《升起来吧！像太阳一样》，昆仑出版社 2006 年版。

去的先辈的再生。新王国时期神庙的浮雕常常表现"神圣国王的诞生"这样一个主题，画面描述创世神来到王宫，与王后结合，生下合法的继承人，因此在位法老其实就是他在人间的化身。当新的国王加冕时，"九神聚集到一起，给予他拉神的登基庆祝和作为国王的荷鲁斯的寿命"（荷伦布墓的加冕铭文），法老的敌对者无法战胜他，因为"他已经在赫里奥波里斯进行了争辩，九神发现他是有罪的"（美尼普塔的以色列石碑）。这个原则在普通人中间也同样适用：生命力从父亲传给儿子意味着父亲的位置应传给儿子，这是其合法性的保证。如人类学家分析的那样，世袭制是通过神话来体现其神圣性的。①

　　而在民间口耳相传的活形态民间文学的研究，更要依靠民俗学和人类学的田野调查。东方民间文学的田野调查刚刚开始。有的民间文学可能很早就有了文字文本，这种民间文学以文字定型以后可能变成了文学经典，但是它在民间可能仍然以口头形式流传。我们更要注意这样的民间文学。要对东方各地展开全面的田野工作，目前存在着种种实际困难，不可能在短时期内实现。只有利用各种机缘，或者深入实地或者利用对象地区已有的调查成果。因此，在理论方面，更全面深入地、更细致地分析东方民间文学作品的"口传"特征以及在当代生活中的鲜活形态，把东方各国民间文学当作一个具有历史的内在联系的有机整体，对其进行宏观描述和系统阐释。②

　　最后谈一谈东方民间文学的比较研究问题。实际上，今天热门的比较文学这个学科的诞生，与东方民间文学有着密切的关系，只不过很多人并没有注意到而已。那就是德国梵文学家本菲为《五卷书》德文译本所写的长篇学术导论中，提出欧洲的民间故事起源于印度的学说，他因此成为传播学派的鼻祖。今天虽然本菲的印度起源说已经过时，但是谁也无可否认以《五卷书》为代表的东方民间故事对世界民间文学的巨大影响，这也就决定了东方民间文学具有非常广泛的比较研究的前景和潜力。在基本掌握东方国别民间文学丰富资料的基础上，着手进行东方民间文学的比较

---

① 请参考张玉安、陈岗龙等《东方民间文学概论》第一卷，昆仑出版社 2006 年版。第二章"古代埃及民间文学"。
② 陈明：《东方文学研究的新收获——评〈东方民间文学概论〉》，《北京大学学报》2007年第 3 期。

研究，通过影响比较和平行比较等研究方法，来考论东方各国民间文学之间的源流和交流关系，探索东方民间文学的民族特色和整体的机制以及东方各国民间文学之间的内在的趋同性，并在一般性民间文学理论和东方民间文学描述研究的层面上进行理论思考，将是东方民间文学比较研究的基本内容。东方民间文学比较研究的主要范畴是东方各国民间文学之间的比较，兼顾东西方民间文学之间的比较和适当的理论探讨。

东方文学的整体是由作家文学和民间文学共同构成的，只有加强东方民间文学的研究，才能建构完整的东方文学体系。因此将民间文学理论引进东方文学的研究，本身具有重要的方法论意义。东方民间文学就是以民间文学理论为研究之本，同时兼用其他文学理论之长，注重作家文学与民间文学之间的联系和区别，以实现用东方民间文学的研究成果来丰富和促进东方文学的整体研究。

故事学研究与当代文化建设

北京师范大学教授　　万建中

一、现代故事学状态

1913 年 8 月，周作人在《教育部编纂处月刊》上发表了《童话研究》一文，正式拉开了我国现代民间故事研究的帷幕。紧接着，一大批人文社会科学的学者们不约而同地共同参与到中国民间故事学的建构之中。到现在，我国民间故事学已经经历了一个多世纪。

"叙事"又称"叙述"，就是"讲故事"。"故事"就是关于过去的事情。在后现代语境中，所有一切的一切都是故事，我们每天都在讲故事和生产故事。民间文学中的民间故事主要是以日常生活为题材，以现实中的人物为主角的散文类民间口头文学。叙述从根本上说就是"讲故事"（story－telling），即以时间（开头、中间、结尾）为基本顺序对某一或一组事件加以编排、描述。叙述与故事乃一体两面的共在关系，故事是叙述所述之事，而叙述则是说故事。

由于民间故事是全世界共享的一种叙事形态，通过比较，当时学者们惊喜地发现，一些著名民间故事类型最早的写定文本出自我们中国，诸如"灰姑娘型"故事、"天鹅处女型"故事等。周作人在《古童话释义》一文里，对唐代段成式《酉阳杂俎·续支诺皋》中的《叶限》给予了很高的评价，认为这是世界上记录最早的"灰姑娘"（Cinderlla）型故事，指出段成式记录故事注意资料的整体性，其做法是比较科学的。① 如此，民间故事激发了当时一些学者的民族自豪感，成为他们投入民间故事搜集和研究活动的强大动力之一。钟敬文先生步入故事学领域的动机也是受到这种民族主义感召。

"我们所理解和要求的故事学，主要是对故事这类特殊意识形态的一种研究。它首先把故事作为一定社会形态中的人们的精神产物看待。研究者联系着它产生和流传的社会生活、文化传承，对它的内容、表现技术以及演唱的人和情景等进行分析、论证，以达到阐明这种民众文艺的性质、特点、形态变化及社会功用等目的。"② 这段话对以往故事学形式主义的操作范式进行了反拨，将故事学引入到生活意义的领域。其中语句中出现的一些关键词，诸如"意识形态"、"精神产物"、"表现技术"、"演唱的人"、"社会生活"、"情景"、"民众文艺"等已经触及到现代故事学的所有前沿因素，包括表演理论在内。这段话堪称民间故事学概念的经典表述。

故事学的学术领域而言，有类型学故事学、故事学理论、比较故事学、故事演变史、故事讲述家研究、文化人类学故事学、民间故事原型批评、母题（主题）学故事学、表演理论的故事学等，各方面都有一系列成果。这些研究包含了表演场景、活动过程、记录文本（内容、体裁、风格、形式、思想情感）、互动关系、生活意义等故事讲述活动的各种因素的考察，它们将故事学研究引入了一个十分广阔的天地。中国故事学的确是多种研究方法并存，已成为较完整的学科分支。

20 世纪 20 年代以来，在民间文学的所有领域，故事研究的成果最为丰富，参与研究的学者的数量也最多。中国故事学研究取得长足进步。在民间文艺学领域，故事学已经成为一门相对独立的学科。一方面，文艺学、文化人类学、类型学、母题学、神话——原型批评、结构主义、历史学等方法，在故事学研究中都有比较娴熟的运用。相对民间文学其他门类而言，西方民间故事研究流派的学术成果得到比较早的引入；另一方面，

---

① 钟敬文主编：《中国近代文学大系·民间文学集》（1840—1919），上海书店 1995 年版，"导言"第 22 页。

② 钟敬文：《中国民间故事类型索引·序》，载［美］丁乃通《中国民间故事类型索引》，郑建成等译，中国民间文艺出版社 1986 年版。

研究成果特色突出，并达到较高的学术水平。譬如，赵景深于 1928 年出版的《民间故事研究》，这是中国第一部故事学专著。另外，钟敬文先生早在 20 世纪二三十年代，撰写的一系列民间故事方面的经典性论文，半个多世纪过去了，这些论文仍闪烁着耀眼的学术光辉。沿袭钟敬文先生的学术路径，产生了一大批高水平的民间故事研究的学者。仅近 30 年来具有代表性的故事学专著就有：罗永麟的《论中国四大民间故事》，段宝林的《笑之研究——阿凡提笑话评论集》，祁连休、肖莉主编的《中国传说故事大辞典》，黄桂秋的《水族故事研究》，曹廷伟的《广西民间故事辞典》，金荣华的《民间故事论集》，施立学的《关东故事学》、于长敏的《中日民间故事比较研究》，许钰的《口承故事论》，万建中的《解读禁忌——中国神话、传说和故事中的禁忌主题》，江帆的《民间口头叙事论》，陈岗龙的《蟒古思故事学》、周福岩的《民间故事的伦理思想研究——以耿村故事文本为对象》以及刘守华的《中国民间童话概论》、《故事学纲要》、《比较故事学》、《中国民间故事史》和其主编的《中国民间故事类型研究》，祁连休的《中国古代民间故事类型研究》等。中国现代故事学的成果极其辉煌。

在民间叙事的体系中，民间故事与神话、史诗乃至传说有一根本性的差异：神话和史诗属于祖先或民族的历史，传说也是一个地方的历史记忆，它们都能被纳入民族—国家的主流话语，可以用于塑造民族和国家伟大而又悠久的辉煌形象。诸如神话与民族精神、传说与地方文化传统等何其顺理成章。而民间故事则是远离祖先的，属于"我们"的，属于当下生活的，用于娱乐生活的。因此，神话、史诗乃至传说都有可能进入国家课题，成为有组织、有规划的学术活动的研究对象，而民间故事则很难获得此项待遇。学者们对民间故事的研究主要是出于对故事本身的爱好，为的是展示故事本身的无穷魅力和生活意义，而非出于意识形态的目的。即便是结构主义故事学及普罗普的故事形态学，同样也是在突显故事本身的美好。就此而言，民间故事研究更具有学术的纯粹性。

在民间故事学领域，研究方法的出台尽管有先有后，但方法与方法之间并非超越与被超越的关系，而是相互并存，互为补充。20 世纪二三十年代所使用的文化人类学方法、比较研究、类型学、母题学等，直至今日仍有强大的势力，丝毫没有过时的迹象。民间故事研究方法是一个不断累积的过程，而不是创新和超越。这一境况的造就，一方面是因为民间故事文本宛如汪洋大海，为任何一种方法提供了取之不尽的分析资源，任何一种方法都有极为广阔的运用市场，使之具有旺盛的生命力；另一方面是由民间故事文本本身所决定的。民间故事文体特征鲜明，篇幅短小，所能满足学术驾驭的似乎只有这些方法。而且所有的民间故事文本研究方法都有内在的关联性，只是学术取向不同而已。这些研究方法又构成了相对封闭的中国民间故事学体系，在此体系内故事学家们循环往复，乐此不疲，而少有突破。

在整个中国现代故事学的进程中，故事学家们极力从通俗的民间故事中提炼出高深的学问，于是乎有了各种母题、各种情节单元、各种类型等，致使"民间故事"成为一个虚构的概念。作为故事学的方法论策略，其功能在于取消了民间故事是"说"出来的基本认定，而将民间故事文本等同于民间故事。故事学应该将民间故事纳入生活的运作法则之下，实现一种生活视角下的故事研究，因为民间故事是民众的一种生活形式，是日常的文学活动，给我们提供了一个人是当地民众的情感与价值、欲望与理性交织的生活常态的平台。相反，故事学家们很少顾及民间故事的生活意义、"快乐"属性以及故事是如何"说"出来的。为了确保故事学家的精英地位，"讲故事的人"被置于可有可无的境地。

尽管当时西方的叙事学、口头表演理论和方法已在中国故事学界流传开来，但在整个20世纪，几乎找不到一篇真正运用"表演理论"分析民间故事表演的论文。诸如讲故事的声音，包括大小、调式和停顿等，讲述者的身姿手势，讲述者与听众的各种互动交流等，都没有进入学者们的学术视野。即便是对故事家的考察，也基本没有涉及讲故事者的口述态度和声音。讲述者在口述之前要把他口述的故事（自己对故事的印象、长短、兴趣、记忆状态等）整理出来后才能讲述。所以对口述态度的考察应该包括说话的内容、讲述者的个性、记忆状态、气氛、周围环境等，以及这些因素之间的相互关系。如在记忆状态方面，讲述者记忆不好的时候，音调、口述速度不平衡、不自然，声音低。可见，对故事家的考察还未将其纳入具体的讲述的过程本身。

通过对故事家的实地考察，人们获得了一个关键性的认识：是故事塑造出了故事家，而不是故事家生产出故事。演述故事的与其说是故事者，不如说是当地口头语言的故事传统。是当地语言塑造出民间故事家，而不是故事家创造了当地语言。我们对故事家的考察，不应着眼于故事家本人，重点应该是他们如何运用当地的口头传统。正是由于故事家用当地的口头传统演述，这些民间故事就不含有未知、暧昧与歧义，它们是当地人都能领悟的。

由于将民间故事文本视为民间故事的全部，在研究范式方面难以有所突破是必然的。民间故事展示了一种难以超越的"纯粹的听说愉悦"，当故事学家们用心去感受这种愉悦的时候，故事学研究范式发生根本转换的时机既已到来。

二、民间故事研究的出路

20 世纪的故事学有着不可磨灭的功绩，但也成为 21 世纪故事学发展的窠臼。应该说，传统的故事学范式已经成为老套，21 世纪的故事学显然需要跳出 20 世纪的框框，才能掀开崭新的一页。在 20 世纪故事学的体系中，民间故事就等于民间故事文本，这完全是基于"文学"的理解。即便关注了讲述人和语境，那也是以讲述的故事文本为出发点的。在以往的故事学研究中，故事文本始终主宰着研究的导向，目的在于使故事文本可以得到更好的阅读和理解。

世纪之交，西方"表演理论"传入中国，中国故事学似乎要掀开新的一页。民间故事"作为表演的口头艺术"的观点令人耳目一新，"表演理论"强调，在考察故事文本与表演之间的联系时，不能将两者割裂开来，即分别对待。否则，"表演只能作为分析文本时的背景，从某种意义上来说，还只是被作为附带性的东西来看待的。如果文本就只是文本，演出的状况，或社会、文化脉络就只是作为文本的脉络来加以并列地记述的话，那么，即使记述的范围扩大了，也谈不上是什么方法论上的革新了"。[①] 表演理论的一个重要贡献是将上面三种因素看成为一个整体，不

---

① ［日］井口淳子：《中国北方农村的口传文化——说唱的书、文本、表演》，林琦译，厦门大学出版社 2003 年版，第 114 页。

是以文本为中心，或者说其他因素不只是文本产生的情境或解释的上下文，而是各种因素呈现为"互为话语"（interdiscourse）的关系。

表演理论的确为中国故事学研究提供了一个全新的立场、视角以及比较明确的奋斗目标和学术行为规程。在故事学界，表演理论已成为人人都在叫喊的极为响亮的口号。但给中国故事学带来变化的仅仅是美好的思路及愿望而已，结果只能是望梅止渴，少有人能将之真正付诸故事学学术实践，而在表演理论操作范式下的民间故事田野作业的成果更是阙如。表演理论未能给中国故事学注入新的生机，原因在于表演理论的操作规程过于烦琐，因而"使故事分析几乎无法操作并有陷于琐细短视的危险"。① 另一更为本质的不足，是表演理论仍把民间故事定位在"艺术"视阈，"这种艺术方面的侧重自然使表演理论的研究框架对民俗的艺术性格格外强调，即所谓'艺术性的交流'，但也就可能忽视了某一文化其他方面的知识，如政治、经济、社会组织等等，而这些方面其实恰恰是特定情境中的'艺术性交流'的深层基础"。② 如此看来，表演理论的"表演"概念同"故事"这一称谓一样会遮蔽我们的视线，其审美特质本身并未从根本上颠覆以往故事学的理论模式。

（一）重新理解民间故事

当故事学家们在访谈故事讲述家、考察故事村、探究故事存在的社会环境、追寻故事产生的原因和过程、揭示故事的现实功能的时候，便以为自己已经站在了故事学的前沿，认为故事学的意义就在于故事本身。其实，故事存在于故事的讲述之中，只有关注了故事的讲述者、听众、现场及在场人参与享用的过程，才能理解故事讲述的情感、气氛、价值、态度、愿望和需求，真正领悟民间故事的魅力。当我们把民间故事文本从讲述中脱离出来，它就只是被解读的对象而失去了"感受"的可能性。

其实，民间故事是"面对面的叙述"和多人参与的共同叙述，是一种出于愉快的交流活动，是人自愿的一种文化行为，一种生活经历。"故

---

① 周福岩：《表演理论与民间故事研究》，《鞍山师范学院学报》2001 年第 1 期。
② 转引自彭牧《实践、文化政治与美国民俗学的表演理论》，《民间文化论坛》2005 年第 5 期。

事”只是交流的内容或者话题，这种交流与其他形式交流的根本区别就是它是"故事性"的。所谓的故事文本并不重要，它们仅仅是这一交流活动的附属品，或者说是让交流活动持续下去的话语。给在场者带来身心愉悦的并非"故事"，而是"故事性"的交流活动。民间故事并非就是一个早已存在的文本，或者可以认定故事文本并不存在，存在的只是一个"生成过程"。① 即便我们承认故事文本的存在，那也是在场者们共同制作出来的产品，产品结果主要取决于制造的过程，而非我们以前以为的所谓"口头传统"。"民间故事"这一称谓一直让故事学陷入严重的误区，即将民间故事作为文学作品抑或文学活动进行处理。如果民间故事置换为"故事生活"，故事学就可以顺理成章地挣脱既有的学术羁绊，以一种全新的视角考察民间叙事行为。

（二）"行为视角"的故事学

1969 年，《美国民俗学刊》上发表了一篇开创性论文《迈向对叙述事件的理解》，文中美国著名学者罗伯特·乔治斯"批判了先前研究的两种假设，一种假设认为'故事是历史遗存的，抑或是传统的语言统一体'，另一种假设为'通过对故事文本的搜集和研究才能揭示这一统一体的含义和意义'。同时他提出了动态的研究方案，也就是将叙事本身历史性地看作是交流事件和生活经历，其中身份认同和参与者的互动形成了叙事的过程。此外，不仅是语言，连非语言和超越语言的渠道例如手势、面部表情、音调和语调也能传达信息，这些方式对于信息的产生和意义的阐发至关重要"。② 这番话为故事学研究重启了一扇天窗。

从"行为视角"进入民间故事，就可以放弃以往民间故事研究的"文学"乃至固有的"民俗学"范式。21 世纪的民间故事学应该转向讨论这种行为的形成、方式、具体状态、在场者身体语汇的表达以及这种活动的生活意义，讨论这种面对面叙述的各种可能性、叙述人身份的确立、叙事的行为。所有参与者都会与民间故事固有的知识、信息、技艺等形成

---

① ［美］罗伯特·乔治斯、迈克尔·欧文·琼斯：《民俗学导论》（*Folkloristics*：*An Intro-duction*），印第安纳大学出版社 1995 年版，第 231—312 页。

② ［美］迈克尔·欧文·琼斯：《手工艺·历史·文化·行为：我们应该怎样研究民间艺术和技术》，游自荧译，张举文校，《民间文化论坛》2005 年第 5 期。

互动。那么在这一过程中，这些人是以什么样的愉悦心态参与互动的，以什么样的互动方式参与故事的制作？当然还有叙述的竞争意识，因为"故事作为一种显示身份的话语，它的表述形态取决于讲述人在社会空间中位置。而传承的历程也隐含着在村落中为确立身份而竞争的真实轨迹"。① 再就是参与者的角色分配。"参与者会从多种可能的选择中设想出特定的社会身份，叙事者和听众有明确的角色划分并配对出现才使叙事事件有可能产生。"而且社会身份可能被带进叙事场域，影响叙事者和听众对叙事的选择，故事题材起初往往是由在场者的社会身份决定的，而随着讲述行为的展开，社会身份会被叙事事件本身所掩盖。"那些成为叙事者和听众的人都还具有其他的社会身份，这些可能会被带到故事活动中（比如，一个女人——作为一个母亲——给一个女孩讲故事——女孩是她的女儿）；虽然其他的身份和角色起初非常重要，但在叙事事件的过程中叙事者和听众的身份逐渐居于主导地位。"②，在叙事行为的语境中，民间故事文本的意识形态完全可以被漠视，政治道德教化也可以被搁置，而身体、声音、场景、行为、对话、互动、叙述技艺及民间社会等成为关注的焦点。即便是讨论故事讲述的功能，也应该置于特定场景中的交流和互动。因为功能并非是现成的，也不是一成不变的。如此，民间故事学便可以摆脱民间文学的既定模式，抖落 20 世纪故事学的藩篱，以更为开阔的视野迈向一片崭新的学术天地，真正完成自己的使命。

（三）构建声音故事学

运用口头语言是民间故事生活属性最重要的范式，口头语言即生活语言，亦即说话。理解和研究民间故事，关键是理解和研究各地民间故事的话语形式。没有声音，真正的故事就不存在。民间故事实际上就是口头故事，引起我们兴趣的不主要是"故事"，而是"口头"。民间故事的呈现方式是"发音"，而不是别的。确立了民间故事的生活属性，就给我们研究民间故事提出了理想的目标。这就是摒弃记录文本而直接对处于"声

---

① 祝秀丽：《民间故事讲述人传承个性的研究——以辽宁故事家李占春为例》，《民间叙事的多样性》，学苑出版社 2006 年版，第 309 页。

② ［美］迈克尔·欧文·琼斯：《手工艺·历史·文化·行为：我们应该怎样研究民间艺术和技术》，游自荧译，张举文校，《民间文化论坛》2005 年第 5 期。

音"和演说状态的民间故事进行研究。美国民族志诗学的主要代表人物邓尼斯·泰得洛克（Dennes Tedlock）曾调查了祖尼印第安人的口传诗歌，描述当地诗歌演唱的"声音"状态，诸如音调、旋律、停顿、音量、节奏等等，面对的是"声音"，记录下来的也是"声音"，而不是以往被切割了的"内容"。他的这种研究被称为"声音的再发现"。

在"听"和"说"的情境中考察民间故事是可能的，这对研究者提出了更高的知识和能力的要求，最主要的是应熟悉当地的方言和文化传统。我们呼唤这种生活状态的民间故事研究成果的诞生，它们可能要全面颠覆现有故事学的理论方法和观点。

（四）正视传统故事的变化

继续囿于以往的研究范式显然要陷入窘困，因为民间故事本身在发生变化。如今，在都市里发现传统的民间故事是极其困难的，传统的民间故事经典作品在教科书里才能找到。为学者津津乐道的民间故事或因地方及村落色彩太浓的缘故，在都市里没有生存的基础。这种民间故事知识状况与后工业社会信息技术时代有着内在的关联，尤其是互联网媒介技术的急剧扩张，各种数字化了的民间故事通过信息共享的网络资源，以各式各样的方式和渠道，组合衍生，蔓延异文，彻底解构了民间故事地域性讲述模式。如果不对以往研究范式进行解构颠覆，21世纪的中国民间故事学势必被吞没在现代民间故事的汪洋大海之中。

在非物质文化遗产保护口号的笼罩之下，有学者提出了民间故事生态保护的思想，认为给民间故事传承人和故事村命名的做法是行之有效的生态保护。"首先要在物质生活上给予必要的保障，使其能有较好的条件投入故事传承。但不能以此为满足，还要特别注意按照民间文化生态要求，使他们能在适宜的环境中开讲故事、传承故事。"[①] 民间故事生态保护是学者的一厢情愿，因为民间故事的演述活动正在发生巨大变化，以著名的故事村伍家沟为例，"社会价值观念的转变使伍家沟故事村由繁荣走向衰落。现代化的迅速发展和强劲渗透使伍家沟村自发的故事讲述活动受到了毁灭性的打击，故事讲述传统的'断裂'已经成为一个不争的

---

① 刘守华：《故事村与民间故事保护》，《民间文化论坛》2006年第5期。

事实"。① 传统民间故事讲述活动的衰落是极为普遍的现象，也是极为正常的趋势，试图动用政府或学者的力量加以挽救，是徒劳的。正如芬兰著名学者劳里·航柯所言："把活生生的民间文学保持在它的某一自然状态使之不发生变化的企图从一开始便注定要失败。"②

既然民间故事正在发生剧烈变化，故事学研究的方向必然要作出调整或改变。就传统民间故事的生存现状而言，急需加以抢救。依据劳里·航柯所提供的芬兰经验，主要是通过录音、录像，把民间故事制作成文件由档案馆、博物馆妥善保存，保持其真实面貌，便于广泛使用。可即便是这样一种极为重要的基础性工作，我国故事学界都没有真正展开。可以想象，如果我们的博物馆保存了大量完整的民间故事演述的现场资料，我们就可以身临其境，直接面对声音和画面经营 21 世纪的故事学了。

三、故事的现实意义

"叙事"又称"叙述"，英文翻译为"narrative"一词。叙事问题是当代人文学科中最具争论性的问题的核心。因为所有的学科门类都需要叙事。叙事就是"讲故事"，是按照一定次序排列的一系列事件，"包含一个具有稳定连续结构的情节，以亚里士多德所说的开头、中间和结尾为标志"。③ 那么，经过叙事处理或说故事化了的历史、宗教伦理、科学观念会产生什么变化呢？在故事的语境中，历史记载、宗教伦理和科学观念是如何变得容易接受，从而进入民众的生活视阈？故事似乎可以进入一切学科、知识体系和社会领域，叙事无所不在。所有意识形态都可以实施情节化处理，"其功效较之全以知识科学教授之为大"。"讲故事的艺术越是排除了分析与解释，就越能够持久地留在听众的记忆里，故事就越能彻底地

---

① 周春：《村落讲述传统与社会变迁——以伍家沟村故事讲述活动为例》，《民间文化论坛》2006 年第 2 期。

② ［芬］劳里·航柯：《民间文学的保护》，载《中芬民间文学搜集保管学术研讨会文集》，中国民间文艺出版社 1988 年版，第 23 页。

③ ［英］杰克·古迪：《从口头到书面：故事讲述中的人类学突破》，户晓辉译，《民族文学研究》2002 年第 3 期。

融入听众自己的经验中，就越想把它转述给别人。"① 这便是民间故事的魅力和具有重要现实意义的原因。

故事是纯粹的文学活动和娱乐行为，不会给我们带来伤感，故事没有悲剧，因为它不涉及具体的人、事、物，这大概是故事与传说最本质的区别。而且，在文化建设中，民间故事所宣扬的思想都是正面的，都是真善美的，并且符合时代精神的品格需求，是民众最普遍行为和思想准则的显现。道德力量的释放往往是在故事的讲述中完成的，讲述者和听众共同营造了神秘的训诫和警示的氛围。"故事中的事件被看作他们生活的一部分，而不是与他们分离的或者是发生在别人身上的。我们每个人的身上都存在善和恶的潜能，因此每个角色体现了一个完整的人的某一部分。"② 故事戏剧性地表现了这些部分，用形象来提醒人们：应该如何行为举止，可能在哪里误入歧途。故事讲述完后，在场的人会有一番交流和讨论，这种讲述空间、故事和故事之后的讨论都是一个完整过程中的要素。在这个过程中人们（尤其是年轻人）认识到道德的生命意义，从而使人们行为都符合道德规范。

民间故事时间维度的模糊，大概与民间生活节奏的缓慢有关。尤其是农业生产，在乎的是年度周期性的历时段面的时间，满足于"大概"的时间。故事从何时发生从何时开始似乎并不重要，因为生活每天都在重复，周而复始，看不到结束，也不必追求准确的起始时间。所以，讲故事比讲神话和传说更为轻松，没有人指责你讲错了。

有学者从三种叙事体裁与"我们"的空间距离的角度来理解民间叙事的多重社会境界，董晓萍说道："神话是在讲'我们和神们'的故事，传说是在讲'我们和祖先们'的故事，故事是在讲'我们和我们'的故事。按照家庭谱系的生产方式，这些故事体裁中的形象（人、事、物），以与'我们'的关系远近清晰不等的程度进行排列，于是出现了神话、传说和民间故事的差别。神话与我们的关系最远，传说与我们的关系不远

---

① 耿占春：《叙事美学——探索一种百科全书式的小说》，郑州大学出版社 2002 年版，第24 页。

② ［美］麦地娜·萨丽芭：《故事语言：一种神圣的治疗空间》，叶舒宪、黄悦译，《广西民族学院学报》2003 年第 5 期。

不近，民间故事与我们的关系最近。"① 民间故事与我们生活的关系最为密切，故事就在我们的生活当中。"我们的故事"、"故事的篓子"、"故事家"、"故事会"、"故事村"、"故事大王"等语汇便昭示了故事是属于当下的，属于"我们"的。格林兄弟和马林诺夫斯基都是以神话为中心来理解民间叙事体裁的，停留于比较的层面，而我国学者着重强调的是故事的中心地位。从这一层面理解民间故事，突显了民间故事的生活意义，解释了民间故事时空坐标的实在性。

民间故事是虚构的，但其生成的环境确是真实的。尽管民间故事不是历史，严格说，不是史学家们认定的历史，但却反映了民众的历史观念。"故事"依今义为"叙事性文学作品"《（辞海）》，然究其本义，它恰恰应训为"过去的事情"（故者，古也，事者，事实、事情），我们在今日仍通行于现代汉语中大量的"故旧"、"故人"、"故交"、"故居"、'故乡"、"故国"乃至"故纸"等词汇的语言成分和构词法中仍可一窥"故事"之本义。

故事来自民间，即"FOLK"。可是我们这些所谓有知识的人们却远离了民间，远离了故事。所以现在需要回过头去讨论民间，讨论民间故事。记得读小学的时候，听完课，同学们都会哀求老师："讲个故事吧！"现在的学生已不屑于听故事了。借助大众传媒，各色各样的新闻报道充塞了人们的大脑，将故事遣回到故事的家乡。其实"新闻报道的价值无法超越新闻之所以为新闻的那一刻。它只存在于那一刻，即刻向它证明自己的存在价值。故事就不同了。它是耗不尽的。它保留集中起自己的力量，即使在漫长的时间之后还能够释放出来"。② 故事在延续传统和记忆，而新闻报道则加速了人们的遗忘。

德国哲学家瓦尔特·本雅明（Walter Benjamin）在《讲故事的人》（1936 年）一文中说："民间故事和童话因为曾经是人类的第一位导师，所以直至今日依旧是孩子们的第一位导师。无论何时，民间故事和童话总能给我们提供好的忠告；无论在何种情况，民间故事和童话的忠告都是极

---

① 董晓萍：《民间文学体裁学的学术史》，《北京师范大学学报》1999 年第 6 期。

② ［德］瓦尔特·本雅明：《讲故事的人——尼古拉·列斯科夫作品随想录》，载陈永国、马海良编《本雅明文选》，中国社会科学出版社 1999 年版。

有助益的。"① 在这篇著名文章中，本雅明解释了民间故事教育作用的来源：故事讲述者拥有丰富的生活经验。他们为两种人，一是远游者，讲故事的人都是从远方归来的人，"远行者必会讲故事"。这样一种人见多识广，比当地其他人有着更为广泛的社会阅历，在崭新的生活道路上行进又不深深陷入其间。《一千零一夜》中的故事大多来自从遥远地方归来的商人和商船上的水手；中国上古神话中有大量关于远国异人的描绘，《禹贡》、《山海经》等都是有关殊方绝域、远国异人的故事。远游者的讲述魅力在于空间方面，在于他们和另一空间的联系和有关的知识。人们总想知道山外的世界，远游者拓展了人们是生活空间，这是神秘的、异质的、充满悬念的、可以引发人们不断追问的生活空间。于是，从此人们的生活增添了一种崭新的空间上的联系、比较和向往。

故事另一讲述者大多是当地德高望重者，他们是一群了解本地掌故传说的人。他们同样见多识广，比当地其他人有着更为深刻的社会阅历，在传统的生活道路上行进又在延续传统。他们是深深了解时间的人，是当地历史记忆的代表和讲述者，其行为是在积极延续当地的口头传统，其故事和知识来自于对历史和传统的掌握。讲述的魅力在于将过去与现在联系在一起，通过聆听故事，人们知道了现在的生活是对过去的延续，更加理解当下生活的意义和合理性。

两种故事讲述人"代表着人们生活和精神世界在空间和时间两个维度上的联系的维持与拓展"。② 因此，这种讲述活动的教育意义是全方位的，不仅是知识、道德及宗教信息的传输，而且让一个地方的文化传统在代际之间得到不断传承，使当地人从故事中获得生活时空坐标上的恰当认定。法国著名藏学家石泰安（R. A. Stein，1911—1999）在《西藏史诗和游吟诗人的研究》③ 一书中，强调故事讲述者是当地传统文化和历史的保护者，是一个民族或族群记忆的保持者。因为民间故事属于"过去"或历史，是对过去记忆的意识的母体。他们神圣的责任和目的就是让传下来

---

① ［德］瓦尔特·本雅明：《本雅明文选》，陈永国、马海良编，中国社会科学出版社1999年版，第309页。

② 耿占春：《叙事美学——探索一种百科全书式的小说》，郑州大学出版社2002年版，第21页。

③ ［法］石泰安：《西藏史诗和游吟诗人的研究》，西藏人民出版社1993年版。

的意识母体再传下去。

一些民间故事的搜寻和记录者发现，老年人之所以热衷于民间故事的讲述，往往是为了下一代的成长，他们通过故事也只有故事对儿孙进行教化。张其卓曾介绍了满族三位老人的故事讲说活动："李马氏的母亲在孤独困苦中，养育一儿四女长大成人，民间故事是她抚育和教养子女的最有活力的教科书；佟凤乙的祖父、父亲曾想让他念书深造，因家境贫寒，未能如愿，父母的慈爱竟表现在耐心地为女儿讲述故事；李成明的父亲曾就读于八旗官学，带着希望家业中兴的理想，用故事启迪后辈的心灵，开阔后辈的视野"。① 民间故事能够被记忆并获得讲述，就在于它是意蕴广博又魅力无穷的生活教科书。"说教"是讲述者讲述的基本动机之一。对此，20 世纪的故事学家们都有明确的认识，只是表述的话语存在差异而已。

在当代文化建设中，故事具有不可替代的作用。原因就在于这一民间体裁的一个特殊性。什么特殊性？故事并不专属于某种民间艺术形式，各种民间艺术形式可能表演同一个民间故事。因此，故事是超越民间体裁的，成为其他民间叙事体裁的源泉。各种民间艺术形式在同一空间里可能建构同一故事的共同体。下面一段话，能够产生于 20 世纪 30 年代，着实令人感到惊异：

> 若是说到这些材料的本质，并不若是的拘形，并不是一成不变的。寓言可以做成笑话或是故事，诗歌。故事过于荒唐怪诞，便成了童话，神话；过于文艺，便变成小说。而童话，故事，小说，传记等等，大部分是可以编成话剧或歌剧来表演歌舞的。……一个故事，写得详一点是长篇小说，短一点便是故事，再浅显一点就是故事诗或故事歌。而适用到低年龄的儿童，可以把他做成故事画。②

围绕同一个故事，不同的文学体裁可以互相转化。这种转化可以在具

---

① 张其卓：《这里是"泉眼"——搜集采录三位满族民间故事讲述家的报告》，载《满族三老人故事集》，春风文艺出版社 1984 年版，第 588 页。

② 王人路：《儿童读物的研究》，中华书局 1933 年版，第 65 页。

体操作中完成，然而在更多情况下，是在自然状态中不知不觉中完成的。这段话实际上已触及到互文性的问题。互文性一词指的是一个（或多个）信号系统被移至另一系统中，就文本而言，就是每一篇文本都联系着若干篇文本，并且对这些文本起着复读、强调、浓缩、转移和深化的作用。在文学文本相互转移的过程中，故事一直处于中心地位。

民间故事是最安全的一种叙述形式。它不涉及隐私，不会对任何人造成伤害。只给我们带来快乐。周作人下面的这段话，堪称中国式的巴赫金（Bakhtin）狂欢话语的经典：

> 至于我写这篇的原因，十分之一由于想供传说学的资料，十分之二由于觉得很是好玩，十分之三由于想不再讲俏皮话，以免招怨，十分之四——最重要的是怕得罪了人，法厅追问时，被报馆送了出去，虽然是用着别号或匿名。因此我就找到这个讲不负责任的笑话方法，倒是十分合式的一种办法。中国反正是一团糟，我们犯不着为了几句空话被老头子小伙子（他们原是一伙儿）受恨，上区成讼；我们倘被通缉，又没有名流代为缓颊，真是"火筒里煨鳗"了。——啊，"旧性不改，依旧落海"，又要说出不相干的话了，赶快停笔还是讲徐文长的故事罢。①

文中尽管没有使用狂欢和诙谐的词语，但字里行间洋溢出插科打诨、反传统和颠覆权威的巴赫金气质。周作人已经清醒地意识到，民间故事是相对自由的安全的文学，现实生活中的许多内容，诸如与现实社会主调格格不入的"黄"色故事，政治讽喻等不能进入当下社会主流话语，却可以通过民间的口吻堂而皇之地叙说出来。依据俄国思想大师巴赫金意思，充分利用民间口头文学形式和形象体系的权利和自由，对现实社会实行狂欢式的惩治，不失为一种机智的自我保护手段。徐文长与周作人的机智面对残酷的现实达成了合谋，取得了民间狂欢的胜利。当时的学者能够从这一层面，体悟和认识到民间故事的生活与政治意义，那是在用中国最地道的学术风格和气派迎接巴赫金狂欢化诗学的诞生。

---

① 朴念仁（周作人）：《徐文长的故事·小引》，《晨报副镌》1924 年 7 月 9、10 日刊。

　　民众讲故事活动的展开除了欢愉心身、传承历史记忆之外，还有具体的现实功利目的。胡适就举例说："小孩睡在睡篮里哭……母亲要说个故事哄他不吵"。① 民众的生活是离不开民间故事的，故事可以排解痛苦，可以增添和传播快乐。《中国民间故事选》（二集）序言有一段话讲到"对于劳动人民，闲暇时讲民间故事，一般是为了娱乐，有时也是为了教育人才讲的；而娱乐之中自然也就起了教育作用，培养人的高尚情趣，或者竟使人笑破肚皮，有益于休息。说民间故事是一种娱乐品……这并不会因而降低文艺的武器的作用。一般文艺作品都具有消愁解闷、潜移默化的作用，这正是文艺作品的特点；民间故事似乎尤其是这样。"② 这说明民间故事释放出来的生活意义既是日常的，又是神奇的。这一认识与西方学者不谋而合。麦克斯·吕蒂说："它（按指民间故事）使我们心旷神怡、精神振奋。因此，我们相信德国北部一位女故事家所说的，在医院里讲述童话故事对于病人来说有可能是一剂灵丹妙药。它能使病人得到安慰和治愈。"③ 中国的学者尽管没有对民间故事在人的身心方面所产生的具体功效提供实验性论证，但都不否认民间故事能够给予人们的心理期待和精神满足。

　　在 20 世纪的中国，流传最为广泛的故事集莫过于阿拉伯的《一千零一夜》。这本不朽的故事集不仅给无数的中国读者带来了阅读的愉悦，而且使中国读者深深地体悟到故事的生命真谛。故事学家们一直思考着这样一个伟大的命题：我们的生活中为什么不能缺少故事？《一千零一夜》告诉读者：从人最终的命运来看，"故事等于生命，没有故事便是死亡"。这本故事集的起因是暴虐的国王山鲁亚尔每天娶一个王后，第二天即杀死。宰相聪明的女儿山鲁佐德为其他女子免遭厄运，自愿嫁给国王。第一夜她给国王讲故事，引国王发生兴趣，没有杀害她。此后她夜夜给国王讲故事，一直讲了一千零一夜。最后国王悔悟，和山鲁佐德白头偕老。《一千零一夜》除了山鲁佐德讲故事这一线索贯穿始终外，故事中的一些人物也讲故事，形成了大故事套小故事的结构。它用无穷无尽的故事赞美了

　　① 《胡适文集》第 8 卷，北京大学出版社 1998 年版，第 165 页。
　　② 中国社会科学院文学研究所当代文学研究室编：《中国民间故事选》（二集），人民文学出版社 1958 年版，第 2 页。
　　③ ［瑞士］麦克斯·吕蒂：《童话的魅力》，社会科学文献出版社 1995 年版，第 32—33 页。

故事本身，赞美了讲故事的人。将这部百科全书般的故事集译成中文的纳训先生在"译后记"中提到，伏尔泰说，读了《一千零一夜》四遍以后，算是尝到了故事体文学作品的滋味。①

民间故事是永恒的，从遥远的过去一直伸向遥远的未来。故事是讲不完的。故事得到不断的复制和变异：从前有座山，山里面有座庙，庙里面有位老和尚在讲故事。讲的是什么呢？从前有座山，山里面有座庙，庙里面有位老和尚在讲故事。故事是"前"老和尚而存在的，老和尚仅仅是故事不断讲述过程中的一个讲述者。说到底，民间故事是一个故事对另一个故事的模仿，其本质在于它的"文本性"；是一种话语文本对另一话语文本的模仿，是对模仿对象的重复和变异。有学者将民间故事的永恒性现象视为社会文化发展的核心内容，以及历史文化积淀的可供赏析的民间范本。"民间故事自诞生伊始的各种演变，不正是一种连续性的文化创造行为吗？任何民间故事都不只是一个故事，历时的或共时的变体，构成了它本身具有的全部内涵。一代代人口传声教，每一变体都受当时生活风俗的、政治制度以及审美心态的影响，一层层连续性地积淀下来（文人文学可以有断代文学，民间则没有或不明显），成了荣格所谓的集体无意识。"②

中国民间故事学一直是技术之学和分析之学，而不是感受之学和生活之学。未能理解民间故事在生活中的本质意义，未能从生命哲学的维度思考"我们的生活为什么不能缺少故事"这样一个基本命题。民间故事的生活意义在故事学初始阶段成为中心议题，此后便一直被搁置，很少有人展开专题研究。民间故事蕴涵着中国民众的一切生活观念，诸如家庭观、爱情观、教育观、生命观等，尽管中国民间故事不拥有欧美民间故事中纯粹超脱的美感，却特别强调欧美民间故事所淡化的人的最为本质的品格的建构与张扬。如果不在民间故事的生活和精神魅力研究方面凸显中国特色，建立中国故事学诗学，中国故事学就不可能获得真正的历史超越。在20世纪20年代，有人质疑民间童话在儿童成长过程中的作用，认为向儿

---

① 《一千零一夜》，纳训译，人民文学出版社1957年版。

② 郑劲松：《人仙妖之恋——试论中国四大民间故事的共性结构模式及其文化内涵》，载上海民间文艺家协会编《中国民间文化》，学林出版社1991年版，第83页。

童灌输不切实际的幻想有害儿童的心身健康。时间过了整整 90 年，一位著名学者的话引发我们思考童话世界想象境界的无限与永恒。他说："如果我们真切实在地想一想，在人类社会上，还有什么能够制约成人欲望的恶性发展呢？如果你不是一个宗教家，不是一个宿命论者，不是一个认为科学万能、知识万能的科学主义者，你就必须承认，恰恰由于一代代的儿童不是在成人实利主义的精神基础上进入成人社会的，而是带着对人生、对世界美丽的幻想走入世界的，才使成人社会不会完全堕落下去。"①

　　既然我们的生活中不能缺少故事，既然讲故事的民间活动还一直会持续下去，既然讲故事的形式更加丰富多彩，那么民间故事学就需要不断地理论建设和创新，努力克服上面所讨论到的不足。尤其需要复兴民间故事原有的道德教化和愉悦心神的功能，使之成为当代文化建设中不可或缺的民间资源和演述活动。故事学学者们任重道远。

---

　　①　王富仁：《现代中国儿童文学主潮·序言》，载王泉根《现代中国儿童文学主潮》，重庆出版社 2000 年版，第 14 页。

21 世纪以来的中外神话学[*]

北京师范大学教授　杨利慧

　　大家好！看到诸位济济一堂，不禁使我想起了 1996 年"首届民间文化高级研讨班"举办时的情形。当时钟敬文先生已经是 93 岁的高龄了，依然坚持经常到课堂听课。我当时刚刚从博士后阶段出站留校任教，也和教研室的老师们、在读的研究生们一道，一边听课，一边忙些会务工作。如今一晃已经 16 年了！今天坐在台下的，许多是我们的学生，真是"江山代有才人出"、"长江后浪推前浪"啊！

　　此次暑校讲课，董晓萍教授希望我能谈谈"全球化视野下的神话学"，从神话学的角度，考察世界学术界近年来的一些发展动向。我对这个话题很感兴趣，而且也的确一直较为关注，不过，要对世界各国晚近的神话学动态做出归纳，却显然非我所能，因为很多国家的神话学历史和现状都是我所不了解的。所以，今天我想换一个角度，谈谈"我所知道的 21 世纪的中外神话学"，以我所知晓（其中有些相当谙熟）的一些神话学家——这些神话学家在其各自的国家中都有一定的代表性，很多在世界范围内也卓有影响——为例，看看他们在 21 世纪（自 2001 年始）以来都在研究什么，是从什么视角去研究的，其间存在哪些共同性的取向？以此管窥见豹，从一些侧面透视 21 世纪神话学的发展状况。

---

　　* 本文是笔者所主持的国家社科基金项目"中国神话的当代传承：以遗产旅游和电子传媒的考察为中心"的阶段性成果。项目编号：11BZW131。

一、引 言

　　人类对神话的研究可以追溯到前苏格拉底时代。从古希腊时代起，神话在人类两千多年来的学术探索活动中一直占有显著的位置，是诸多学人努力探索的对象之一，神话学因此成为人文社会科学领域里的一个重要分支，是很多人文社会科学工作者探索的对象。英国著名社会人类学家马林诺夫斯基（Bronislaw K. Malinovski，1884—1942）曾经评论说，"神话学一直是各门学科的交汇点：古典人文学者必须确定宙斯是月亮或太阳……然后，考古学家还要通过考察加勒底人、埃及人……等各个不同部落的神话阶段来重新探讨这些问题。历史学家、社会学家、文学研究者、语法学家、日耳曼文化专家和古罗马文化专家、凯尔特语学者及斯拉夫语学者，也都在各自的圈子内进行探讨。逻辑学家、心理学家、形而上学论者和认识论者同样要涉足神话，更不用说像通神论者、现代占星术者和基督教科学派教徒这些人了。最后，还有精神分析学家……人类学家和民俗学家……"。①

　　尽管对神话的研究跨越了诸多学科，但是，对三大问题的关注和解答将这些研究有机地联结了起来，从而构成了"神话学"（Mythology）这一研究领域：神话的起源（Origin）、功能（Function）以及主旨（Subject Matter）。"起源"问题要追问和解答的是：神话为什么产生？又是如何产生的？"功能"问题要追问和解答的是：神话缘何延续？如何延续？"主旨"问题要追问和解答的是：神话的能指（referent of myth）是什么？——例如有的理论从字面意义上阐释神话，神话的能指便是直接、显在的，比如神祇；而有的理论则从象征的层面来解释神话，神话的能指就可能是所象征的任何事物。神话学家罗伯特·西格尔（Robert Segal）指出：神话研究领域中各种理论和视角的差异不仅在于它们对这些问题的回答不同，也在于它们提出的问题不同。有些理论着重回答起源问题，有的

---

　　① ［英］马林诺夫斯基：《神话在生活中的作用》，载［美］阿兰·邓迪斯编《西方神话学读本》，朝戈金等译，广西师范大学出版社2006年版，第242页。

理论主要回答功能问题，而有的则重点解答主旨问题。只有很少的理论尝试回答所有的这三个问题；同时，有的理论在探索起源和功能时，或者解答"为什么"（Why），或者解答"如何"（How），而不是两个都回答。①

尽管对神话的研究可以在古希腊时代找到其雏型和滥觞，但是，现代学术意义上的神话研究的兴起却是 18 世纪以后，尤其是在 19 世纪后半期的事情。在此之前，有关神话的各种理论往往是"猜测性的、抽象的"，而此后的理论则"更多地立足于不断积累起来的资料之上"。② 以后，神话研究不断地开拓自己新的视野，也不断地提出新的问题和找出解决这些问题的方法，从 19 世纪末到 20 世纪，神话学史上涌现出了诸多研究流派，例如自然神话学派、人类学派、神话—仪典学派、功能学派、历史—地理学派、心理学派、结构主义学派等。③

神话是一扇洞察世界的重要窗口。迄今为止，学者们探索神话有着不同的目的：有人致力于对这种现象本身做出解释，有人却力图从中探寻人类社会演进的脚步、文化和科学发展的进程、人类心理的普遍规律、人类思维的深层结构，或者人类如何运用语言艺术达成其社会生活。就此而言，神话学与其他民俗事象的研究可谓殊途同归。在此意义上，我也希望本场讲座对那些不研究"神话"这一文类（genre）的同学有着认识论和方法论上的启示意义。

二、21 世纪以来的外国神话学

下面，我就以所知晓的一些神话学家为例，管窥见豹，从中透视 21 世纪世界神话学的一些发展状况。

---

① ［英］罗伯特·西格尔：《神话理论》（原著名为 *Myth：A Very Short Introduction*），刘象愚译，外语教学与研究出版社 2008 年版，第 2—3 页。

② ［英］罗伯特·西格尔：《神话理论》，第 1 页。

③ 拙著《神话与神话学》，对神话学的发展历程有较系统的梳理，可参考。北京师范大学出版社 2009 年版，第 195—266 页。

（一）迈克尔·威策尔：劳亚古大陆神话模式与历史比较神话学

迈克尔·威策尔（Michael Witzel，1943—　），德裔美国语文学家（philologist），哈佛大学南亚学系教授。他早年在德国学习印度学，1986年以后执教于哈佛大学，因其对吠陀梵语方言、早期印度历史与吠陀宗教信仰发展史、南亚史前语言学等的精深研究而闻名于世。他较早的研究主要集中于吠陀经的版本，并致力于阐明其对于吠陀文化在北印度以及更广大区域的地理流播的重要性。1987 年以后日益关注吠陀经文本的地方化以及其中蕴含的印度早期历史的证据（evidence）。[1] 自 1990 年开始，尤其是 2001 年以来，他开始探索古印度、欧亚大陆以及其他地域的神话之间的彼此关联，并组织成立了国际比较神话学会（International Association for Comparative Mythology，简称 IACM），至今仍担任该学会主席。该学会的主要任务包括：利用各种必要的方法，例如文献学、语言学、遗传学以及其他科学方法，来研究历史上以及史前史中各种形式的神话，包括仪式中运用的神话、考古遗迹和宗教中出现的神话；研究所有人群的神话的起源与流布，将业已消失的与现存的神话进行比较，以发现其源头与特性；采取措施，使世界范围内濒临危机的神话形式得以存留；通过发表著述将上述研究成果予以传播，召开公开会议进行演讲和讨论，在网络及其他媒体上开设函授课程，为教育机构提供相关课程，等等。[2] 自 2006 年起，该学会每年召开一次国际学术会议，并积极出版了诸多相关研究成果。

威策尔教授在其多年的研究中，逐渐发展出了"历史比较神话学"（historical comparative mythology）的方法。他认为：尽管神话研究有着悠久的历史，对神话的比较研究也长达一百余年，然而迄今并未发展出强有力的解释神话关系的理论体系。以往的研究或者集中于某一个神话，或者是该神话的各种异文，神话之间存在的相似性往往被用转播（diffusion）或者原型（archetype）理论来加以解释。在威策尔看来，这些解释都限于局部，未能对神话的整个系统（whole systems of myths）予以解释。他提出的比较神话学方法则力图突破上述局限，对世界范围内的神话的起源做

---

[1]　http：//en.wikipedia.org/wiki/Michael_ Witzel.

[2]　详情可参见该学会网站：http：//www.compmyth.org。

出解释。该方法的步骤包括：首先，考察共同的（故事线索）特征；其次，考虑各个地域神话体系的全部范围和结构（whole extent and structure）；最后，建立起一个关于欧亚大陆、北非以及美洲等地的有机统一的神话学，也可以称之为"劳亚古大陆①神话学"（Laurasian Mythology）。②

威策尔的研究方法和旨趣与神话学史上的"神话学派"（一称"自然神话学派"）有不少相似之处：19 世纪后半叶，一批印欧比较语言学家借助于语言学中的历史比较研究法，积极探究印欧语系诸民族神话能指的共同源头，并将其本质全部或者部分地归结于各种自然现象。③ 但是显然，威策尔的研究并没有局限于语言学，而是扩展到了遗传学、考古学等更广大的领域，他的兴趣也并不在于证明神话的能指是太阳还是大气现象，而在于使比较神话学能在一定程度上为遗传学、语文学、考古学和人种学提供佐证，为揭秘人类文明的起源与传播历程提供助力，为洞悉人类的远古文化史提供钥匙。

2006 年，国际比较神话学会在北京大学召开成立大会及学术研讨会，威策尔在会议上发表了论文：《走出非洲：最初神话的传播》（*Out of Africa：The Spread of Our Earliest Mythologies*）。与其上述主张相一致，该文通过对古代与现代的神话圈（mythological cycles）进行比较，力图发掘出潜藏在劳亚古大陆神话中的模式（the Laurasian pattern），这一模式的特征是一条特殊的故事线索（a unique story line）：从世界和人类的出现，到世界的最终毁灭以及对新世界的期许。他认为这一模式是由早期走出非洲的远古移民建构起来的，其中部分移民的生活年代远在六万年以前。神话学、语文学和遗传学三个领域里的研究，得到了考古学的支持，也得到了对那些最古老的文本以及地理上最隔绝的现代文本的研究的支持。这些研究都显示出走出非洲的现今智人（present homo sapiens）的早期分布：沿着印度洋的海岸一直延伸到澳洲，随后发生的又一次移民浪潮

---

① 劳亚古大陆：北半球的原始大陆，一片假想中的大陆板块。根据板块构造理论，它分裂为北美洲、欧洲和亚洲。

② Michael Witzel, *Comparison and Reconstruction：Language and Mythology Ⅱ*, http：//www. fas. harvard. edu/~witzel/Comp_ Myth. pdf. Retrieved 2012 - 05 - 16.

③ 拙著《神话与神话学》，第 203—206 页。

将劳亚古大陆模式带给了大部分的欧亚人和美洲人。现在我们能够把这些移民的流布与目前发现的他们的基因标记（genetic markers）（线粒体 DNA 中 M、N、R 的后裔，人类 Y 染色体 DNA 单倍型类群中的 V—X）以及语系关系［例如诺斯特拉语系（Nostratic）、汉藏语系、南方语系（Austric）、美洲印第安语系（Amerindian）等］联系起来，更可以看出其中的相互关系。正因如此，威策尔认为：历史比较神话学非常有助于人文科学与自然科学的合作与融合；劳亚古大陆模式潜藏在现今大部分人群（也包括大部分非洲人和澳洲人）的神话中，劳亚板块神话群为人们——包括政治家们——提供了指导：研究这些广泛共享的神话，将有助于认识我们共同的精神起源，发现我们思想之下的共同模式。①

（二）威廉·汉森：神话的意义与边界

威廉·汉森（William Hansen，1941—　），退休前为美国印第安纳大学古典学教授，长期研究古希腊、古罗马神话，著述甚丰。我曾蒙他馈赠过两本大作，一本是《古典神话学：古希腊罗马神话世界导读》（*Classical Mythology. A Guide to the Mythical World of the Greeks and Romans*，Oxford University Press，2005），一本是《古典神话手册》（*Handbook of Classical Mythology*，ABC-CLIO，2004）。拙著《神话与神话学》中对他的学术观点有所介绍，② 我个人的神话研究也从他的著述中受益良多。

这里我想特别谈谈对我启发较大的一篇论文：《意义与边界：对汤普森〈神话与民间故事〉一文的反思》③（2002）。在这篇文章中，汉森对美国著名民俗学者斯蒂·汤普森（Stith Thompson）于 1955 年发表的一篇很有影响的文章《神话与民间故事》（*Myth and Folktales*）进行了批评，他发现，汤普森此文与其他多篇文章都热衷于对起源的追寻，例如文中常常发出这样的疑问："神话与民间故事是从哪里来的？""它们最初是如何被发明的？"汤普森强调起源和历时性研究，特别是将故事的意义与故事

---

① 该论文的摘要可参见 http：//compmyth. org/static/BeijingAbstracts. pdf。

② 《神话与神话学》，第 202 页。

③ William Hansen. "Meanings and Boundaries：Reflections on Thompson's 'Myth and Folktales.'" In *Myth：A New Symposium*，eds. Gregory Schrempp，William Hansen. Bloomington and Indianapolis：Indiana University Press，2002，pp. 19 – 28.

的起源联系起来，认为故事的意义即是最初制造故事的人的脑子里所想的意义，这个原初的意义继续存在于故事中，成为故事的真实和确当的意义（true and proper meaning）；即便故事对于后世的传承者而言具有了别的意义，但是这些意义是次要的，是学者们不感兴趣的。

　　汉森对汤氏的上述观点进行了清理和反驳。他举了两个例子来证明这一观点至今依然流行。这两个例子都试图证明神话故事的意义与其远古的社会文化之间的有机联系。一个例子是古典学者伯纳德·塞振特（Bernard Sergent）在其著作《希腊神话中的同性恋》（Homosexuality in Greek Myth，1984 年在法国出版，1986 年被译为英语出版）里，认为希腊神话里有关珀罗普斯（Pelops，海神波塞冬的性伴侣，借了波塞冬的战车和有翅膀的马匹，赢得了战车比赛，最终娶公主为妻）的神话，是建立在史前时代古希腊盛行的鸡奸仪式制度的基础上的，后来成为男子的一项成年礼仪式。因此，他认为对珀罗普斯神话的阐释，不是根据它们对不同时期的不同听众意味着什么，而是只要根据它们对最初的那些编创者意味着什么，这些最初的意义才是故事最真实、最本质的意义——他认为自己的研究揭示了隐藏在珀罗普斯神话背后的那个本质的意义。另一个例子是著名人类学家玛丽·道格拉斯（Mary Douglas）在 1996 年发表的一篇文章中，认为在世界上广泛流传的《小红帽》故事，起源于法国，而法国最早的故事异文中出现的别针和针的母题，象征着女性社会角色的不同阶段。所以，她认为，这一故事的原初意义，在于它标明了女性在生活中的不同角色。

　　汉森认为，对这一世界各地广泛流行的故事类型能否作这样的阐释，存在很大的问题：他们都没有对另一个重要问题作出解答——为什么神话故事在后世继续代代相传，而众多传承者可能根本不知道神话的原初仪式和原初意义？

　　汉森此文对于今天的神话研究具有重要的启示作用：神话的原初意义往往是很难追溯并确切地证实的，对于众多传承者而言，神话故事的原初仪式和原初意义渺不可知，也并不重要，因此，研究者与其煞费苦心地猜度那虚无缥缈的或然性源头，不如把握当下，通过民族志的方法，具体生动地呈现出当下特定语境中神话文本化的过程以及其中生成的对于表演者和听众的即时性意义。这一观念也与六十年代末逐渐兴起的表演理论

（Performance Theory）的主张相协调一致——表演理论即特别注重探讨特定情境中的民俗表演事件，强调民俗表演是情境化的，"其形式、功能和意义都植根于由文化所规定的背景或事件中，这些背景或事件为行动、阐释和评价确立了富有意义的语境"①。

不过，近两三年来我在研究中也逐渐认识到：口头艺术的意义、内容、形式、功能似乎均有着多重指向，其中一部分会随着语境的不同而发生相应的变化，而另一些部分则保持着相对的稳定性，它们形成了口头艺术可以辨识、命名和谈论的那些文类特征，由此看来，文本自身也的确具有一定的自足性。如何把语境的视角与文本中那相对稳定的内核的探究相结合？这个问题尚有待未来更深入的探索。②

（三）格雷戈里·施润普：现代科学与神话的"再神话化"

格雷戈里·施润普（Gregory Schrempp, 1950—   ），现为美国印第安纳大学民俗学与民族音乐学系副教授。2000—2001 年我在印大访学时，曾旁听过他讲授的"印第安人神话"、"民族志导读"以及"宇宙论与世界观"等课程。他的博士学位论文写的是《神奇之箭：毛利人、希腊人以及有关宇宙的民俗》（*Magical Arrows：The Maori, the Greeks, and the Folklore of the Universe*, Madison：University of Wisconsin Press, 1992）。施教授近年来热衷于从神话学者的视角探讨神话与现代科学以及科普著作之间的关系。2011 年，他在青海西宁召开的"昆仑神话与世界创世神话国际学术论坛"上，发表了论文《传统起源神话与现代科学：一个神话学者对于〈宇宙中心观〉一书的回应》（*Traditional Origin Myths and Modern Science：A Mythologist's Response to Primack and Abrams' The View from the Center of the Universe*）。③ 文中认为，传统起源神话与现代科学所

---

① William Hansen. "Meanings and Boundaries：Reflections on Thompson's 'Myth and Folk-tales.'" In Myth：A New Symposium, eds. Gregory Schrempp, William Hansen. Bloomington and Indianapolis：Indiana University Press, 2002, p. 87.

② 笔者曾在《语境的效度与限度——对三个社区的神话传统研究的总结与反思》（《民俗研究》2012 年第 3 期）一文中对这个问题有较详尽的讨论，可供参考。

③ 该文收入赵宗福主编《昆仑神话与世界创世神话国际学术论坛论文集》，青海人民出版社 2012 年版，第 227—234 页。

倡导的对于宇宙的起源、人类生存空间的认识之间存在着关联，对于这种关联，研究领域一直存在两种观点：一种观点来自于大批科学家，他们认为传统神话表达了前科学时代人们天真幼稚的信仰和幻想，以此来强调科学上的进步；另一个观点来自于许多思想者，他们对神话采取了更宽容的态度，并运用现代科学的新发现来对神话进行新的理解和阐释，施润普称之为"再神话化"（re-mythologizing）。施文集中批驳了约尔·普里麦克（Joel Primack）与南希·爱伦·艾布拉姆斯（Nancy Ellen Abrams）夫妇（一位是加州一所大学的物理学杰出教授，一位是律师）在其所著的《宇宙中心观》（*The View from the Center of the Universe*）一书中的主张：科学所揭示的宇宙能够部分地通过象征性地发掘传统神话中蕴含的宇宙观而被"再神话化"。施润普指出：作为神话学者，我发现他们的论述尽管迷人，却是有问题的。例如，被它们科学地"再神话化"的宇宙，与传统神话中所包含的同一类的认识和愿望是相同的吗？他们利用科学的新发现，为神话的合法性做出新解释——例如，他们说人类的确是中心的，正像神话中描述的一样，不过其科学的原因是宇宙的不断膨胀，在一个宇宙时间中，人类恰好是处于中心的位置。这样的理解虽然很吸引人，但是与神话并非一样的东西。比如在古希腊神话中，宙斯试图通过吞食墨提斯（Metis）[①] 来拥有智慧与技艺，试图一直统治宇宙。因此，这种新的科学的人类中心主义是否与古老的神话表述着同样的观点和愿望？答案显然是否定的。

　　该文是他的新著《现代科学的古代神话：一位神话学者对于科普著述的严肃考察》（*The Ancient Mythology of Modern Science：A Mythologist Looks（Seriously）at Popular Science Writing*，McGill-Queen's University Press，2012）的一部分。书中将科普著述（popular science writing）当成一种文类，立足神话学的视角，认为科普写作的最大特点并非是将现代科学简单化或者为智力不及的人们深入浅出地讲述道理，而是竭力使科学发现成为美学上和道德上赏心悦目的幻象，并为人类提供指导。在此过程

---

　　① 古希腊神话中的聪慧女神，是宙斯的第一位伴侣、雅典娜的母亲。在她怀孕的时候，一条神谕说他们的第一个孩子将来其智力和力量将匹敌宙斯本人，而下一个男孩将推翻自己的父亲而夺走王位。宙斯于是巧言骗过墨提斯，乘她不留神的时候将她吞下肚。智慧胜过众神和凡人的墨提斯留在了宙斯的肚子里，成为了他智谋的来源。

中，科普著述以各种方式再生产了——或者富有创造性地发明了——传统
神话中所表述的宇宙观念的结构、策略以及对于宇宙的想象。如同出版社
在该书封底的推荐文字中所说：这些看法"对于将神话与科学相分离的
普遍取向提出了挑战"。

（四）尹教任：神话的表演

尹教任（Kyoim Yun），韩裔美国人，民俗学博士，美国堪萨斯大学
东亚系讲师。我十多年前在印大访学时她还是博士生，读书勤奋，思考明
敏，颇得教授们的夸奖。我们曾一同旁听过理查德·鲍曼（Richard Bau-
man）教授的课程，而且都有志于借鉴"表演"（performance）的理论视
角以研究现代口承神话。她的博士学位论文《表演神圣：韩国济州岛上
的政治经济学与萨满仪式》（*Performing The Sacred*：*Political Economy
and Shamanic Ritual on Chaju Island*, South Korea, Indiana University,
2007）中曾辟有专章（第二章），详细考察了发生于 2001—2002 年间的
一次当代韩国萨满跳神仪式语境中的神话讲述和表演活动，以论述萨满传
统背后根深蒂固的交换性互惠经济。从她的研究中，可以看到美国年轻一
代学者对于神话研究的新气象。

2011 年，尹教任也应邀参加了"昆仑神话与世界创世神话国际学术
论坛"，会上发表了论文《在民族志境遇中协商一则韩国民族神话》（*Ne-
gotiating a Korean National Myth in an Ethnographic Encounter*）。论文以
作者 2002 年在济州岛对韩国著名的檀君神话的一次田野访谈为基础，引
发出关于民俗学以及一般社会科学研究的理论反思。①

在尹教任看来，迄今为止对檀君神话的研究大多是将之视为自足的文
本（a self-contained text），而她的研究则要关注故事的表演。论文细致地
呈现并分析了表演的过程——由于两位田野调查者与业余的神话讲述者在
知识结构、价值观以及表演期待上的不同，使得讲述过程充满了互动和协
商，最终形成的是一个有缺陷的表演（a flawed performance）。论文进而
引申出关于田野研究和民俗学研究应该关注"有缺陷的表演"的理论倡

---

① 该文收入赵宗福主编《昆仑神话与世界创世神话国际学术论坛论文集》，青海人民出版
社 2012 年版，第 255—266 页。

导，认为民俗学长期关注的是"精湛的表演"（masterful performances），田野工作者所津津乐道的自己田野作业中"初次相逢"的故事，也往往充满着对艰辛和困境的成功化解，因此，对多数田野工作者而言，在"实际发生了什么"与"应该发生什么"之间或许存在着张力。尹教任主张对于田野工作者与访谈对象初次相遇中的不同兴趣和期待，应该给予更多关注，因为它们揭示出了学者与外行存在的假想，因而更符合民族志的目标：理解社会生活的进程。

（五）罗伯特·西格尔：神话是"假信为真"的游戏

罗伯特·西格尔（Robert Segal），现为英国阿伯丁大学神学历史学与哲学学院教授，曾执教于兰开斯特大学。他的主要研究兴趣是神话学理论和神话学史，主要著述有《神话的理论化》（*Theorizing about myth*，University of Massachusetts Press，1999）、《神话简介》（*Myth*：*A Very Short Introduction*，Oxford University Press，2004）等。

其中 2004 年出版的《神话简介》一书已由刘象愚教授翻译为中文（中译本名为《神话理论》），2008 年由外语教学与研究出版社出版了双语合订版，2011 年重印。该书的撰写目的并非在于介绍各种神话，而是阐述现代神话的各种理论：作者巧妙地选取了阿多尼斯神话作为个案，从神话与科学、哲学、宗教、仪式、文学、心理学、结构和社会等八个维度，全面评述了自 19 世纪末至 20 世纪末有关神话的种种理论。

值得关注的是在"结语：神话研究的未来"部分，该书对 21 世纪的神话学做出了展望。作者指出：19 世纪的神话理论——以泰勒和弗雷泽为代表——认为神话是宗教的一部分，而宗教则是科学的原始对应物（primitive counterpart），随着科学的产生，神话必然消亡，但是它们无法对神话拥有的一系列其他功能和意义作出说明，也无法说明神话为何至今依然存续；而 20 世纪的神话理论则通过重新界定神话而实现了神话与科学的和解。"到了 21 世纪，神话研究的问题在于，在不轻易损害科学之权威的前提下，神话还能不能再被带回到外部世界（external world）中呢？"[①] 作为实现这一可能的一种方式，西格尔建议将英国儿童精神病医

---

① 《神话理论》，第 311 页。

生和精神分析学家温尼科特（D. W. Winnicott, 1896—1971）关于儿童游戏的分析运用到神话研究中。

温尼科特认为：游戏被认为是不真实的，孩子们知道自己是在玩耍嬉戏，一把汤勺并非真的是一列火车，可是在游戏的时间里，汤勺即是火车。"游戏并非只是幻想或逃避现实这么简单。它在建构具有个人意义的某种真实"（It is the construction of a reality with personal meaning）。①游戏也延伸到成人的领域，比如园艺、烹饪、艺术和宗教，在这些领域中，人们都利用外部世界的元素创造出了具有个人意义的世界。游戏是"过渡性"活动，它提供了一个从儿童时期向成年时期的过渡，从内在的幻想世界向外部的现实世界的过渡，从已知的外部世界向未知的外部世界的过渡。儿童通过物质客体——把玩具熊当成妈妈——创造一个愉快安全的世界，成年人则依赖内化的客体——兴趣、嗜好，或者神话——使自己能够面对一个更广大的世界。他们明知神话不是现实，仍然执着于它，仿佛它是真的，神话是"假信为真"（make-believe）。②

在西格尔看来，那些名人的故事便是这类神话的极好例子：他们具有神一般的力量，不仅要消灭贫穷、种族主义，还要结束环境污染、抑制全球变暖的趋势、拯救濒危的物质。他们能够做成的事情，国家甚至联合国也无法做成。好莱坞明星们就是这样的神，他们出现在银幕上时，千变万化、无所不能、永生不灭，影迷们尽管明知他们在现实生活中并非万能，但是却无视这一切，如同中了魔咒。这就是一种"假信为真"。去影院观影助长了对影星的神化。影院阻隔了外部世界，以自己的世界取而代之。电影越是具有感染力，观众就越是忘记自己身在何处，而想象自己就是生活在电影的时空中。去电影院观影就是同意"一起游戏"。"去电影院将神话与仪式结合了起来，并且将诸神，因此也将神话带回到世界中——而在这样做的时候，又没有摒弃科学。"③

---

① 《神话理论》，第311页，英文原文见第138页。
② 同上书，第312页。
③ 同上书，第315—316页。

（六）阿尔穆特—芭芭拉·雷格尔：神话在新文化语境中的变化①

阿尔穆特—芭芭拉·雷格尔（Almut-Barbara Renger, 1969—　），德国柏林自由大学宗教科学研究所大学教授（university professor）。主要研究领域包括神话与故事理论、文类理论、叙事学、宗教社会学等。其博士学位论文研究的是荷马史诗、卡夫卡以及瓦尔特·本雅明（Walter Benjamin）作品中的民间故事和神话；2009 年的教授资格论文讨论的是古代神话及其在 20 世纪文化语境中的变化。自 2001 年以来，她出版或者（联合）主编了不少与神话有关的学术专著或论集，例如《纳西索斯神话：从古代到赛博空间》（*Narcissus*：*A Myth from Antiquity to Cyberspace*，2002）、《在童话与神话之间：尤利西斯冒险故事以及从荷马到本雅明的其他故事》（*Between Fairy Tale and Myth*：*The Adventures of Ulysses and Other Tales from Homer to Walter Benjamin*，2006）、《欧罗巴——公牛和星环：从与宙斯结盟到国家联合体》（*Europe—The Bull and the Ring of Stars*：*From the Union with Zeus to the Union of Nations*，2009）等。

《纳西索斯神话：从古代到赛博空间》一书对 18 世纪末期以来文学和文化作品中反复讲述的纳西索斯神话进行了细腻的梳理，以代表性的个案和问题为线索，揭示了从古典时代开始，文学和文化作品如何对该神话进行吸收和接纳，涉及范畴包括卢梭、纳西索斯作为诗学形象、1900 年左右的小说以及现代媒体中的纳西索斯等。作者发现：18 世纪初是这一神话进入现代转型的一个关键性节点：现代主体概念开始凸显出来，纳西索斯开始进入诗歌、艺术和文化的各个领域。在 20 世纪，经由心理分析和自恋主义的理论，纳西索斯走进现代人的自我理解与社会生活之中。在 21 世纪，纳西索斯进入了新的虚拟空间，以阿凡达、生物机械混合人（Cyborg）以及其他对人自身的复制形式出现在数字媒体空间中。

雷格尔与人合编的论文集《欧罗巴——公牛和星环：从与宙斯结盟到国家联合体》一书，汇聚了诸多知名学者的智慧，探讨了当今欧盟社会共同面临的严峻现实问题：欧洲是什么？欧洲的身份认同是如何形成

---

① 本节介绍文字的德文翻译得到简涛和吴秀杰的诸多帮助，特致谢忱！

的？以这一重大问题为发端，该书的编者们认为："欧洲"不仅仅是一个地理空间，它还包含了政治、经济，尤其是历史、意识形态和文化方面丰富多样的内涵；欧洲身份认同建立在共同的象征、传统和神话之上，民众以此认同自己的身份，感到自己是欧洲的一员。该书通过欧罗巴被宙斯绑架这个古老的神话，第一次从不同学科（包括历史学、文学、哲学、艺术史、人类学和政治学等）的角度，对这个贯穿于整个欧洲历史的著名神话进行了诠释。

雷格尔也曾应邀参加 2011 年在西宁召开的创世神话国际论坛，并发表了论文《早期希腊诗人赫西俄德的普罗米修斯—潘多拉神话：神—人、男人—女人、献祭和欺骗》。论文选取了赫西俄德作品的相关细节，对潘多拉神话进行了详细分析，认为赫西俄德在此神话叙事中，采用了"过去—现在"、"神—人"和"男人—女人"的二元制方式，把想象中的人类历史的远古时期描述为理想状态。该文已由简涛老师翻译成中文，大家可以找来一看。①

（七）米妮克·斯希珀：跨文化比较研究法

米妮克·斯希珀（Mineke Schipper, 1938—），荷兰莱顿大学跨文化文学研究（Intercultural Literary Studies）方向的教授，兴趣广泛，既写作小说和随笔，也出版过多部学术专著——其中包括《别娶大脚女人：世界谚语中的女人》（*Never Marry a Woman With Big Feet*：*Women in Proverbs from Around the World*, Amsterdam University Press, 2006），这本书已于 2007 年由新星出版社出版。

在神话研究方面，斯希珀多使用跨文化比较研究的方法（cross-cultural comparison approach）。2011 年，她与中国学者叶舒宪、尹虎彬联合主编了《中国的创世和起源神话：对口头和书面传统的跨文化探索》一书（*China's Creation and Origin Myths*：*Cross-cultural Explorations in Oral and Written Traditions*, Brill, 2011），并在开篇发表的《世界创世与起源神话中的人类的起源》（*Humanity's Beginnings in Creation and Origin*

---

① 见赵宗福主编《昆仑神话与世界创世神话国际学术论坛论文集》，青海人民出版社 2012 年版，第 175—183 页。

Myths from around the World）一文中，明确提出了"比较文学"以及"跨文化比较研究方法"的重要性，她认为比较文学的任务之一是"寻求那些历史上有关联的和无关联的文化传统在形式上和主题上的相似性和差异性"，而"文学的跨文化比较方法通过研究来自不同文化中的口头叙事或者书写文本中的一个特定单元（specific unit）——它属于某个特定文类或者主题，或者二者兼而有之——能够使研究者发现，作为人类，我们共享些什么，哪些不共享"。① 她在该文中并未提出宏大深奥的结论，而是通过对包括中国在内的世界范围的人类起源神话的比较，从时间、空间、主题（例如肢解作为创世场景、如何创世、为何创世）、特征等四个方面，朴实地归纳人类起源神话的较普遍特点。

　　2011 年，斯希珀在西宁论坛上发表的论文《犹太教、基督教和伊斯兰教传统中的天堂之梦》（*Dreams of Paradise in Jewish, Christian and Islamic Traditions*），也可为她的上述研究方法提供生动的案例。她在该文中指出：世界各地都流传着天堂神话——人间天堂或者天上天堂，那里充满福佑和永生，其中最为流行的就是亚当夏娃与伊甸园的故事。这个故事以早先发源于中东的传统为基础，以后逐渐为全世界所知。在被记录于《圣经》之前，它有长期的流传，有多种形式。在犹太教、基督教和伊斯兰教中，亚当和夏娃一直被（至今依然如此）信仰为是人类的最初始祖。该论文讨论的是《圣经》以及《古兰经》中的亚当夏娃与伊甸园故事，它如何启发了新的叙事、诗歌描写以及对于现实中亚当夏娃竟住在何处的真实天堂地址的论述，而且也引导产生了富于魅力的艺术作品，其中充满了象征符号和相关性。文章援引了大量文献，着力分析了几个传统中关于天堂的描述和想象（人间天堂和天上天堂、地点、动物和植物、亚当对动物的命名、艺术作品中表现的天堂之梦）。②

（八）山田仁史和金绳初美：民族学的神话研究

　　日本神话学有着悠久的历史，而且成就丰硕，曾给予中国神话学深刻

---

　　① In *China's Creation and Origin Myths: Cross-cultural Explorations in Oral and Written Traditions*, p. 3.

　　② 该文收入赵宗福主编《昆仑神话与世界创世神话国际学术论坛论文集》，第 235—254 页。

影响。为现代日本神话学做出杰出贡献的学者也有不少，其中较为中国大陆学者熟知的有大林太良以及吉田敦彦等人，吉田敦彦的弟子松村一男（1953—，日本和光大学）目前在日本神话学领域也十分活跃。

这里我想介绍两位我认识的日本青年神话学者。其中一位是山田仁史（1972—　），现为日本东北大学大学院文学研究科宗教学研究室副教授，曾在慕尼黑大学学习民族学，是大林太良晚年的学生，其治学背景和大林有着一定程度上的重叠，治学方法也颇得乃师真传：用民族学的方法来研究神话。2009年，他在台湾中兴大学召开的"新世纪神话研究之反思"学术研讨会上，发表论文《台湾原住民有关星辰的概念和神话》，颇能反映其研究特点。该文采用了"宗教民族学的角度"，具体地说，该视角探讨的是"与人们的生活与生产密切相关的对于天体的认识，是如何反映到星辰神话中去的"。① 作者最终得出的结论朴实而谨严：1. 台湾原住民的星辰观念和神话总体上非常少，这一点与大林太良以往指出的几个因素或其共同作用有关；2. 某种人（特别是不幸的人）升天而变成星星的故事较多；3. 很多星辰神话与原住民的生活和生产密切相关，比如农耕历法、狩猎、渔业等。② 论文选材审慎，分析细密，推理严谨，颇有大林太良之风。

另一位日本青年神话学者是金绳初美（1967—　），现为北九州市立大学外语系副教授，是老一辈神话学家王孝廉先生的弟子，目前在其大学开设有神话学课程，近十年来一直研究中国云南泸沽湖边摩梭人的神话、婚姻家庭、宗教信仰与文化变迁，其间曾多次赴泸沽湖进行田野调查。2009年，她在台湾中兴大学会议上发表论文《泸沽湖摩梭人的神话及其生活意识》，主要考察了摩梭人的女神神话、有关成年礼及其他祭祀仪式的传说，以此揭示其背后蕴藏的摩梭人的一些生活意识、家庭意识以及近年来的变迁。③ 2010年，她在云南开远召开的兄妹婚神话国际研讨会上，

---

① ［日］山田仁史：《台湾原住民有关星辰的观念与神话》，载陈器文主编《新世纪神话研究之反思》，台湾中兴大学中国文学系出版2011年版，第474页；《兴大中文学报》第27期增刊。

② 同上书，第488页。

③ 见陈器文主编《新世纪神话研究之反思》，第517—548页。

撰文详细比较了日本与中国西南地区兄妹婚神话的异同。①

除独立的学者外，在日本，现今还有不少团体也在从事着神话研究的工作。② 山田仁史曾向我列举了其中两个和他本人有关联的团体。一个是由法国文学专业的筱田知和基主持的"比较神话学研究会"（Groupe de Recherche de la Mythologie Comparée，简称 GRMC）。该组织每年举办两次专题讨论会，与会研究人员来自文学、文献学、民族学、人类学等多个领域。另一个是由山田仁史等人共同发起成立的"环太平洋神话研究会"，该会将环太平洋地区作为研究的重心，不定期地召开专题讨论会。

（九）郑在书：反对文化中心主义，建立"差异的神话学"

郑在书（1952— ），韩国梨花女子大学中文系教授，曾任职于哈佛燕京学社及国际日本文化研究中心，主要研究领域为神话学及道教研究，著有《山海经译注》（汉城，民音社 1985 年版）、《不死的神话与思想：从山海经到神仙传》（汉城，民音社 1994 年版）、《道教和文学想象力》（汉城，青林出版社 2000 年版）等，他在神话学方面发表的许多著述都颇具启发性与批判精神。例如，在他与叶舒宪、萧兵合著的《山海经的文化寻踪——"想象地理学"与东西文化碰触》一书（湖北人民出版社 2003 年版）中，认为"中国早期文明的形态，其实应是一种多样化的地域性文化交流、结合后的结果"，他尖锐地批评不少中国学者秉持"自我中心主义"的文化观，主张中国神话一定要有"自己同一"的"体系性"，"在解释反映出平等及多元化特性的神话时却常常援引后起之华夷论观点进行解释"。③ 在郑氏看来，中国神话和古代典籍应当被视为可容纳多种解释的"文本"（Text），而不是处在"中国"作者支配下的"著作"（Work），应当认识到中国神话"是叙述由

---

① ［日］金绳初美、王孝廉：《日本与中国西南地区的兄妹婚神话之比较研究——以始祖诞生为中心》，载李子贤、李存贵主编《形态·语境·视野——兄妹婚神话与信仰民俗暨云南省开远市彝族人祖庙考察与研究国际学术研讨会论文集》，云南大学出版社 2011 年版，第 43—50 页。

② 此节信息得到山田仁史教授的指教，特致谢忱。

③ 叶舒宪、萧兵、郑在书：《山海经的文化寻踪——"想象地理学"与东西文化碰撞》，湖北人民出版社 2003 年版，第 186—188 页。

许多英雄竞争的互文性的神话体系"，而不是"由单一英雄发声音的单元神话体系"。①

郑氏上述反对文化中心主义、坚持文化多元论的主张在他为拙著《神话与神话学》撰写的评论《对建立"差异的神话学"的一些意见》中再一次得到鲜明的体现。他认为："像近代以来所有的学问分野一样，神话学的世界也不公平。现行神话学以特定地区即希腊罗马地域的神话为根据来确定概念、分类、特性等，在这一过程中产生的西方神话理论对包括中国神话在内的非西方神话享有标准的地位。其结果是，按照所谓'普洛克路斯特斯之床'（Procrustes's Bed）② 般的西方神话学的尺度，中国神话的大部分就被看作了非神话或者被歪曲了其内容。"他因此警醒并倡导中国神话学者以至所有东方神话学者，建立起一门"差异的神话学"：

> 对中国神话学而言，谋求与西方理论的接触点而确认共同原型的心态很重要，但是树立"差异的神话学"这件事更重要，这就是以固有的神话土壤和资产为基础，去挑战已存神话学的体系。中国神话学与其顺应西方神话观念，不如发现相违之处，再加上新的神话观念，以克服已存第一世界中心神话学的单声性（monophony），要丰富世界神话学的内容，这就是中国神话学要追求的目标之一。与此有关，还必须要批评检讨西欧神话学对于中国神话学的一些偏见——从东方主义而来的神话学上的一些争论点，比如"缺乏体系神话论"、"依据故事三分法对神话的界定"、"俄狄浦斯情结的普遍性与否"等。以这些为本，应立足于东方文化的土壤，建立中国神话学。③

---

① 叶舒宪、萧兵、郑在书：《山海经的文化寻踪——"想象地理学"与东西文化碰撞》，湖北人民出版社 2003 年版，第 191 页。

② 普洛克路斯特斯（Procrustes）是希腊神话中臭名昭著的强盗。他开了一个黑店，任何人一旦落入他的魔掌，就会被他残酷杀害。他把虏获的人放在一张铁床上，如果身体比床长，他就砍去长出的部分；如果比床短，他就用力把身体拉得和床一样长。他用这种方法杀害了很多人。"普洛克路斯特斯之床"的意思是试图使所有的人符合一个标准、一种思想或行为模式的做法。

③ 郑在书：《对建立"差异的神话学"的一些意见》，《长江大学学报》2011 年第 3 期。

　　郑氏的上述提醒和倡议无疑卓有见地，对中国当前以至未来的神话学建设都至关重要。就目前中国神话学的情形而言，诸多核心概念、分类标准和对神话本质的认识都是参照西方神话学的研究成果做出的，它们对中国神话的适用性如何？是否像希腊神话中的"普洛克路斯特斯之床"一样将中国神话强行套入其标准之中？西方的观念对于中国学者理解中国神话具有哪些影响？是否存在内化的东方主义？……对这些问题保持警醒十分必要——中国神话学的大厦理应建立在本土神话的土壤之上。对上述这些问题，中国神话学界迄今尚缺乏充分全面的反省。①

三、21 世纪以来的中国神话学

　　20 世纪末，我曾经应《文艺报》之约写过一篇文章，题目叫作《中国神话学的现状与未来》（《文艺报》1999 年 9 月 21 日），对 20 世纪中国神话学的成就与特点作了回顾与总结，并对 21 世纪的中国神话学提出了展望。如今看来，当时的展望还是比较恰当的，许多任务依然有待今天去完成。

　　21 世纪以来，中国神话学取得了不少新的研究成果。比如恢复了中国神话学会，召开了多次高质量的国际学术研讨会，神话资料的田野调查、归档以及数据化都有重大推进，理论与方法也有不少新的突破，很多神话学者（比如李子贤、陈建宪、田兆元、陈连山、那木吉拉、吴晓东、陈岗龙、王宪昭等大陆学者以及台湾的鹿忆鹿、钟宗宪、高莉芬等）均为此做出了重要贡献。由于时间有限，下面我简要谈谈理论研究方面的一些新进展。

（一）叶舒宪：文学人类学、四重证据法与新神话主义
　　叶舒宪多年来一直注重用比较神话学的宏阔视野来研究神话，21 世

---

　　①　尽管很少，但并不是完全阙如，比如陈连山在《走出西方神话的阴影——论中国神话学界使用西方现代神话概念的成就与局限》（《长江大学学报》（社会科学版）2006 年第 6 期）一文中，就对此进行了比较深刻的反思。

纪以来他的研究在此方向上有重大推进，例如倡导并推动以尊重文化多样性为前提的"文学人类学"，① 2005 年以来更以"四重证据法"来研究神话与人类文明之间的关系。其研究往往纵横捭阖，旁征博引，气势恢宏。所谓"四重证据"指的是：第一重证据是传世文献；第二重证据是地下出土的文字材料；第三重证据是指民俗学、民族学所提供的相关参照资料，包括口传的神话传说、活态的民俗礼仪、祭祀象征等；第四重证据则专指考古发掘出的或者传世的远古实物及图像。叶舒宪认为：将这四重证据结合起来进行研究，可以帮助神话研究乃至古史研究走出语言文字研究的老路，借助于文化人类学的宏阔视野和跨学科知识系谱，"获得多方参照和交叉透视的'打通'效果，使得传世古文献中误解的和无解的难题获得重新审视的新契机"。② "四重证据法"是中国神话学在 21 世纪伊始所取得的显著成绩之一，将之在实践中发展，将是今后一段时期神话研究的重要内容。

"新神话主义"指的是 20 世纪后期以来席卷全球的文化寻根思潮，它表现在文学和艺术创作、影视动漫产品及其他各种视觉文化方面，以至蔓延至整个文化创意产业。其共同特征是在题材和主题上回归前现代社会的神话想象和民间信仰传统，在价值观上反思文明社会，批判资本主义和现代性，向往原始、纯真的初民社会。代表作有畅销小说《魔戒》、《塞莱斯廷预言》、《第十种洞察力》，以及《与狼共舞》、《指环王》、《哈利·波特》、《达·芬奇密码》、《蜘蛛侠》、《纳尼亚传奇》等电影。对魔法巫术、女神信仰和非西方神话传统的再发现，成为新神话主义潮流进入 21 世纪以来最突出的三大题材。叶舒宪敏锐地抓住这一世界热点话题，撰写文章或发表演讲，③ 对新神话主义现象进行介绍和评论，论证新神话主义潮流给比较神话学学科带来的新机遇，并提醒广大文人学者：对于当

① 参见叶舒宪：《文学人类学：探寻文化表述的多重视野》，《西南民族大学学报》2011 年第 1 期；《文学人类学的理论与方法——当代中国文学思想的人类学转向视角》，《河北学刊》2011 年第 3 期。

② 叶舒宪：《鲧禹启化熊神话通解——四重证据的立体释古方法》，《兴大中文学报·文学与神话特刊》2008 年第 11 期。

③ 例如《人类学想象与新神话主义》（《文学理论前沿》第 2 辑，北京大学出版社 2005 年版）、《再论新神话主义——兼评中国重述神话的学术缺失倾向》（《中国比较文学》2007 年第 4 期）、《新神话主义与文化寻根》（《人民政协报》2010 年 7 月 12 日）等。

代再造神话而言，学术底蕴比想象力更加重要；跨文化比较的大视野和多民族神话遗产的知识，理应成为今天的作家、批评家、比较文学研究者，尤其是重述神话作者们的必备素质。

（二）吕微：神话信仰-叙事是人的本原的存在

与叶舒宪所致力的比较神话学不同，吕微多年来一直潜心于建设"一个以思想人的本原存在为根本目的的'实践认识'的神话学"，[①] 其神话研究惯从哲学角度出发，深究背后的人的本原性存在与实践本质，他对一些神话学领域重要概念和经典命题的深刻反思，常给人带来不同视角的启发。2011 年，吕微为我与学生合著的《现代口承神话的民族志研究》一书撰写了长篇序言，其中熔铸了他近年来对于神话的本质及其内容与形式的关系等等神话学根本问题的深入思考。在回应我从经验实证维度对神话的神圣性的质疑时，他对现代神话学的经典性表述——"神话是神圣性的信仰叙事"——进行了重新阐述，而且进一步认定"神话信仰-叙事是人的本原的存在"：

> 神话-起源故事，由于讲述了人性统一性的超越性本原，使得神话的信仰-叙事不仅是人的本原性存在——实践本身，同时也是人的本原性存在——实践的客观性条件。由于人的本原性存在——实践的神话信仰-叙事，是"人自身"的纯粹理性的必然性要求，同时也是人的纯粹理性得以践行其自身的客观性条件，所以对于人的本原的存在——实践来说，神话信仰-叙事本身以及神话信仰-叙事所给出的超越对象就具有了人的存在与实践的绝对真实性和神圣性。[②]

这些论述力图从根本上消解长期困扰着各国神话学者的关于神话内容与形式之间的悖论性表述，不仅努力为神话学成为现代学而非"发思古之幽情"的古代学建立合法性，而且也为神话学的经验研究提供理论上

---

① 吕微：《神话信仰-叙事是人的本原的存在（代序）》，载杨利慧、张霞等《现代口承神话的民族志研究——以四个汉族社区为个案》，陕西师范大学出版社 2011 年版，第 21 页。

② 同上书，第 13 页。

的支撑。不过，我认为，该论文中对于这一至关重要的问题——"神话信仰-叙事"何以便是"人的本原的存在"——的论证并不充分。

（三）杨利慧：现代口承神话的民族志研究

与叶舒宪、吕微的研究取向不同，我的神话研究特点可以概括为"现代口承神话的民族志研究"，这一视角的形成更多地汲取了当代世界民俗学（尤其是表演理论）以及文化人类学的成果，意在细致深入地考察以往神话学史上很少关注的一些维度，比如神话在特定语境中的传承、表演及其意义的即时创造、表演者与参与者之间的交流，以及各种社会权力关系在表演过程中的交织与协商，等等。

我与学生张霞、徐芳、李红武、仝云丽一同合作完成的《现代口承神话的民族志研究——以四个汉族社区为个案》（陕西师范大学出版社2011年版）一书，通过对重庆市司鼓村、陕西安康市伏羲山女娲山区、山西洪洞县侯村以及河南淮阳县四个汉族社区的田野研究，对当代中国口承神话的传承与讲述现状进行了实地考察，力图突破中国神话学界和国际汉学领域长期流行的依赖古代文献和考古学资料、对中国古典神话进行文本考据的方法和视角的局限，对当代中国，尤其是以往较少关注的汉民族社区中传承的"现代口承神话"进行具体而微的民族志考察，弄清楚一些中国神话学安身立命的基本事实（facts）。例如在当代中国，神话是怎样在一个个特定的社区中生存的？它们担负着何种功能？是哪些人依然在讲述神话？他们是如何看待和理解神话的？神话如何在具体的讲述情境中发生变化？中国现代以来的巨大社会变迁给神话传承造成了怎样的影响？……通过实践这些追求，该书力图对于世界神话学有所贡献，而且，还期望从一个特殊领域的研究实践，对中国民俗学的研究现状进行反思。

我们在研究中发现不少值得关注的现象和问题，今天我想就其中的一部分在这里和大家一起分享。①

1. 神话传统的积极承载者与消极承载者

在当代中国的汉民族中，现代口承神话的讲述者已远远不限于巫师、祭司、萨满、故事家、歌手等"少数有才能者"，而是普遍地涉及了从老

---

① 更多思考和更详细的分析请参阅该书"总论"部分。

人到青少年、从男性到女性、从干部到群众、从受过高等教育的知识分子到目不识丁的平民百姓等几乎所有的人群。当然，这并不意味着人们对神话传统知识的把握是均等的，相对而言，社区中对地方掌故、区域历史以及民间传统怀有兴趣的老人、民间精英以及虔诚地信仰相关神灵的香会会首或者一般信众，所具有的神话知识通常更加丰富，能讲述的神话往往更多，也更愿意主动讲述。这一类人，我称之为"神话传统的积极承载者"（creative bearers of myth tradition），① 除这类人外，另有一些这样的讲述者：他们也知晓一定的神话故事，但是相对而言，其神话知识较少，往往只能叙述故事的核心母题，而无法完整、生动地讲述完整的神话，而且在生活中一般并不主动讲述这些神话知识，我称这类讲述人为"神话传统的消极承载者"（passive bearers of myth tradition）。② 对于神话传统的传承而言，这两类人群都很重要，他们共同构成了神话传统的主要传承力量——通过习得神话知识并把神话讲唱给别人听，他们赋予了神话文本以丰富多样的、实际的形式、功能和意义，使神话能跨越个体生命的时间局限而代代相传，并将神话传播到不同的地方。不过，在迄今为止的研究中，那些积极的承载者往往受到关注，而那些消极的承载者则常被忽视，这一点也需要在今后的研究中补足。

此外，导游显然成为了新时代的职业神话讲述人。③ 在河北省涉县的娲皇宫，导游们会积极从民间搜集各种口头神话传说，对之进行整理以后印刷成文，所有的导游便依据这类文本，为前来游览的游客讲述有关女娲造人、补天、制笙簧、置婚姻等神话事迹。④ 在他们的神话传承中，口头与书面的关系尤为密切。仝云丽在淮阳的个案中也发现：在人祖庙里有许多专门的职业技术学校毕业或高中毕业的导游，专门负责给游客讲解相关的神话和信仰知识。导游们在民间口头流传的人祖神话的基础上，把关于

---

① Lihui Yang, Deming An, with Jessica Anderson Turner, *Handbook of Chinese Mythology* (Santa Barbara, Denver and Oxford：ABC-CLIO, 2005. Reprinted by New York：Oxford University Press, 2008), p. 61.

② Lihui Yang, Deming An, with Jessica Anderson Turner, *Handbook of Chinese Mythology*, p. 61.

③ 杨利慧：《神话与神话学》，第 266 页。

④ 依据笔者 2008 年的田野考察。

人祖神话的书面文献资料糅入自己的讲解,在很大程度上充实了民间口承神话的内容。由于他们讲起来头头是道,往往成为了当地神话知识的新权威。

另外,本书虽然没有涉及但已经注意到一个重要的现象:对于为数众多的儿童和青少年来说,教师也成为神话传承(当然远不仅限于神话)的主要力量之一。2009 年,在为北京师范大学文学院 2006 级本科生讲授神话学课程时,我曾做过一个随机调查。其中一个问题是:你主要是通过哪些途径了解神话的?在参与调查的 40 位中国学生中(尚有 60 多位留学生也参与了调查,这里暂且不论),有 34 人回答:听老师讲课是主要的方式之一。有学生在问卷中答道:"在小学时,便听老师讲过嫦娥奔月、玉兔与吴刚伐树等故事。上大学以后,在东方文学史、民间文学、神话学等课程上,更了解了许多以往不曾听过的神话。由于平时少有机会主动查阅相关知识,老师讲课便成为我最主要的神话来源之一。"在 2010 年对同一学院 2007 级本科生的调查中,这一情形依然非常突出:在 103 名选课的中国学生中,有 93% 的人选择了"听老师讲课"作为自己了解神话的主要方式之一。①

由此可见,在今天,现代口承神话的讲述者已经发生了诸多变化,传统上被认为承载着本真的、正统的神话传统的祭司、巫师等宗教性的职业讲述人正逐渐淡出人们的视野,而导游、老师则日益担负起了新时代里的职业讲述人的角色。

2. 现代口承神话的传播方式日益多样化

长期以来,神话在社会生活中的传播主要是以口头语言为媒介、以口耳相传为传播方式的。本书的研究发现:这一方式依然是现代口承神话的主要传播方式,不过,值得注意的是,当下汉民族社区中,神话的传播方式正日益多样化。李红武的个案研究发现:尽管口耳相传一直是口承叙事传承的主流——他从老人那里获得的故事占总数的 63% 左右——但是,一种新的趋势正在出现,即书面传承和电子传媒传承在口承叙事传承中占

---

① 当然,这一调查结果会受到学生所学专业的较大影响,理工科学生的情形应当有所不同。尽管如此,对于校园生活占据着其日常生活主要位置的广大儿童和青少年来说,教师在民间传统传承中的作用无论如何都不容忽视。

的比重越来越大，大约占到总数的 37%。他进而预测：随着乡村现代化步伐的加快和教育水平的提高，现代口承神话的传承将越来越多元化，现代媒体在传承神话方面将起着越来越重要的作用（第三章）。仝云丽在淮阳的个案研究也有类似的发现：随着现代社会科学技术的发展，广播、电视、电脑等逐渐走入人们的日常生活，并为口承神话提供了更为快捷、辐射范围更广的传播方式，尤其是庙会期间，越来越多的年轻人和中老年人都可以从电视中便捷地获知地方政府和媒体所大力宣传的地方掌故和人祖神话，这些知识反过来影响着他们对人祖神话的接受和传承。媒体对太昊陵和人祖伏羲进行的大规模宣传不仅传递着地方性知识，也增强了人们的地方认同（第五章）。这些个案研究的结果在笔者 2009 年对北京师范大学文学院 2006 级本科生的那次随机调查中也得到了进一步的证实。面对"你主要是通过哪些途径（比如读书、观看电影电视、听广播、听老师讲课、听长辈或朋友讲述、听导游讲述、网络浏览等）了解到神话的？"的问题，40 名参与调查的"80 后"大学生，全都作出了多种选择，认为自己了解神话的途径是多样化的，其中选择"读书"方式的占总数的97.5%（39 人）；"听老师讲课"方式的占 85%（34 人）；"观看电影电视"方式的占 72.5% 的人（29 人）；"听长辈或朋友讲述"的占 67.5%（27 人）；"听导游讲述"的占 32.5%（13 人）；"听广播"的有 2 人；另有 2 人选择了"网络浏览"方式。2010 年的调查结果与此基本一致：在参与调查的 103 名中国学生中，选择"读书"方式的约占总数的 96%（99 人）；"听老师讲课"方式的约占 93%（96 人）；"观看电影电视"方式的约占 82%（84 人）；"听长辈或朋友讲述"的约占 73%（75 人）；"听导游讲述"的占 41%（42 人）；"网络浏览"方式的约占 40%（37人）；"听广播"方式的约占 3%（3 人），另有 13 人选择了"其他方式"。很显然，在这些"80 后"大学生中，神话的传播方式多种多样，其中，书面阅读与面对面的口头交流（包括教师授课、长辈或朋友讲述、导游讲述等）无疑是这些当代大学生了解神话的最主要的两条途径，而观看电影电视则成为他们知晓神话传统的第三种主要方式。

　　多样化的传承途径及其对神话传统带来的影响显然为当下和今后的神话研究提出了挑战——迄今为止，神话学界对当代社会，尤其是青年人当中多样化的神话存在和传播形态，显然缺乏足够的关注，对那些通过书本、电影电视、网络以及电子游戏、教师的课堂和导游的宣介等途径传播的神话传统，未予充分重视，这不仅加剧了神话学在当今社会中的封闭、狭隘情势，也减弱了神话学对于年轻人的吸引力。未来的神话学，应当在这一方面有充分的自觉和积极的介入。

有鉴于此，2011 年开始，我和几位研究生一道，再次组织团队，着力以遗产旅游和电子传媒为中心，对神话在当代中国的传承状况进行一番新的调查。与前一个调查以及传统的神话学取向不同：它更多地面向都市（而不是原住民和农村）；面向年轻人（而不是老年人和文化专家）；面向现代和后现代社会中的消费文化和新媒介产生的巨大影响。本课题将进一步打破神话学"向后看"的传统，直面中国神话在当下现实生活中的传承与变迁，注重新媒介和新传播形式的涌现为中国神话带来的影响。这一研究在国际国内神话学领域都具有一定开拓性和前瞻性，不仅对神话学的发展有重要的建设意义，同时也对新形势下中国传统文化的保护具有积极的探索和借鉴作用。

四、结论:21 世纪神话学的一些取向

上面的梳理难免挂一漏万，但是管窥见豹，从中我们还是能够大致看到 21 世纪以来，中外神话学领域呈现出的一些共同取向。

（一）一些传统的研究视角和方法依然保持着旺盛的生命力

在神话学界，普遍流行着一个观点：19 世纪的神话学热衷于对起源问题进行历时性的研究，而进入 20 世纪以后，学者们对于神话的功能、交流性的讲述与展演及其与人类心理和深层思维结构等的研究，促使神话学发生了向共时性研究的转变。[①] 这一概括在较大程度上反映出了世界神话学总体发展历程的大致特点，但是，应当指出，它并没有能完全涵盖神话研究在视角和方法上一直存在的复杂多样性。从我们上文的梳理便可以

---

① ［英］罗伯特·西格尔：《神话理论》，第 3 页；［美］阿兰·邓迪斯：《西方神话学读本·导言》，见《西方神话学读本》，第 3 页。

看出：比较神话学一直有着鲜活旺盛的生命力，它对于起源和传播的兴趣，构成了 21 世纪神话学一道耀目的风景。对于比较神话学，如今似乎大多数中国民俗学者和学生并不十分感兴趣——实证的、经验性的、限定于特定区域的民族志研究也正在中国民俗学界风行。但是，上述现实却提醒我们：没有哪一种方法是万能的，也很少有一种方法完全过时无用。阿兰·邓迪斯（Alan Dundes）曾经坚决主张：既然人类存在着普同性，就可以对广泛流行的神话进行比较分析。① 他在 2005 年的美国民俗学会年会上曾做大会发言，题目是《21 世纪的民俗学》，其中对民俗学缺乏宏大理论（grand theory）创新从而失去对普适性问题阐释力的现象提出了尖锐批评（他发现"极为有意思的是，关于民俗的大多数宏大理论是由扶手椅民俗学者或图书馆民俗学者而非田野工作者所提出"）。② 斯人已逝，言犹在耳！他提醒我们对所使用的民族志方法保持反省和自觉：当我们热衷于对特定社区中的某一类民俗事象进行经验研究的时候，不要把这当作是唯一的通衢大道，而要认识到它的局限以及其他方法的长处，并尽可能扬长避短，进行综合研究。③

（二）涌现出不少反思之作以及新的理论视角和方法

21 世纪，神话学领域里出现了不少反思之作，例如汉森对于神话研究追溯原初仪式和原初意义的质疑；郑在书对于"中国文化中心主义"和"西方中心主义"的批评以及建立"差异的神话学"的倡议，等等。这些反思及倡议显然与近半个多世纪以来整个人文社会科学领域发生的后现代主义、后殖民主义思潮以及对于传统、本真性、权力的反思和对文化多元化的追求一脉相承，彼此关联。

此外，一些新的理论视角和研究方法也给神话学带来了新气象。例如尹教任与我均借鉴"表演"的视角以分析当下活形态的神话，注重考察

① ［美］阿兰·邓迪斯：《潜水捞泥者：神话中的男性创世说》，《西方神话学读本》，第335 页。

② ［美］阿兰·邓迪斯：《21 世纪的民俗学》，王曼利译、张举文校，《民间文化论坛》2007 年第 3 期。

③ 我在《现代口承神话的民族志研究》一书的"总论"部分对"综合研究法"有较多思考，可供参考。

特定语境中神话的表演及其文本、意义的生成过程、表演者与参与者之间的交流，以及各种社会权力关系在表演过程中的交织与协商。从这一视角来看，神话不再是洪荒年代流传下来的"文化遗留物"，而是处于不断生成和重建的动态过程之中的现实民俗。叶舒宪的"四重证据法"则将口头的与书面的、地上的与地下的、文字的与图像的结合起来进行交叉透视，为神话研究乃至古史研究开辟了新路。

（三）神话——依然流动的边界

对神话的界定是见仁见智的事，日本著名神话学家大林太良曾经断言："我们可以毫不夸张地说，有多少学者研究这个问题就有多少个神话定义。"① 在 21 世纪，情形大约依然如此。有人秉持传统的较狭义的看法，主要将神话视为创世（creation）和起源故事（例如上面提到的威策尔、斯希珀以及我本人），或者"神圣性的叙事"（例如吕微），但也有人持更宽泛的观点，例如，西格尔将神话界定为：一个故事，一个具有深远含义的故事（故事可以发生在过去，也可以发生在现在或未来）；也可以是一种信仰或信条（例如"一夜暴富神话"）；主要人物为人格化的形象；具有举足轻重的功能（大于传说和民间故事）；假信为真（是虚假的，但又冥顽不化）。② 在他看来，那些名人故事便是神话，而去影院观影，便是神话与仪式的结合。看来，"神话"一词的边界依然是流动不羁而远非确定无疑的，因此，我们在就神话进行学术对话时，必须明了所讨论概念的意涵及其所发生的语境。

（四）神话与科学之间的关系得到进一步探讨，20 世纪视神话与科学为和谐互容的观点得到进一步深化，神话遵从于科学的情形遭到质疑

西格尔曾经指出：19 世纪与 20 世纪神话学的最大差异在于，19 世纪的学者将神话视为科学的原始对应物（primitive counterpart），因此它终将为科学所抛弃；而 20 世纪的学者们则将神话与科学看作是彼此和谐互

---

① ［日］大林太良：《神话学入门》，林相泰、贾福水译，中国民间文艺出版社 1989 年版，第 31 页。

② ［英］罗伯特·西格尔：《神话理论》，第 168—171 页。

容的（reconcile），现代人不必抛弃神话。① 从上文的梳理中我们可以发现，在 21 世纪，神话与科学的关系依然是人们讨论的重要话题，有人将神话学与遗传学等科学相结合，来揭秘人类文明的起源与传播历程（威策尔）；有人检讨神话与现代科学以及科普著述之间的相互关系，批评科普著述与现代科学阐释对于古代神话的"再神话化"（施润普）；有人探讨如何在不损害科学权威性的前提下，使神话重新与外部世界密切相连（西格尔）。看来，在 21 世纪的神话学史上，神话遵从于科学的情形将逐渐遭到彻底质疑和摒弃。

　　一百多年前，伟大的思想家卡尔·马克思曾经预言：随着科技的发展，神话必将成为明日黄花："在罗伯茨公司面前，武尔坎又在哪里？在避雷针面前，丘必特又在哪里？在动产信用公司面前，海尔梅斯又在哪里？"② 如今一个多世纪过去了，相信科学魅力的人们并没能见到神话的消亡，相反，20 世纪末和 21 世纪初的人们却迎来了神话的又一次复兴。在当今世界，大众传媒的出现使神话的形象、类型和母题的传播更加广泛、迅捷；如火如荼的文化旅游促使一些地方的导游成为了新时代的职业神话讲述人；非物质文化保护运动也使一些地方的神话借助新的宣传媒介和政治力量在更广大的范围里传播；"重述神话"（Retelling Myth）的全球性大型国际图书项目（2005 年在英国启动）再次使神话成为世界范围内方兴未艾的文化产业的重要动力和深厚资源。有鉴于此，我认为，今天的神话学不应该一味将眼光投向遥远的古代，同时还应该关注神话与当下现实生活的联系，关注神话在当下社会文化语境中呈现出何种形态？具有何种新的内容、功能和意义？经历了怎样的生产和再生产过程？人们如何主动地、创造性地传承和利用神话以服务于其当前的社会生活？其目的何在？这样的探讨，不仅有助于对神话的生命力的研究——有助于解答汉森

---

　　① ［英］罗伯特·西格尔：《神话理论》，第 3 页。
　　② 马克思：《〈政治经济学批判〉导言》，《马克思恩格斯选集》第 2 卷，人民出版社 1995 年版，第 28—29 页。其中罗伯茨公司是 19 世纪英国的一家著名机器制造公司，武尔坎为古罗马神话中冶炼金属的神，能制造各种精良武器和盾牌，在古希腊神话中叫作赫淮斯托斯；丘必特是古罗马神话中的雷神，具有最高的权威，相当于古希腊神话中的宙斯；动产信用公司是 19 世纪法国的一家大股份银行，海尔梅斯为古希腊神话中的商业之神。

教授所提出的问题：为什么神话故事在后世继续代代相传，而众多传承者可能根本不知道神话的原初仪式和原初意义？——也有助于使神话学跳出自身狭隘的小圈子，而参与到与活生生的现实对话、与更多学科的对话之中。

历史民俗学的研究范畴与研究方法

北京师范大学教授　萧放

钟敬文先生在中国民俗学学科建设过程中费尽心力，贡献良多。关于历史民俗学学科的建设是其晚年的重要学术贡献之一。1998 年钟先生在中国民俗学会第四届代表大会上发表了《建立中国民俗学派》的重要报告，在报告中钟先生首次明确地将历史民俗学与理论民俗学、记录民俗学作为中国民俗学结构体系的三大组成部分。1999 年黑龙江教育出版社出版了钟先生同名著作。那么历史民俗学是什么，我们如何利用历史民俗学的研究方法进行历史民俗的研究，这是我们这一讲中要跟大家共同探讨的。

一、历史民俗学概念小史

（一）域外的历史民俗学

历史民俗学这一词汇最早出现在 20 世纪 70 年代的日本。日本的历史民俗学是在反思与总结柳田民俗学的基础上提出的。因为在柳田时代，柳田讨论民俗学，但不提历史民俗学，柳田认为传统历史研究限于文献资料的利用忽视了社会基层民众生活史，民俗学就是要从研究视角与资料选择范围上进行拓展，以呈现民众的历史生活。民俗学就是要从乡土社会现实追溯过去的历史生活，认为"现在"本身就包含了"历史"。所以柳田的民俗学就是侧重研究下层民众的历史变迁过程的民俗学。柳田国男的民俗学事实上是没有言明的历史民俗学。如福田亚细男所说："正是在这个意义上，说它就是历史民俗学，也许颇为恰当。显然，对于柳田来说，在民俗学这一用语中，已经包含了'历史'在内，因此历史民俗学自然就是多余的了。"① 柳田之后，人们重视现在的民俗学，认为民俗学是研究现实的民间生活，忽视民俗事象的历史研究，这样就给历史民俗学发展留下了空间。

1972 年，樱井德太郎发表了《历史民俗学的构想》。② 樱井德太郎所以提出历史民俗学的构想，在于反省柳田国男的民俗学，樱井通过反思柳田的这些研究方法，提出历史民俗学的概念。③ 认为历史民俗学应该从地域社会复原的角度，将民俗事象置于生活共同体中，以完整地把握民俗事象变迁的历史轨迹。即使地域社会缺乏文献资料，也可以利用观察访谈的传承资料将其类型化，然后对类型进行对比以实现历史顺序的构造。

在提倡历史民俗学方面，日本民俗学家宫田登亦有贡献。宫田登在1989 年，发表了《历史民俗学笔记》，他首先对历史民俗学的领域作了说明，"历史民俗学为标题的一个研究领域，如同佛教学、民俗学、宗教民俗学、都市民俗学、教育民俗学等所有概念一样成立的理论必然产生"。历史民俗学最初的情形是多方面应用历史学文献来构建民俗学研究。其后，结合文献里的民俗史料与传承中呈现的民俗资料，"以此尝试历史民俗学的体系化"④。民俗学追求对"日常性"的理解，历史民俗学强调对历史上日常的民俗事象的观照，同时注意从现存民俗中追溯历史，寻找民俗变迁的途径。"历史民俗学超越了文献与传承的形态差，持续利用'宽松的时间'论与空间性视点来得到'日常性'"。宫田登最后说："历史民俗学立足于真正的历史学与民俗学的结合领域，有关两者的异质性观点在学术性协作关系中扬弃。"历史民俗学理想是要从民俗学的角度对历史社会民俗生活作完整的描述，消除历史学与民俗学的分歧，取消古代、近

---

① ［日］福田亚细男：《历史民俗学的方法》，周星译自《日本民俗研究大系》第一卷《方法论》，日本国学院大学 1982 年版，中译本见福田阿鸠（即福田亚细男）《日本民俗学讲演录》附录三，时代出版社 2008 年版，第 227—243 页。

② 本文是作者在日本信州大学人文学部讲堂讲演稿基础上修改而成，1989 年收入东京：吉川弘文馆《樱井德太郎著作集》第八卷。

③ 本文也收入樱井德太郎编的《灵魂观的系谱》，株式会社讲谈社 1989 年版。

④ ［日］赤田光男：《历史民俗学の研究视角》，《家の传承と先祖观》，京都：人文书院，1988 年版，引自宫田登《历史民俗学笔记》第 201 页，东京：吉川弘文馆，2006 年版。

代、当代的时间段落，沟通古今，以明了今天的日常生活。①

福田亚细男（一译福田阿鸠）是当代日本重要的民俗学家，他曾经担任日本民俗学会会长，对历史民俗学有专门思考，他写了一篇文章《历史民俗学的方法》，收在《日本民俗研究大系》中，这篇文章是迄今为止，对历史民俗学探讨最为深入的论文。他对历史民俗学有一个简洁晓畅的定义："历史民俗学乃是通过并未自觉其为民俗，但却被过去记录下来的民俗资料，从而揭示历史的学问。"历史民俗学是依靠过去的民俗资料呈现民俗历史的学问，那么历史遗留的民俗记录资料就非常重要。福田就此进一步论述"若把过去被记录下来的资料称为'文献'，那么，历史民俗学也就成了文献民俗学"。当然他所谓的文献并不专指文字记录，还应包括各种图像，也不尽是写在纸上，各种金石文字也都属于文献范围。虽然依赖文献研究历史民俗或民俗历史，但历史民俗学是属于民俗学学科领域，因为它注重的是民俗的属性的研究，就是用民俗学的眼光去看待历史的一些现象，也就是说历史民俗学本质上是以民俗学为前提的，不同于一般的历史学。它有一个更细的说明，就是说历史民俗学必须是对超越世代而传承下来的民俗事象研究，它研究超越历史的，延续到现在的，不是完全消亡的。福田强调历史民俗学是过去的文书，或者偶然记录的一种事项，不是说为了研究历史民俗而记的田野记录，它是生活服务的东西，它是一个偶然记录。②

韩国民俗学界基于重视本国文化主体性视角的要求，在 20 世纪 80 年代末开始重视民众生活史的研究，并酝酿成立专门的学术组织，1990 年初正式成立韩国历史民俗学会。在拟定"历史民俗学会"这一名称时，韩国学者"既基于可以首创一种'学'的现实性期待，又立足于当下对作为历史科学的民俗学的现实要求"。因此其会刊也定名为《历史民俗学》（1991）③"历史民俗学"作为刊名标举于学界，这不仅是一面聚集专门学者的旗帜，也是学者交流思想、切磋学艺的阵地。韩国历史民俗学

---

① 本文收入樱井德太郎编《日本民俗学的传统与改造》，东京：弘文堂，1988 年版。

② 以上引自福田亚细男《历史民俗学的方法》，周星译自《日本民俗研究大系》第一卷《方法论》，译文出处同前文所注。第 230 页。

③ 韩国历史民俗学会《历史民俗学》创刊号，"序文"，庞建春译。1991 年版，第 4 页。首尔：理论和实践（이론과실천）。

会的同仁在学会系列活动中，致力于"在书写的历史和不书写的历史的字里行间再构建'生动地生活和呼吸着的民的历史'"。[①] 韩国历史民俗学者这种学术关切，体现了现实社会对本国历史文化认同的精神要求。韩国历史民俗学的学术起点似乎与日本柳田先生相近。

上述日本、韩国学者对历史民俗学的思考与论证，对于中国民俗学学术体系中的历史民俗学建设无疑有着现实意义。基于中国的历史文化传统的中国历史民俗学根基深厚、内涵丰富。

（二）中国历史民俗学概念的提出与创新

中国民俗学的奠基者钟敬文在他的学术生涯中特别重视历史民俗学的建设，他很早就开始了属于中国历史民俗学范畴的研究，20 世纪二三十年代，他就写作了如《中国古代民俗中的鼠》、《七夕风俗考》等民俗史论述，60 年代他的晚清民间文艺研究至今仍为典范。同时他重视对古代、近代民俗文献的整理与研究，如有关《山海经》的民俗文化研究，《楚辞》中神话与传说的研究，《帝京岁时纪胜》中的禁忌研究，以及对《粤东笔记》、《粤风》、《杭俗遗风》的研究介绍，钟敬文还重视域外民俗文献研究，他曾亲自撰写关于朝鲜岁时民俗著作《东国岁时记》的研究文章。钟敬文在历史民俗学相关领域进行了系列拓荒性工作，为后来的研究者准备了学术生长点。

钟敬文先生有良好的民族传统文化修养，又先后接受了西方人类学、社会学以及马克思主义学说，对建设中国特色的民俗学有着自觉的学术意识与执着的情感。他重视中国民俗学与中国传统学术的联系。早在 1983 年中国民俗学会成立期间的讲演中，钟敬文就提出了"历史民俗学"概念。他讨论了民俗学属于古代学还是现代学问题，虽然强调"从民俗学的一般性质来讲，它应当是现代学的"。但他特别指出："我们还有民俗史、民俗科学史要研究和写作呢。对于中国几千年来的、多民族的、风俗发展的历史资料，应当重视并进行整理研究，这就是中国民俗史。两千多年来，我们学界在这方面留下了大量文献，其中有关于风俗的专门著作或者片段的意见，如《风俗通义》、《荆楚岁时记》等专著，都是相当贵重

---

① 韩国历史民俗学会：《历史民俗学》1991 年创刊号，"序文"，庞建春译。

的。……另外关于别的民族的风俗记载文献，如《真腊风土记》，是关于柬埔寨的，内容虽不很丰富，但涉及面较广。对它要不要整理、研究呢？我们的答复是肯定的。这种研究应该叫作'文献民俗学'或'历史民俗学'。"① 由此，我们能够充分体会到钟敬文对历史时期民俗事象的关注与民俗文献整理研究的重视。

20 世纪 80 年代末 90 年代初，钟敬文对历史民俗学有了更深入的思考，他不仅明确地将历史民俗学与理论的民俗学、方法及资料的民俗学并列为民俗学结构体系的三个方面，而且对历史民俗学有了具体的界定：历史民俗学包括民俗史与民俗学史两个部分。对此他有具体的论说：民俗史是"对综合或者单项的民俗事象的历史的探究与叙述，包括通史的或断代的事象的探究与叙述"。民俗学史是"关于民俗事象的思想史、理论史，也包括搜集、记录、整理和运用它们的历史"。② 1995 年在北京妙峰山"中国民俗学论坛"上，钟敬文先生在回答提问时说，"历史民俗学应当包括古代民俗志、民俗史、民俗学史以及其他有关著述"。③ 1998 年中国民俗学第四届代表大会，钟先生发表《建立中国民俗学派》的报告，明确将历史民俗学作为中国民俗学学科体系的三大支柱之一。钟敬文将历史民俗学作为民俗学结构体系重要组成部分的构想，体现了钟敬文基于中国民俗学术传统的学术创见。这在中外民俗学发展史上也是前所未有的学术创新。日本学者虽然在钟敬文之前，提出了历史民俗学的概念，但他们都将历史民俗学作为民俗学诸多分支学科之一，更关键的是他们只是从研究视角上说明历史民俗学，没有一位学者将历史民俗学放置到民俗学体系核心结构中。

钟敬文在历史民俗学领域还进行富有成效的推进工作，他在研究生学位课程中开设"中国民俗学与民俗学史"课程；在博士、硕士学位论文

① 参见钟敬文《民俗学的历史、问题和今后的工作》，杨哲编《钟敬文生平、思想及著作》，河北教育出版社 1991 年版，第 548 页。

② 钟敬文：《关于民俗学结构体系的设想》，1986 年中国民俗学会第二次学术讨论会上的讲演，1990 年整理成文，载《钟敬文文集·民俗学卷》，安徽教育出版社 2002 年版，第 33—47 页。

③ 钟敬文：《谈谈民俗学研究中的几个问题》，载刘锡诚《妙峰山·世纪之交的中国民俗流变》，中国城市出版社 1996 年版，第 3 页。

选题中安排相当数量的历史民俗学研究题目，比如明清民俗文艺史的研究（董晓萍，1989）、现代民俗学思想史的研究（赵世瑜，1997）、《荆楚岁时记》与传统岁时观念的研究（萧放，1999）、《山海经》神话研究（刘宗迪，2001）、《史记》的民俗研究（郭必恒，2002）、泰山香社研究（叶涛，2004），以及新中国成立初十年（1949—1959）民俗文献史（黎敏2007）等，为历史民俗学学科奠定了学术基础。在其晚年还申请承担了最后一个国家课题：中国民俗史研究（2000 年）①，对历史民俗学的建立倾注了极大的心血。

当然在中国历史民俗学建设过程中，还有一些学者进行了重要的学术实践，提出了许多有价值的学术建议与思考。如著名的历史学家民俗学家顾颉刚先生，他早年在历史民俗学领域卓有贡献，如《孟姜女故事研究》、《妙峰山香会的历史考察》等。此外，江绍原的《中国礼俗迷信》、钱南扬的《谜史》、郑振铎的《汤祷篇》、闻一多的《伏羲考》、袁珂的《中国神话史》、张紫晨、王文宝分别撰著的《中国民俗学史》等，都是历史民俗学的重要成果。钟敬文等一批民俗学者为建立中国历史民俗学作出了奠基性的贡献。

从钟敬文及诸多前辈同好的研究中，我们对作为中国民俗学结构体系之一的历史民俗学有了较多的了解与体会，为了让这一学科获得学界同仁认同以及发挥它更大的学术效用，我们不妨对它进行归纳总结，提出若干理论性的认识。

二、中国历史民俗学的定义与性质

（一）历史民俗学定义

中国历史民俗学是关于民俗事象的历史研究与对历史社会民俗事象、民俗记述及民俗评论的研究。就是说中国的历史民俗学有两条研究路径，一是从现存民俗事象出发，对其形成演变进行历史向度的探寻；二是以过往的历史社会时期形成的民俗文献为依据，研究历史时代具有传承性的民

---

① 钟敬文主编：《中国民俗史》六卷本，人民出版社 2008 年版。

间生活文化事象以及对这些民俗事象进行的记录与学理性评论，它通常包含民俗史、民俗学史、民俗文献志三方面。目前我们学界注意到了第一种研究路径，有一定的成果，但更多的侧重于第二种研究。

历史民俗学对于中国民俗学界来说，还是一个新的学术概念，尽管钟敬文先生一再强调，但在民俗学界受关注与被接受的程度并不十分理想，人们多满足于讲单一的民俗史或民俗学史，没有把它当作一门重要的民俗学支学来看待，更没有深入的学理思考。其实，从历史的角度看待民俗学，或者从民俗学的角度去看待历史社会的民俗事象、民俗评论与民俗文献，它将为我们打开学术的新天地，并且它将在历史学、民俗学中间架起合作的桥梁，促成传统历史学科与新兴民俗学科的资源整合，为推出更重大的学术成果打下牢固基础。我们不仅将为目前所见的民俗文化现象找到它的根基，增强民俗学学科的历史研究深度，同时也为我们寻绎出理解民俗传承变迁的理路。况且我们在这里可以找到民俗的富矿，接受我们先辈的智慧启迪。历史民俗学就是帮助我们找回历史社会的"现场"感觉，让我们在传统的情境中体验传统，并清醒地认识我们当下的民俗生活的学问。为了让大家更深地理解历史民俗学的概念内涵，我觉得有必要对它进行辨析。

历史民俗学，是一门新兴的民俗学支学，它是民俗学与历史学交叉融合的结果。在历史学与民俗学这两大学科的边缘地带开拓出历史民俗学这块学术园地，是新时期学问发展的必然结果。学科的交叉与综合是当代学术的趋向，近代以来的学科分裂、学术领地的条块分割严重地阻碍了我们学术研究的深入，不利于学科的健康发展。因此在20世纪末期，传统学术研究出现变化，人们开始重视边缘学科，边缘学科逐渐成为学术主流。

为了解决历史民俗的研究问题，以及探讨历史社会人们对民俗事象的认识，就需要一个兼顾或者说沟通历史学与民俗学的新的学术方向出现，历史民俗学就是在这样的学术背景下产生的。因此历史民俗学的学科性质具有一种历史学与民俗学的综合性质，这种综合性是有机的合成，不是机械的拼接。为何这样说，因为我们是从民俗学的角度去看待历史社会的民俗事象与民俗理论，它既是历史的，也是现代的。我们探讨历史民俗学的目的，不是发思古之幽情，而是为了探寻民众生活文化的演变过程与民众思想的内在逻辑。

（二）历史民俗学与其他相关学科的关系辨析

为了说明历史民俗学的性质，我们先看历史学与民俗学这两门学科有哪些内在的关联与区别。历史学是传统学科，广义的历史学包含一切社会生活与文化创造的研究的学问，民俗自然包含其中。白寿彝先生在《民俗学和历史学》专文中谈到："用历史学的眼光看，各民族的风俗、习惯、信仰和民间文学，都是社会的存在，也都是历史的一部分。"① 但我们一般运用的狭义的历史学，即对过去发生的事件的陈述与研究，日常的民俗事象常常在正统的历史学家的视野之外。但在19世纪末20世纪初的新史学影响之下，历史学开始关注平民的知识、生活事件，由此与民俗学发生勾连。民俗学是关于民间生活习惯的学问，民俗学以当前社会基层民众为对象，研究他们承载的生活传统，是一门以现实生活习惯为研究重心的学问。由于它研究生活传统，而生活传统的形成是一个历史过程，因此民俗学在追溯传统的时候必定与历史学交叉。白寿彝先生曾经说过："历史学的原野和民俗学的原野都很广阔，有好多问题合作起来解决可能更好一些，对这两种学问的发展，可以互相促进。"②

值得说明的是，历史民俗学与其他平行学科的关系，在对历史民俗学与其他相关学科关系的辨正中，我们更能明确把握历史民俗学的学科性质。我们知道与历史民俗学性质最接近的学科有两个，一是历史社会学，一是历史人类学。

首先我们看历史民俗学与历史社会学的关系。历史社会学是从传统的社会学理论研究中逐渐形成新的学术方向，它其实就是用一般社会学理论去理解历史社会中的问题，以及在社会学研究中带有浓厚的历史倾向，重视对社会变迁与社会生活事件的过程与场景的分析。③ 英国社会学家丹尼斯·史密斯（Dennis Smith）在1991年出版的《历史社会学的兴起》（*The Rise of Historical Sociology*）中说："简言之，历史社会学是对过去

---

① 白寿彝：《民俗学和历史学》，张紫晨编《民俗学讲演集》，书目文献出版社1986年版，第62页。

② 同上书，第67页。

③ ［美］西达·斯考切波（Theda Skocpol）编：《历史社会学的视野与方法》，封积文等译，董国礼校，上海人民出版社2007年版，第1—21页。

进行研究，目的在于探寻社会是如何运作与变迁的。"他批评一些社会学家缺乏"历史意识"，在经验方面，他们忽视过去；在观念方面，他们既不考虑社会生活的时间维度，也不考虑社会结构的历史变迁。与此相类似的是一些历史学家缺乏"社会学意识"：在经验方面，他们忽视不同社会的进程与结构的不同；在观念方面，他们既不考虑这些结构与进程的普遍特性，也不考虑它们与行动和事件之间的关系。相反，一些历史学家与社会学家却致力于历史社会学的发展，"探寻过去与现在、事件与运行、行动与结构的互动与交融"。① 历史民俗学虽然也关注历史社会，关注文化现象的历史性，但关注的重点有着明显不同。历史社会学关注的是历史社会的结构、社会问题与历史背景的关联，关注的是当代社会结构的历史变迁过程。历史民俗学关注的是历史社会民众的生活模式与民众主体知识、情感与传统的关系，以及对当代民俗习惯的传承变迁的理解与阐释。

其次我们看历史民俗学与历史人类学的关系。历史民俗学与历史人类学是两个关系密切的学科。二者关系极易混淆，有时甚至可以替换。但如果从民俗学与人类学严格的学科属性看，二者的区别是明显的。人类学是关注他者的文化传统、生活方式以及人类体质特性，文化人类学或者说社会人类学其主要目的在于寻求不同文化的理解与沟通；而民俗学关注的是吾乡吾土吾族中具有传承性生活的文化现象，是寻求自身的文化理解，在当今变化的时代是要为文化主体搭建沟通传统与现代的桥梁，是一门历史性很强的文化研究。简言之，由人类学研究中形成的历史人类学支学，② 其主要特点是运用人类学的理论方法研究异域人群的历史文化传统；历史民俗学则关注本国历史社会平民的日常生活传统与生活模式，寻求与自己的生活文化传统的沟通与对话。

三、中国历史民俗学的范围、特征与研究方法

历史民俗学是具有世界文化意义的新兴学科，近年来国内外学者开始

---

① ［英］丹尼斯·史密斯（Dennis Smith）：《历史社会学的兴起》（*The Rise of Historical Sociology*），周辉荣等译，上海人民出版社 2000 年版，第 4 页。

② 可参考王铭铭《我所了解的历史人类学》，《西北民族研究》2007 年第 2 期。

注意对历史民俗学的研究。但对于历史学与民俗学交叉处生长的新兴学科来说，它要站稳脚跟，就必须明确自己的研究范围与主要研究方向，只有如此，这门学科才能持久。根据历史民俗学的性质，历史民俗学以历史社会中的民俗事象、民俗评论与民俗文献志为对象，这同时也是历史民俗学的研究范围。

（一）历史民俗学的范围、任务与主要研究方向

历史民俗学在中国尤其具有民族文化建设与学术建设的现实意义。中国是一个历史悠久的文化大国，有着西方国家无可比拟的、丰厚的历史民俗文献传统，同时当下的中国又面临着走向现代、融入世界的机遇与挑战，因此历史民俗学在当代中国具有双重任务：

一是对历代民俗文献的搜集整理研究，从前人有关民俗事象的记录、议论、评述中获取有益的启示，以为当今民俗学学科建设提供学术参考与学理的依据；二是对历史民俗文化现象进行当代文化阐释，寻找中国民俗文化的精神血脉，为民族民俗文化主体的建设提供重要的人文资源。

根据历史民俗学的研究任务，历史民俗学具有以下三个研究方向：

（1）民俗史，即民俗文化在历史社会中的变化与演进史。是"对综合或者单项的民俗事象的历史的探究与叙述，包括通时的或断代的事象的探究与叙述"。[①] 民俗史研究侧重从文献资料中抽绎出民俗事象的传承变迁脉络，并对特定时期的民俗情形作总体的综合的研究与分析，指出民俗传承变化的历史特点。民俗史既包括衣食住行的物质生活史，人生仪礼、岁时节日等社会生活史，也包括民俗信仰、民俗文艺等精神生活史，甚至还可以扩大到民间工艺史、民间医药史等方面。

（2）民俗学史，即民俗学学术发展史，研究民俗学史的目的是了解民俗学的起源和演变过程，了解前人在民俗学发展过程中所作的工作，总结出民俗学发展的一般特性。中国民俗学史分古代民俗学史与近现代民俗学史两大段落。古代民俗学史是古代中国学者文人关于民俗事象的思想

---

① 钟敬文：《关于民俗学结构体系的设想》，1986 年中国民俗学会第二次学术讨论会上的讲演，1990 年整理成文，载《钟敬文文集·民俗学卷》，安徽教育出版社 2002 年版，第 39 页。

史、理论史，也包括他们搜集、记录、整理民俗文献的方法史。如"三礼"中的礼俗观，《山海经》与上古人民的民俗观念，司马迁的民俗见解，班固、应劭的"风俗"定义，王充《论衡》的民俗记述，《淮南子》关于民俗的论述以及古代民俗志作品中体现的民俗观点等，都是我们研究民俗学史应该关注的重点。现代民俗学史重点探讨民俗学作为一门现代学问在中国形成与发展的历史。如对五四歌谣学运动的研究、中山大学民俗学会研究、杭州中国民俗学会研究、抗战期间西南民俗调查工作、西北民间文艺采风的研究，以及新中国 60 年的民俗学研究等，对于不同历史段落的主要人物、活动及出版物都应该给予关注与评价，这对于今天的民俗学学科建设有着重要的现实意义。

（3）文献民俗志，即历代撰述的记叙与反映民俗生活的民俗文献，民俗文献既重视传统的文献典籍，注意利用其中的有效信息，同时也根据民众生活的实际，放开眼界，关注民众生活中非典籍形式却具有重要生活服务价值的民俗生活文献。所以文献民俗包括两大部分，第一类是历代文化人的有关民俗的记录，如岁时记、风土记、地方民俗志、全国风俗志、笔记小说、竹枝词等；第二类是各种民众生活中实用的活态文献，如民间唱本、宝卷、水利册、碑刻、家谱、契约文书等。

中国民俗学的发荣滋长离不开中国历史文化这块沃壤，而历史民俗学在认识、总结优秀民族民俗文化上有它特定的优势，因此，钟先生所倡导的中国历史民俗学研究具有广阔的学术前景与深远的理论意义。

（二）中国历史民俗学的学科特征

历史民俗学是以历史社会民俗事象为主要研究对象，其学科特征大体可归纳为以下三点：

（1）重视古俗与今俗的关联研究。历史民俗学重视过程中的民俗事象，关注民俗事象的历史性与现代性，对于起源于古代而今天在民众生活中依然以基本相似或者变化的形式存在的民俗事象予以特别关注，以研究其传承与变化的脉络。如传统节日，中国传统节日体系形成于汉魏时期，至今已有约两千年的历史，人们按照夏历固定的时间、周期过节。节日习俗内容与民众过节的心态虽然发生了不小的变化，但人们依旧利用大体相近的民俗仪式，以表达对祖先的崇拜与对家人、亲邻的友爱，对自然的亲近与对未来幸福生活的祈盼等。民俗传统让我们的社会成员保持着紧密的联系性。历史民俗学对古今民俗的比较研究就在于理解辨明民俗生活的内在特性与文化逻辑。再如一些古老的庙会也体现着民俗的传承与变化，陕西岐山周原周公庙建于唐代，历代相传，那里有三月庙会，庙会主要祭祀姜嫄，姜嫄是周人的始祖，人们祭祀她，既是对祖先的感念，还是祈求生殖力的重要方式，周原庙会至今仍为地方社会文化节点。

（2）关注历史社会民俗生活类型的传承。历史民俗学以民俗学基本理论分析研究历史社会民俗生活习俗，特别是对在历史社会中重复出现的具有类型性特点的生活民俗予以特别关注。在中国传统民俗中，类型性的民俗生活事象主要集中在岁时节日、人生仪礼与口承传统上，对于这些类型性的民俗生活的起源、形成与渐变予以专门的考察，有利于我们把握整体的社会民俗形态。对民俗生活类型传承特性的研究是历史民俗学与一般历史学关于社会风俗史研究的区别所在。民俗生活类型的研究要求历史民俗学在研究中重视类型的内部结构与其功能性特点，形态研究与历史研究在历史民俗学中相得益彰。如传统婚俗模式中贯穿始终的是男女双方家庭间的礼物流动，无论礼物的形态如何变化（鹿皮、绢帛、金钱等），其财物补偿与婚姻保障的基本功能没有改变，男娶女嫁的婚俗基本程序照旧。

（3）重视对历史社会生活文化事象时代特征的阐释。在一般的民俗研究中，人们关注民俗社会自身的存在，对外在的上层影响不大关心。而历史民俗学关注民俗的时代性，因此政治权力对民俗的影响应该纳入历史民俗学的关注范围。正如福田亚细男所说：时代变迁与民俗变迁在总体上有一定的关联性。以往民俗学研究中排除政治权力、政治统治、政治斗争，现在应该考虑将政治问题组合进历史民俗研究中，"历史民俗学带有将政治统治也纳入视野之民俗学的新特质"。① 这是历史民俗学的学科特性。在中国历史民俗学研究领域尤其应该重视政治统治对民俗社会的影响，传统中国上层统治者注重社会伦理教化、统治者的思想与价值观常常通过各种方式渗入基层社会之中，王朝的更替与时尚风气的转移，往往影

---

① ［日］福田亚细男：《历史民俗学的方法》，周星译自《日本民俗研究大系》第一卷《方法论》，译文出处同前。

响到一般民众，因此民俗也常常或多或少地显现出时代的印记。历史民俗学的任务就是要研究历史民俗的时代特性，辨明民俗传统传承变化的轨迹。同时，我们应重视对传统社会中主流阶层民俗观的研究，总结他们对待民俗文化的态度与认识，以明了民俗文化在历史社会的处境与整体文化中的位置。

以上三点是中国历史民俗学区别于一般民俗学的学科特征。

（二）中国历史民俗学研究方法

历史民俗学通过对历史上留存下来的文字与有形资料以及一定的口承传统资料中所记录或反映的民俗事象与民俗见解的研究，揭示民俗史与民俗学史的发展演进过程，以及民俗文献志的基本情况。历史民俗学研究方法为：从历史文献入手的研究（文献学）方法（以历史时期的民众生活文献与特定民俗记录为基本依据的还原性研究）、文本阐释方法（对历史民俗与民俗观念的文化学的诠释）与田野调查方法，辅之以其他一般方法，如归纳法、统计法等。

由于历史民俗学包含的民俗史、民俗学史与文献民俗志各部分有具体的学术个性，因此在运用具体研究方法时也会有适当的选择。根据民俗史研究的对象，钟敬文提出了民俗史研究与现代民俗研究的不同方法，他说：民俗史侧重从文献中搜集资料，因此要对资料进行辨伪、考订，再用唯物史观对所描述出来的事实进行分析综合，民俗史的编著主要采用历史考索和叙述的方法。钟敬文没有特地指明研究民俗学史的方法，不过从他的思想精神看，大概与研究民俗史方法类似，首先是文献资料的搜集、整理，其次是从一般民俗理论原理出发，对历史上的个人与著述进行理论的分析与阐述。[①] 文献民俗志的研究方法，主要是对民俗文献文本分析，并在可能的条件下，复原民俗文献使用的社会语境，在民俗生活中看待传统民俗志的社会功能与文化价值。

在历史民俗学研究中最基本也最主要的方法是重视对历史社会民俗经典的阅读与分析（包括民俗史、民俗学史与民俗文献志）。通过对民俗经

---

① 《关于民俗学结构体系的设想》1990 年整理成文，载《钟敬文文集·民俗学卷》，安徽教育出版社 2002 年版，第 33—47 页。

典的精读，我们不仅可以总结当时文人学者记述民俗的方式与对民俗的态度，研究它在传统社会民俗文化传承过程中的历史地位与社会文化价值，同时也可以看到民俗经典在中国传统社会不断地传承并成为民俗生活持续发展的文献依据与精神保证。如中国最早的系统岁时记录《荆楚岁时记》自其成书之后，不断地被各种讲述岁时民俗的著作引用，被人们用来讲述今天节日的历史依据，直到晚清时期，湖北安陆县志仍然对比着《荆楚岁时记》写安陆岁时民俗。① 后人还续写了《荆楚岁时新记》、② 《新荆楚岁时记》③ 等。这种连续性的文献记述本身就是一种精神文化的传承，而且它还有修复与接续生活传统的重要作用，中国民俗的传承除了非文字的口口相传外，超越个体、时代的文献同样为民俗知识传递与精神文化的再造提供了重要载体。

从历史民俗学的研究对象、范围与研究方法看，它在科学研究中具有独特的学术功能：第一，重视从历史社会整体的角度把握民俗文化事象，它有利于打通上下层文化研究的分离，活化民俗文化之间的互动与联系。一般民俗学研究偏重于社会下层，它通过现实的田野工作，对普通人的生活方式进行调查研究。历史民俗学因为研究对象时间的间隔与资料范围的限制，更重要的是传统社会政治文化传统对基层社会的影响，社会不同层位间的文化关联程度较强，因此历史民俗学在研究过程中，重视整体生活文化传统的综合研究，加深人们对历史社会民众生活文化的传承与变异的理解，为我们整体把握历史社会的进程与节奏提供了观测的方向与理解的基础。第二，扩大了历史学与民俗学的资料范围，实现了文字文化与无文字文化的联通。历史民俗学将传统历史研究忽略的反映民众心态与行为的非官方的口头与有形文化资料纳入研究范围，同时也使从前单一的无文字阶层的民俗研究在一定程度上扩大到利用文字资料。从中国传统社会的实际情况看，文字传统有着强大的影响与效力，民间社会也在部分运用文字文化为自己的民俗生活服务，如家谱、契约、碑刻等。因此对中国历史民俗的研究可以实现文字与无文字资料的联通作业，这无疑是对中国传统文

---

① 参考萧放《〈荆楚岁时记〉研究——兼论传统中国民众生活中的时间观》附录一，北京师范大学出版社 2000 年版，第 242 页。

② 《艺风》1934 年第 2 卷第 20 期。

③ 韩致中：《新荆楚岁时记》，上海文艺出版社 2003 年版。

化研究的重要拓展。

中国历史民俗学突破了一般历史学对上层文化研究的偏重，也突破了一般民俗学忽视社会上层文化影响的局限，同时重视民俗事象内在关联的考察。历史民俗学是一门学术作用明显的新型学科，值得我们去建设与发展。

历史民俗学对于中国民俗学发展来说，不仅是一个学术结构问题，还是一个具有现实价值与意义的课题，钟敬文先生曾在博士生导航课《中国民俗史与民俗学史》课程中说："一个中国民俗学者更要熟知中国的民俗史，熟知历史上前人的著作。中国民俗史著作中的思想观念与西方理论相比，会有许多不同的地方，总的说来，在对中国民俗的记录和感受上，中国人毕竟有自己的独到之处。""民俗学是人文科学，人文科学的人文现象是有自己的出生地的，绝不是风中的蒲公英，没有根须。现代社会强调高科技，但也不能忽视民族的人文文化。……大家要明白，历史不仅仅是一种知识，还是一种教养、一种义务、一种道德，我们应该对学习历史有自觉的要求。"① 在当代中国，历史民俗学除了学术意义外，还承担着认知民族文明、沟通古今、关注日常生活、整合社会的现实功用。②

---

① 钟敬文主编：《中国民俗史》六卷本，总序，人民出版社 2008 年版，第 4 页。

② 参考高丙中《民俗史的价值和意义》，原刊《八年铸一剑，群贤话春秋》，《民俗研究》2009 年第 1 期。

神话怎样与历史纠结:三个地名引出的故事

北京大学教授　　王邦维

先说明一下,这个题目,我在今年 7 月北京大学举办的东方文学暑期学校已经讲过一次。为什么还讲,是董晓萍老师的指示。我要讲的内容大部分与上次一样,不过为了使我的题目与北师大暑期学校的题目靠近一点,也增加了一点新的内容。

先说题目。这个题目也许比较另类,什么"传说与历史纠结",什么"三个地名",还有什么"引出的故事"。大家可能会觉得有点怪,这究竟想讲的是什么啊?

题目的第一句话,我先不解释,但第二句话我应该先做说明,哪三个地名呢? 分别是:大理、犍陀罗、坎大哈。

这三个地名,第一个大家大概都知道,后面两个可能有的同学就不一定熟悉了。

第一个大理,大理在中国的云南,是国内著名的旅游胜地。

第二个犍陀罗。这指的是一个地区,是古代印度的一部分,在古印度的西北部,今天的巴基斯坦境内。犍陀罗是中国古代翻译的名字,一般人不熟悉,但对古代的中国人,尤其是佛教徒,对印度有点知识的,知道这个名字的,也不少。佛教造像,塑或雕刻释迦牟尼的像,最初就是从犍陀罗地区开始的。犍陀罗的造像,被称作犍陀罗艺术,很有名,研究艺术史的人都知道。

第三个是坎大哈。坎大哈也是一个地区的名字,在今天阿富汗的南部,与巴基斯坦邻接。如果说有什么出名的,那就是这些年新闻中不时会提到，那里阿富汗塔利班的势力很强，经常会跟美军发生战斗，经常发生爆炸。

大家可能要问：这三个地方，相互之间距离千里甚至万里，怎么会扯到一起来呢？这就是我要讲的"引出的故事"。

把这三个地方扯在一起的是一部书，这部书的名字叫《史集》。在研究古代世界史，尤其是古代亚洲的历史，特别是蒙古历史，更广泛地说是在近代东方学的研究领域里，这是一部很有名的书。书用波斯语写成，作者是古代伊朗的一位学者、历史学家，也是当时统治伊朗的伊儿汗王朝的丞相，名字叫拉施特。

我先简单地介绍一下拉施特。拉施特这个名字，波斯文的写法是Rashid-al-Din Hamadani，他生于 1247 年，死于 1318 年。拉施特除了做过伊儿汗王朝的丞相，政治上有重要的经历外，他一生最有名的事，就是他受伊儿汗国第七代汉王合赞汗和第八代汗王完者都汗的委托，在一些学者的协助下，编撰了一部书，书名叫作《史集》（Jami' al-tawarikh）。这部书写成于公元 1300 至 1311 年之间，部头很大。书的内容，虽然是以当时的蒙古史为重点，但同时也全面覆盖了那个时代亚欧地区主要民族和主要国家的历史。可以说是世界上第一部世界通史，内容非常丰富，也差不多可以说是当时亚欧历史的一部百科全书。只是在中国知道的人不是很多。

《史集》的内容，蒙古史的分量最重，是书中最重要的一部分，这是写书的背景决定的。整个背景，我需要说明一下。这牵涉到亚洲的历史，尤其是伊朗和蒙古的历史。

公元 13 世纪初年，蒙古在中国北边的蒙古高原兴起，蒙古的领袖成吉思汗首先统一了蒙古的各个部落，建立了蒙古帝国，然后率领他的军队，开始了大规模的征战。在此后的大半个世纪中，蒙古人征服了亚洲的绝大部分地区，最后也包括中国的汉族地区，也就是灭了南宋。

灭掉南宋，在蒙古人的征战中，不算最大的成就，最大规模的军事行动是蒙古军队的西征。从公元 1218 年到 1260 年，前后四十多年，成吉思汗，后来是他的几个儿子和孙子，连续发动了三次极大的军事行动，征服了中亚、西亚极为广大的一片地域，最后打到了欧洲的东部，今天的俄罗斯及匈牙利一带，由此建立了一个世界历史上前所未有、横跨欧亚的庞大的蒙古帝国。

　　不过所谓的蒙古帝国，只是一个总称，除了后来以北京为首都，作为蒙古帝国的中心的元帝国，在西亚和中亚以及东欧，是四个相对独立的汗国，也就是钦察汗国、察合台汗国、窝阔台汗国和伊儿汗国。钦察汗国后来又称作金帐汗国。与拉施特有关的，是伊儿汗国。伊儿汗国是成吉思汗的孙子旭烈兀所建立的，统治的地域包括今天的伊朗和伊拉克以及伊拉克以西的一大片地区，中心在伊朗。拉施特做过伊儿汗国的宰相。

　　在这样的背景下，亚洲和欧洲的一部分，在蒙古人的统治下，连成了一片。拉施特写的《史集》，就成为了一部世界史，不仅记载了有关蒙古历史的很多事，也记载了不是蒙古，但是是在蒙古统治之下，或者与蒙古有关的各个国家、各个地区的历史。在中古波斯文献中，这部书也成了一部最著名的史学作品。成书以后，就受到学者们的重视。到了近代，研究的学者很多，研究的成果也很多。

　　在近代以前，中国以外的国家，很少有人在书中讲到中国的历史，更没有人写过专门讲中国历史的书。但《史集》是个例外。《史集》中有一部分，专门讲中国，主要就讲中国史，这一部分叫作《史集·中国史》。我今天讲的三个地名，就出现在《史集·中国史》的书中。

　　《史集》是波斯文写成的，关于蒙古的部分以前有中文的翻译，但不是从波斯文翻的，而是从俄文的翻译，再翻译为中文。《史集·中国史》则一直没有翻译，直到前些年，我的同事，北京大学东方学系的王一丹，一位女教师，在德黑兰大学留学，读博士，博士论文研究的就是《史集·中国史》。她在德黑兰用波斯文出版了她的博士论文，2006年又在国内出版了中文的《史集·中国史》。我不懂波斯语，这里介绍和引用的是王一丹的汉译本。

　　《史集·中国史》开首的部分，介绍中国整个的地理概况，其中讲到中国的西南地区，汉译文是：

　　　　在乞台的西南方还有一个地区，名叫大理（Dāy Līu），蒙古人称之为哈喇章（Qarājānk），忻度人称之为犍陀罗（Kandhar），义为（大国），在我们这里叫做罕答合儿（Qandahār）。

　　乞台是蒙古人对女真人建立的金国的称呼。Dāy Līu 就是今天云南的大理，这没有问题。忻度人就是印度人，这也没有问题。这里的问题只在于，拉施特的书中，为什么要说印度人把大理称作犍陀罗（Kandhar）。前面说了，犍陀罗在古代印度的西北部，这个名字怎么会跟中国的大理联系在一起呢？另外，罕答合儿（Qandahār）就是今天一般翻译的坎大哈。波斯人为什么又会把大理说成是印度的犍陀罗，再说成是在阿富汗的坎大哈呢？

　　20 世纪法国有一位研究东方学，包括汉学很有名的学者，名叫伯希和。伯希和在中国其实也很出名。清朝末年到中国的敦煌，把敦煌莫高窟藏经洞里古代的写卷和其他一大批文物骗走，运到巴黎去的，也就是这位伯希和，因此他常常挨我们的骂。但伯希和确实是一位知识非常渊博的学者，著作很多，成就很大。他懂很多亚洲的语言，早就注意到了《史集·中国史》中的这个问题。伯希和有一本书，名叫《马可波罗游记注》，是他去世后出版的。在《马可波罗游记注》里，伯希和就提到拉施特的书中的这一段。伯希和说，这与佛教有关。伯希和的解释是：

The "Indian" (hindī) name of Qara-Jang is written "Kandar" and "Qandar" by Rašīd. It is certainly wrong to correct those forms to "Kandū" and "Qandū", as was done by Blochet (Bl, II, 365, 376). Blochet saw in "Kandū" Polo's "Gaindu" and, through an impossible jumble of Thai and Burmese forms, tried to explain "Gaindu" as also meaning "Great Kingdom". But the latter meaning, given in Quatremère's translation, does not occur in Blochet's own text (Bl, II, 376, n. a) and seems to be a wrong reduplication of the gloss on Dai-liu. What Rašīd really refers to is Kandar (or Gandar), the Indian form regularly derived from Gandhāra, and this is confirmed by what he says that "we" (i. e. the Moslems) call it Qandahār. The name Qandahār has three main meanings (c. f. Yule, *Hobson-Jobson*, 154; Hallberg, 109; *Mi*, 502): (1) the port of Ghandhār in the gulf of Cambay; (2) Gandhāra, the well-known region of the upper Indus; (3) Candahar in western Afghanistan (in Fra Mauro's map, two at least of these "Candar" or "Chandaar" appear, one being "Chandaar mazor" and the other "Candar menor"; but owing to repetitions by a later [?] hand there are in fact five mentions of the name) A fourth must be added, which Rašīd occasionally mixed up with the real Gandhāra, and that is the Ta-li kingdom (cf. Yule, in *JRAS*, NS, IV, [1870], 354 – 356). In *BEFEO*, IV, 157 – 169, I have shown that not only the name of Gandhāra, but also many other names and legends had been carried from India to the Ta-li kingdom in the early Middle Age and found pious, though fictitious, identifications in that region of south-western China. The Ta-li kingdom was a Buddhist kingdom, but it owed its Buddhism as much as direct propaganda from India and Burma as to the influence of Chinese Buddhism.

伯希和向来以知识渊博著称，眼光敏锐，常常洞察入微。他渊博的知识和学术背景让他感觉到，在云南的地名中，有一些跟佛教，甚至也跟印度有联系。他有这样的看法，不奇怪。伯希和的看法很准确，这件事显然与大理地区的佛教和长期流传的印度佛教故事有关。但是，伯希和没有提出支持他的看法的具体根据。我们是不是应该找出支持这样的推断的根据，为二者之间的联系找到更具体的材料呢？下面就是我要讲的具体根据，也是我做的工作。

佛教产生于印度，什么时候传到大理地区，现在不是太清楚，估计是在南诏时代的后期。佛教传入大理地区，至晚从元代开始，在大理地区就有了包括观音降伏罗刹、释迦牟尼在点苍山说法、阿育王为白族始祖等等一系列传说。这些传说，在元代及其后的文献中都有所记载。目前能够追溯到最早的是《白古通记》。《白古通记》原书早佚，但书中的一些片段保存在后代的文献中。举其中的几段为例：

> 昔洱河之地，有罗刹一部出焉。啖人睛、人肉，号罗刹国。观音愍其受害，乃化为梵僧，牵一犬自西天来，历古宗、神川、义督、宁北、蒙茨和，入灵应山德源城主喜睑张敬宗。敬，罗刹贵臣也。见梵僧仪容，深礼敬之，介以见罗刹王。王甚喜，乃具人睛、人肉供之。僧辞曰：不愿肉食。王诚眷礼，愿受隙地为一庵居。罗刹许之，且曰：广狭自裁。僧云：止我袈裟一展、我犬二跃之地足矣。罗刹笑其

少。僧云：王勿后悔，请立契卷。倾国观者百万人。既成契约，僧解袈裟一展，盖其国都；叫犬令跃，一跃尽其东西，再跃尽其南北。罗刹张皇失声曰：如今我无居地矣！僧曰：不然，别有乐国胜汝国。乃幻上阳溪石室，为金楼玉殿，以螺为人睛，饮食供张百具。罗刹喜，遂移居之。一入而石室遂闭，僧化为蜂由隙出。自此罗刹之患乃息。今此山及海东有犬跃之迹存焉。

（点苍山），释迦牟尼说《法华经》处。

阿育国王娶天女，生三子。长曰福邦，季曰至德。封二子于金马、碧鸡，俾分主其地。

阿育王次子弘德，居苍洱，为白饭王，是为白人之祖。

所有这些，当然都是神话性质的传说，但这些传说把大理的一些地名跟印度直接联系到了一起，典型的例子还有今天宾川县境内的鸡足山：

鸡足山，上古之世原名青巅山。……迦毗罗国净梵大王因其山形像鸡足，遂更名为鸡足山，名其洞曰迦叶洞，后讹为华首门。阿育王时，敕长者明智、护月、李求善、张敬成等，来创迦叶、圆觉、龙华、石钟等庵，即为名胜之始。

但是，在所有这些传说中，与《史集》最有关系的一句话是：

苍、洱之间，妙香城也。

这一段出自嘉靖《大理府志》卷二《古迹》条引的《白古通记》。妙香城就是"犍陀罗"。有的书中，大理也称作"妙香国"。"犍陀罗"一名，梵文的原文是 Gandhāra，意思就是"香"或者"香气"。《白古通记》中其他类似的段落还有一些。

《白古通记》原文是白文。我们现在见到的，实际只是汉文翻译的一些段落，翻译的时代大概是在明代。《白古通记》成书的年代，一直有争议。旧说认为是唐代的著作，但实际上恐怕没有这样早。研究云南地方史的学者王叔武，认为成书不能早于元初。这或者是比较稳妥的一种说法。在《白古通记》之后的云南地方文献和地方志中，都提到了类似的传说或故事，有的把大理甚至云南称为"妙香佛国"，追本溯源，大多来自《白古通记》。

这样的传说是怎样发生的呢？阿育王是谁呢？阿育王是印度古代孔雀王朝的第三代国王，时间是在公元前 304 年到公元前 232 年。他是印度历史上最著名，也许还是最伟大的国王。在佛教的传说中，他支持佛教，是佛教的护法大王。佛经中有关他的传说很多。梵文的佛经中有 Aśokāvadāna，汉译佛经中有《阿育王经》和《阿育王传》。总之，他的传说为佛教徒所熟知。汉族地区不说了，在大理，明代以前汉族不多，在宋元时代，这里居住的主要是白族。《白古通记》记载的就是白族的传说和历史，其中讲到白族的起源，把它与阿育王的神话传说连在一起。

但是，成书的时间不等于故事形成的时间。把云南的大理跟印度的犍陀罗联系在一起，这件事的发生，显然比《白古通记》成书的时间更早。因为佛教实际上在南诏时期，也就是在唐代的中后期，就已经传到了大理。佛教的传入，是这些故事形成的基础。只是明代以前的云南本地文献，尤其是地方民族的文献，存留至今的极少，因此相关的资料寻找不易。

大理地区的佛教，历史上主要有两个来源，一是从东南亚地区乃至印度直接传入的，包括密教或带有强烈密教色彩的佛教，在大理形成后被称作"阿吒力教"；二是从汉族地区传入的汉传佛教。把大理与印度直接联系在一起，出现类似观音降伏罗刹、释迦牟尼说法、阿育王教化大理一类的故事，与前者有密切联系。这样的事，在文化已经高度成熟的汉族地区很难发生，但在东南亚地区的国家，例如柬埔寨、泰国以及缅甸的历史中则有大量类似的情形。因此，在中国，这样的故事只可能在少数民族——这里具体地讲是白族——中形成。今天的中国，作为一个政治实体，由多个民族构成，中国的少数民族，其中一些，在构建自己的历史的过程中，形成这样的传说，一点不奇怪。

这样一来，大理就有了另一个名字，香国，用印度的语言还原回去，就是犍陀罗。但是，是谁，在中国发现了叫这么一个名字的地方，同时还能把这个名字与相应的印度名字还原出来，再把这个说法又回传到波斯去的呢？这个问题，也可以这样来问：在中国已经存在大理就是犍陀罗的说法的前提下，拉施特是通过什么途径获得这样的信息的呢？考虑到拉施特时代东亚、南亚、中亚和西亚的国际形势，我觉得有这样几种可能：

第一，蒙古人。

蒙古军队在宋末元初对大理发动了大规模军事行动。忽必烈在元宪宗三年（1253）率军抵金沙江，"乘革囊及筏以渡"，破大理城。次年，攻破押赤城（今昆明），段氏政权灭亡，大理以及整个云南从此直接归属于元。蒙古人因此了解大理的情况。拉施特时代的波斯，是在蒙古人的统治之下。蒙古人在广大的中亚和西亚地区已经建立了一个完整而有效的政治和文化管理体制，东亚的中国，也在蒙古人的统治之下，各个地区之间的信息沟通似乎相当有效。

第二，印度或其他人，包括与波斯关系密切的色目人。

元代以前，大理就有印度人在活动。这就是传"阿吒力教"的阿阇黎，其中有一部分是所谓的"梵僧"。这些"梵僧"具体是什么人，还可以研究，不过其中包括一部分印度僧人，恐怕没有问题。有关这些梵僧的文字记载并不多，也很笼统。

虽然元代以前的"梵僧"，我们目前还找不到具体的名字。但元代来到中国又曾经在云南活动的印度僧人中有一位却很有名，名字叫指空。指空来中国，正好是这个时候。指空在中国游历了许多地方，其中在云南停留的时间最长。

至于其他人，这个时期的另一位有名的人物顺便也应该被提到，那就是马可·波罗。根据《马可·波罗游记》，马可·波罗在公元1287年前后到过云南和缅甸。根据中国学者的研究，有史料表明，马可·波罗在至元二十八年（1291）初离开中国，护送元朝的一位公主出嫁到波斯的伊儿汗国，马可·波罗到过波斯。有意思的是，这与拉施特在时间上刚好重合。只是我们目前没有更多的证据，不好作出更多的结论。

第三，从"中国史书"中或中国人方面得到的信息。依照拉施特在书中自己所讲，他写书时，依据的是两位中国"贤人"从中国带到波斯去的中国史书。这部中国史书又是由三位中国佛教僧人编撰的。但这部书究竟是中国的什么书，却很不清楚，至今很费猜想。早些年有位德国学者做研究，认为时代相近，内容上也与拉施特书最接近的是元代的《佛祖历代通载》。但《佛祖历代通载》写成的时间与拉施特著书的时间上有差距，拉施特著书的时间要早三十多年，因此拉施特不可能直接参考《佛祖历代通载》。拉施特参考的，应该是其他的书，只是我们现在还不知道究竟是什么书。

因此，要是让我来作推测，我觉得三种可能中，第二种的可能性最大，第一种次之，最后一种的可能性最小。因为"妙香"一名，在拉施特那里，需要先还原为印度的原名 Gandhāra，再转换为波斯文的 Kandhar，拉施特才能把它写进他的书里。在这个过程做这种转换的，到过大理的印度人最有可能。上面已经讲过，在蒙古统治大理的时期和此前，在大理有印度人活动。与其他西域来的各色人等一样，这些印度人大多到处游历，足迹走得很远。其次也有可能是蒙古人或其他色目人。他们同时与大理的当地人和印度人接触，在那个时代，他们掌握多种语言，可以提供这种转换的条件。

总结起来讲，不管怎样，通过以上的讨论，我们可以进一步确认，在拉施特的时代——其实也许更早一些——在云南方面，的确有把大理称作犍陀罗的说法。这样一个名称，在蒙古人统治的地区，被广泛认可，最后传到了伊朗，于是拉施特把这个说法写进了他的书中，这就是 Kandhar 一名的来源。这说明，拉施特撰写《史集·中国史》时，他的信息源是多方面的。把大理或云南称作 Kandhar，在《史集》里，也不限于中国史部分，有关蒙古史的部分也是一样。

从另一个角度讲，上面讨论的那些材料说明，被认为是在元代甚至明代成书的《白古通记》，即使成书较晚，其中记载的传说，所形成的时间也比元代早，当然更早于明代。

最末的一个问题：拉施特说，印度人把大理称作犍陀罗，作为波斯人，则把大理称作罕答合儿（Qandahār），就是今天翻译的坎大哈，这又是为什么呢？

这个问题其实不难理解。坎大哈历史上属于所谓"大犍陀罗"的一部分，波斯人到犍陀罗，往往先是到达坎大哈，于是他们把犍陀罗也称作坎大哈。既然印度人把大理称作犍陀罗，在波斯人的眼中，大理也就可以称作坎大哈。中国的大理，古代印度，也就是今天巴基斯坦的犍陀罗，今天阿富汗的坎大哈，三个地名，就在这个节点上联系到了一起。

这就是我要讲的地名背后的故事。这个故事实际上反映了古代，尤其是在蒙古人统治中国，又统治中亚和西亚的时代，不同民族、不同地区文化交流的历史，虽然只能说是一个小小的片段，但却涉及宗教、语言、神话、传说以及历史各个方面的问题。小题目反映的是大场景。

讲到这里，我们是不是可以这样做一个总结：大理的白族，因为信仰了佛教，一度把印度的阿育王看作他们的始祖，这是把神话与历史纠缠到了一起。不过，由于白族历史上还有自己的传统，又在佛教文化，以及既包括佛教也包括非佛教成分的汉文化几个方面的影响之下，有关白族的族源，除此之外，也还有其他的传说。分析这些传说互相之间的关系，很有意思。有意思的当然不只是白族。离云南大理的白族地区不远，就居住着很多藏族。与白族族源的传说相似的，是藏族族源的传说。藏族自己的传说，藏族是猕猴与罗刹结合的后代。这当然也是神话故事，有很多学者也讨论过。

最后，我想以一句话作为结语：古代不同民族之间，从文化交流的角度看，神话与传说、神话与历史相纠结的现象其实在很多地方都存在。如果我们认真地做考察，会发现很多有意思的东西。这样的研究，涉及多方面的问题，与多种学科有关。

解释模式、态度、视角，文化相异性研究方法的探讨[*]

法国阿尔多瓦大学教授　金丝燕

在 20 世纪 90 年代初，在文化与文本研究领域，一种并非为主流的文化相遇批评视角在美国和欧洲出现。该批评视角重视区分文化相遇中的两种解释模式：冲击—反应（choc-réaction）、接受—选择（réception-sélection）。由此而产生两种批评模式。

法国汉学家汪德迈为代表之一。法国学者汪德迈先生提出要在研究中区分"忍受的文化"和"选择的文化"（la culture subie et la culture choisie）。^① 这涉及对本文化和对"他者"文化的态度。

冲击—反应（choc-réaction）型的文化接受，其性质是忍受性的，是"忍受的文化"（la culture subie）。忍受的文化由文化交流比较直接相碰的要素沉积而成。研究者重视的是被他者冲击而产生的反应。忍受的文化的特征是重力大于活力，受者需要借助给予者的力量"得到"活力。

接受—选择（réception-sélection）型的文化接受，其性质是选择性的，是"选择的文化"（la culture choisie）。选择的文化是那些竭尽全力挣脱忍受的文化的人所创造的文化，他们寻根溯源，在各文化的产生中寻找令他们感兴趣的东西。在这个层面上，接受研究领域里关于异托邦的研

---

　* 本文为作者《跨文化研究新学科建设》系列论文之六。

　① 参见汪德迈《我之汉学研究的方法论问题》，张新木译，《跨文化对话》2008 年第 23 期，第 209—214 页。

究有意义。

文化批评，存有两种不同的视角。一种是基于相同性的观点，即从各文化的相同性出发，寻找相同点，以此为基点，凸显文化的独特性。相异性是认为制造的神话。

另一种是基于相异性的观点，认为研究文化相同性与共同背景无助于对他者文化与人类经验的认识。应该从人类文化的相异性出发，去捕捉差异、对比差异，解释产生差异的起源。比如中国文字何以与西方文字不同？其对思想模式的形成有怎样的影响？中西文化的分歧起源何在？中西文化相遇何以可能？中国文化与其他文化之间存在何种异托邦现象？

跨文化领域的文化相异性研究，包含冲击抑或接受的两种解释模式、忍受抑或选择的两种基本态度、相同性抑或相异性两种视角。

反应（réaction）理论面对的是忍受的文化这一现象。接受理论与期待视野研究（horizon d'attente）研究选择的文化所产生的异托邦现象。

跨文化研究作为一个新的学科，其视点不在国别文学还是区域文学。跨文化研究的思路可以用"文化异托邦"（hétérotopie culturelle）的命题提出，即对文化的相异性、生成性对话的形态进行研究。

首先是跨文化研究的定义问题。跨文化研究是一个平台？一个学科？一种方法？一种态度？一个运动？一个文化批评的新学科？目前对此，批评界各有观点，莫衷一是。

在具体研究方法上，则有规则可循。首先是大框架，历时性（diachronique）与共时性（synchronique）同时进行。其次是多种批评理论并用，如接受研究、文本、泛文本、文本生成性批评、史学批评、社会学等。文化相异性是跨文化研究的平台。纵向：本文化与至少一种另一文化的历时性角度。横向：本文化与至少一种另一文化的共时性角度。文化身份在这样的对比和冲撞中逐渐显现。文化身份不是一个身份证件，它是一个活动的、难以圈定边界的进行时。

无论何种文化相遇与批评方法，在法国，跨文化研究与其他人文学科的研究相同，通过案例研究进入，可以是多方位的。如用内部批评法，即文本批评；外部批评法，即历史性、环境、泛文本，总体研究—影响、平行、接受（反应、期待视野）；或外部批评（approche externe）和总体批评（approche totalisante/totalitaire）相间。后一种方法容易与中国古典批评的期待视野相合。

内部批评法（approche interne）在解释中国文本方面需要作出特殊的努力。言特殊性，是因为文本批评的构成要素文字在字母形体与汉字形体上的根本区别导致批评方法的根基彻底不同。引进从字母形体的根基中生长出来的理论并直接施用于汉字为形体的文本，是否可行？

以字母形体出现的西方文本批评理论起源于其古代《圣经》阐释传统，即在文本的本义与表面文字语义之间造成裂变，以使本义显露出来。形象原型说是这一阐释学传统的极致。文本本身是一个工具，神启借用的工具。神启不可能属于文本的编撰者，后者只是前者的符号，而且是前者永远词不达意的拙劣符号。阐释的价值和意义就在于如何通过拆解文字而企及文字后面的意思。这种文字/文本/作者的三层互文解构关系充分体现在德里达的文本阅读中。在德里达的批评里，能指和所指（词义）之间的联系被打破或完全消失，这是 19 世纪马拉美诗论的一次生动的实践，也是建立在阐释学、诗学与修辞学基础上的传统批评的一种新尝试。19世纪以前在很长的历史时期内，阐释学、诗学和修辞学是西方教育的三大支柱。19 世纪的发明之一是学科的极度细化。

具有占卜功能并为儒家经典所重的中国书写语言，是以文字本体为特性的启示性文字①，通过书写和注疏把本义与文字紧密结合起来，由此产生的中国阐释学注重文字本体。作者力图释出书写语言本身的力量，尽量使表意文字揭示事物的隐秘性和启示功能。正是中国文字与占卜一脉相承的关系，创造出中国独特的语义学。由于西方文字的神启功能和中国表意文字微言大义的使命，西方与中国文学批评的根基完全不同。破解性诠释和注释性训诂形同陌路。前者在字外寻找寓意的超验性，后者从语义学的角度去解析文字。中国文本/文字/作者之间建立了一种对话，一种以词义无限伸延而非破解为特征的互文性。因此，在引进以破解文字为特性的西方文学批评理论去分析以词义无限伸延为特性

---

① 参见汪德迈《占卜与占卜的理性主义》（*Divination et rationalisme divinatoire*），publié dans *Le mythe：pratiques，récits，théories-volume* 3：*Voyances et divination*，sous la direction de Bertrand Méheust et al.，Economica，Paris，2004，pp. 23 - 40。

的中国文本时，我们关注的是如何不被批评理论的术语和历史现象所诱惑而直接深入探讨文化的相异性，这是跨文化研究的任务。我们已经进入跨越比较的时代。

跨文化研究从文化的相异性出发，探究不同文化对他者的期待视野。该学科的研究方法之一是建立期待视野史料学。期待视野研究属于接受研究范畴，为一种案例研究（étude de cas）。以法国巴黎第四大学 2004 年推出的法国外国文学翻译史国家研究项目为例，该计划负责人是比较文学教授伊夫—谢夫莱尔和皮埃尔—马松（Pierre Masson）。参加人员为法国与欧洲比较文学学者。该计划分为 17、18、19、20 世纪四个时间段。接受研究中，史料收集工作是长期艰巨的工作，必须有研究团队的协作。如中国当代学者对早期中国新文学期待视野的研究。以目录、编年为轴，从翻译、批评、引介三个层面开始，把接受者期待视野的文化地质、底层梳理清楚。

因此，重要的区域就是一个字"间"，一个文化相异性的多重空间，即德里达说的差延（或译成"延异"）。如何捕捉多层面的差延，延续之，细密、深入地（crise, critique）分析之，藉此建立各个差异的批评空间，才是研究者要关注的。接受研究中的期待视野是一个纵横向的研究方法。纵横向的平台是研究者可以借助的落脚点。其参照系直接与知识面的深广有关。

我们的研究案例是里昂中法大学（Institut Franco-chinois de Lyon）1923—1950 年期间中国学生的文学博士论文。我们首先将之置于历时性的大框架。在此期间可查的 131 篇博士论文中，其中医学专业的为 34 篇，科学的为 49 篇，文学 22 篇，法律 24 篇，另有两篇有待确认。因此下列图表显示为 129 篇。我们以科学、医学、文学、法律为分类，作出 1923—1950 年期间中国学生博士论文的取向图表。

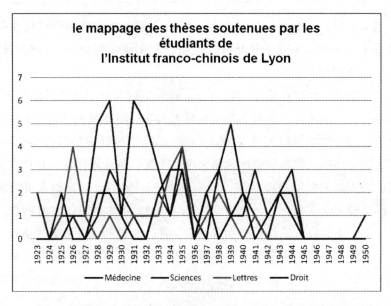

表 1 里昂中法大学博士生科学、医学、文学、法律比较图表

医学博士方面，1924 年、1927 年、1932 年、1936 年、1942 年没有医学博士论文。1929 年、1935 年与 1939 年是博士论文的高峰。1945 年以后为零篇。

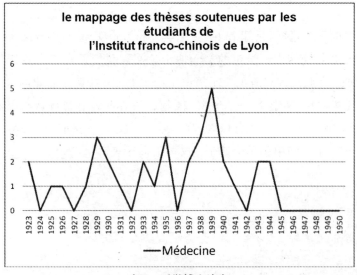

表 2 医学博士论文

再看文学博士论文。1923 年、1924 年、1928 年、1930 年、1936 年、1940 年、1942 年以后直至 1950 年中法大学关闭,文学博士论文为零篇。高峰期在 1926 年与 1935 年两年。

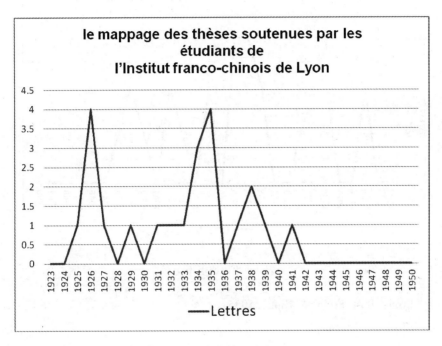

表3 文学博士论文

法律论文在 1935 到 1936 年达到高峰。其余时间有零篇有多篇,峰值基本平均。1942 年到 1950 年为零。

三个学科有一个共同点,40 年代至 50 年代博士论文趋于零。

我们做的第二步工作,是比较中法大学与法国 1907 年到 1962 年中国博士文学论文的取向。中法大学的 22 篇博士论文中,五篇以中国文学为论题,两篇论法国文学,其余是社会学、哲学、历史学论文,法国大学归类为文学。五篇中国文学博士论文为:

1. GUO Lin'ge（KOU Lin-ke）

郭麟阁

Essai sur le HONG LEOU MONG（Le Rêve dans le pavillon rouge）, célèbre roman chinois du XVIII° siècle

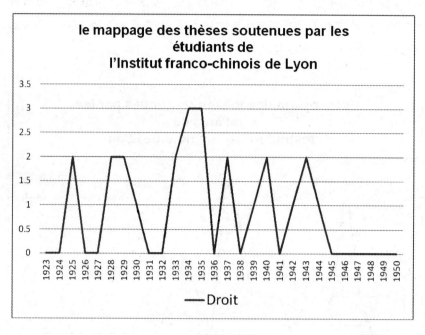

表4 法律博士论文

Lyon：Bosc Frères & Riou，1935

176 p. ；25 cm

Thèse：Lettres

Cote：CH TH 38

2. LUO Dagang（LO Ta-kang）

罗大刚

La Double inspiration du poètePO Kiu-yi（772 – 846）

Paris：Editions Pierre Bossuet，1939

159 p. ；23 cm

Thèse：Lettres

Cote：CH TH 45

3. SHEN Baoji（CHEN Pao-ji）

沈宝基

Si yang ki

Lyon：Bosc Frères & Riou，1934

171 p. ；25 cm

Thèse：Lettres

Cote：CH TH 60

4. WU Xuxin（WOO Tsou-sing）

吴续新

La Dame Tshao（Pan Tchao 1er – 2ème s. p. c.），la société chinoise au temps des Han

（Exemplaire tanscrit annoté），

131 p. ；26 cm.

Thèse：Lettres

Cote：CH TH 131

5. XU Songnian（HSU Sung-nien）

徐颂年

LI Thai-po

Lyon：Bosc Frères & Riou，1935

194 p. ；25 cm

Thèse：Lettres

Cote：CH TH 96

其中两篇研究中国古典诗歌，一篇研究中国古典戏剧，小说与文学社会各一篇。五篇论文的答辩时期在 1934 年、1935 年和 1939 年。内容上，均为古典时期的中国文学。由此可见，中法大学中国博士学生为法国提供的中国形象是古典的。

我们根据袁同礼编《1907—1962 中国留欧大陆各国博士论文目录》[①]（*A guide to Doctoral Dissertation by Chinese Students on Continental Europe, 1907 – 1962*），作出初步统计。在 582 篇中国博士论文中，368 篇为人文学科，214 篇为理科论文。368 篇文科论文中，19 篇为中国文学论文，

① 袁同礼：《海外中国学研究书目系列·袁同礼著书目汇编》（全六册），国家图书馆出版社 2010 年版。

1 篇为法国对中国的描述①：

1. CHEN, PAO-KI. 沈宝基（Lyon, Lettres, 1934）.

Si Syang Ki, （西厢记）thèse soutenue, Lyon, Bosc frères, M. et L. Riou, 1934. 172 p.

2. FENG, SHU-LAN. 冯淑兰（Paris, Lettres, 1935）.

La technique et l'histoire du ts'eu, Paris, L. Rodstein, 1935. 258 p.

3. HO, AGNÈS. 何陈学昭（Clermont-Ferrand, Lettres, 1934）.

Le "tse", Toulouse, Impr. Toulousaine Lion et fils, 1934. 58 p.

4. HO, SHIH-CHUN. 贺师俊（Paris, Lettres, 1933）.

Jou lin wai che, par Wu Ching-tzǔ; le roman des lettres; étude sur un roman satisrique chinois. Paris, L. Rodstein, 1933. 207 p.

5. HSU, SUNG-NIEN. 徐颂年（Lyon, Lettres, 1935）.

Li Thai-po, son temps, sa vie et son œuvre, Lyon, Bosc frères, M. et L. Riou, 1935. 193, [2] p.

6. HUNG, CHENG-FU. 洪申黻（Paris, Lettres, 1934）.

Un siècle d'influence chinoise sur la littérature française（1815 – 1930）. Paris, F. Lovition, 1934. 280 p.

7. KONG, KUG-LONG. 康克伦（Paris, Lettres, 1940）.

La littérature féminine dans la Chine d'aujourd'hui, Paris, Librairie sociale et économique, 1940. 118, [2] p.

8. KOU, LIN-KE. 郭麟阁（Lyon, Lettres, 1935）.

Essai sur le Hong Leou Mong（le Rêve dans le Pavilion rouge）célèbre roman chinois du XVIIIe siècle, Lyon, Bosc frères M. et L. Riou, 1935. 176 p.

9. LEE, CHEN-TONG. 李辰冬（Paris, Lettres, 1934）.

Étude sur le Songe du Pavillon rouge. Paris, L. Rodstein, 1934. 146 p.

10. LEE-YOU, YA-WEI. 李尤亚伟（Paris, Lettres, 1937）.

Le théâtre classique en Chine et en France d'après l'Orphelin de la Chine et l'Orphelin de la famille Tchao. Paris, Les Presses modernes, 1937. Vii, 186 p.

---

① TING, TCHAO-TSING. 丁肇青（Paris, Lettres, 1928）。

11. LIOU，KIN-LING. 刘金陵（Paris，Lettres，1941）.

Wang Wei，le poète. Paris，Jouve，1941. 66 p. pl.

12. LO，TA-KANG. 罗大刚（Paris，Lettres，1939）.

La double inspiration du poète Po Kiu-yi（772 – 846）. Paris，P. Bossuet，1939. 156，［4］p.

13. LU，YUEH HWA. 卢月化（Paris，Lettres，1936）.

La jeune fille chinoise d'après Hong-leou-mong. Paris，Domat-Mont-chres-tien，1936. 113 p.

14. OU，ITAI. 吴益泰（Paris，Lettres，1933）.

（1）Essai critique et bibliographique sur le roman chinois. Paris，Les E-ditions Véga，1933. 192 p. fig.

（2）Le roman chinois. Paris，Les Editions Véga，1933. 192 p. fig.

15. SIÉ，KANG. 谢康（Paris，Lettres，1937）.

L'amour maternel dans la littérature féminine en Chine. Paris，A. Pe-done，1937. Vii，187 p.

16. Tchang，Tcheng-Ming. 张正明（Paris，Lettres，1937）.

Le parallélisme dans les vers du Cheu king. Changhai，Impr. Et librairie de T'ou-sè-wè，Zi-ka-wei；Paris，P. Geuthner，1937. 100 p.

17. Tcheng，MIEN. 陈绵（Paris，Lettres，1929）.

（1）Le théâtre chinois moderne. Paris，Les Presses modernes，1929. 195 p.

（2）Répertoire analytique du théâtre chinois moderne. Paris，1929. 182 p.

18. TING，TCHAO-TSING. 丁肇青（Paris，Lettres，1928）.

Les descriptions de la Chine par les Français（1650 – 1750）. Paris，P. Geuthner，1928. 112 p.

19. TSIANG，UN-KAI. 蒋思铠（Paris，Lettres，1932）.

K'ouen k'iu⋯le théâtre chinois ancien. Paris，Ernest Leroux，1932. 130 p. 1 illus.（music）.

20. WONG，WEN-PO. 黄文博（Paris，Lettres，1934）.

T'ao Yuan-ming. Paris，Vigot frères，1934. Viii，128 p.

20 篇论文所研究的文学体裁，第一是诗歌，第二是小说，戏剧与文学史为第三，其分布见下表：

博士论文	小说	诗歌	戏剧	文学史
20 篇	5	7	4	4

从所涉及的时代角度看，20 篇论文中，两篇为现代时期，其余均为古典时期。因此，从文学体裁与时间上看，法国 1907 年到 1962 年的文科中国博士论文与中法大学的博士论文取向一致。

第三步工作，从一个共时性角度，看法国对中国文学的接受—选择（réception-sélection），以 1936 年为例。这是法国外国文学翻译史国家研究项目中 20 世纪卷编写组 2013 年 3 月主办的法国外国文学翻译史国际讨论会的断代。主要论题是 1936 年发生的诸多事件，出版界受到英国的影响，开始出版小开本简装书籍，纪德（André Paul Guillaume Gide，1869—1951）出版《从苏联归来》，西班牙诗人洛加（Federico del Sagrado Corazón de Jesús García Lorca，1898—1936）被暗杀，英国作家约瑟夫·鲁德亚德·吉卜林（Joseph Rudyard Kipling，1865—1936）与苏联作家高尔基（Алексей Максимович Пешков，1868—1936）去世等，是否并如何对文学作品的翻译产生影响？政治、社会事件是否诱发特殊的诸如德国文学、俄国文学与西班牙文学的翻译浪潮？

而我们关注的，是中国文学同期在法国被接受的状况。从当时的博士论文和出版物所代表的翻译、批评、引介三个层面，探讨 1936 年前后的法国接受者期待视野。

袁同礼的《1907—1962 中国留欧大陆各国博士论文目录》所收录的中国留法博士论文中，1936 年有一篇卢月化关于红楼梦中的中国年轻女性的论文①。同年，中法大学的中国文学博士论文为空白。而此前的 1935 年则有徐颂年②与郭麟阁③的两篇论文。

---

① LU，YUEH HWA. 卢月化（Paris，Lettres，1936），*La jeune fille chinoise d'après Hong-leou-mong*，Paris，Domat-Mont-chrestien，1936. p. 113.

② XU Songnian（HSU Sung-nien）徐颂年，*LI Thai-po*，Lyon：Bosc Frères & Riou，1935，p. 194.

③ GUO Lin'ge（KOU Lin-ke）郭麟阁，*Essai sur le HONG LEOU MONG（Le Rêve dans le pavillon rouge）*，célèbre roman chinois du XVIIIe siècle Lyon：Bosc Frères & Riou，1935，p. 176.

1936 年，法国有关中国的出版情形如何呢？卢月化的博士论文在巴黎出版（*La jeune fille chinoise d'après Hong-leou-mong*，Paris，Domat-Montchrestien，1936）。法国汉学家有诸篇论文发表：

PELLIOT Paul 伯希和，《Le prétendu album de porcelaines de Hiang Yuan-Pien》（论题：中国瓷器），*T'oung Pao*，Volume XXXII，pp. 15 - 58，Leiden，Brill，1936.

PELLIOT Paul，《Brèves remarques sur le phonétisme dans l'écriture chinoise》（论题：中国文字），*T'oung Pao*，Volume XXXII，pp. 162 - 166，Leiden，Brill，1936.

PELLIOT Paul，《Encore à propos des voyages de Tcheng Houo》（论题：郑和下西洋），*T'oung Pao*，Volume XXXII，pp. 210 - 222，Leiden，Brill，1936.

MASPERO Henri 马伯乐，《Le Régime féodal et la propriété foncière dans la Chine antique》（论题：中国古代的封建制与土地所有制），Institut de sociologie Solvay，1936.

1935 年，关于中国文学，有两个出版物：

Xu Songnian 徐颂年，*Contes choisis des T'ang*（唐人小说），Pékin，Impr. de la "Politique de Pékin"（1935 "*Tangren xiaoshuo*"。书目为中法双语，发给过国家图书馆 BNF 藏号 4 - O2N - 2445）

Louis Laloy，*Le rêve du millet jaune*（黄粱梦），*drame taoïste du XIIIe siècle*，（Paris，Desclée De Brouwer，1935，BNF 8 - Z R ROLLAND - 9330）

1937 年，有关中国但非文学的出版物有：

GRANET Marcel 葛兆言，《Les Chinois et nous》（中国人与我们），*Nouvelles Littéraires*，n°30，Paris，Octobre 1937.

MASPERO Henri 马伯乐，

—*Les Régimes fonciers en Chine*（中国土地制度），Recueil de la Société Jean Bodin，Bruxelles，Imprimerie des Travaux publics，1937.

—《Les dieux taoïstes》（中国道家之神），Paris，Institut de

France，1937.

— 《Un texte chinois inconnu sur le pays de Ta-Ts'in（Orient romain）》（一篇尚未为人知的有关大秦的中文史料），*Mémoires de l'Institut français d'archéologie orientale*，mélanges Maspéro，Tome LVII，Volume II，pp. 377 – 387，Cairo，Institut français d'archéologie orientale，1937.

从 1907—1962 年、1923—1950 年与 1936 年前后三个时间段的博士论文和出版物所代表的翻译、批评、引介三个层面的接受和选择上看，中国博士的文学视野在古代，依次为诗歌、小说与戏剧。法国汉学家的期待视野在中国古代的社会制度。法国戏剧理论家的视野为中国古典戏剧。这一对古典中国的独钟，一直引领着法国汉学家与法国对中国的期待视野，直到 70 年代转向现当代中国的文学与社会为止。

我们下一步有待继续的工作，是从文本、泛文本、文本生成性的批评角度，对同样的材料，即 1907—1962 年、1923—1950 年与 1936 年前后三个时间段的博士论文和出版物所代表的翻译、批评、引介进行文本分析，探讨在接受和选择的文化相遇中，中国与法国的期待视野之间存在何种福柯（Michel Foucault，1926—1984）所关注的异托邦（hétérotopie）现象。

比较民间文学研究的资料与方法

——以东方民间文学中的中日印越
英雄回家故事为例

北京师范大学教授　董晓萍

所谓比较民间文学研究，指在东方国家的范围内，以民间文学的历史文献、口头记录和翻译文本为对象，以相似故事类型的资料搜集和文化差异考察为线索，以国别民间文学文本的地方性、民族性和仪式性分析为方法，开展跨文化比较民间文学研究。

在比较民间文学研究中，如何处理东方国家的国别民间文学文本和建立理论阐释的框架，是一个长期困扰学者的难题。东方国家民间文学资源丰富，但理论研究的大本营却在西方。以故事类型研究为例，中国、印度、日本和韩国等世界影响最大的故事类型著作，都是在西方写成的，写作的语言也以英语为主。目前这种情况正在发生改变。在这个难题的背后，还有国别民间文学比较研究的变化也需要了解。第一，比较民间文学研究与保护文化多样性的讨论结合，各国把维护文化多样性视为国别文化权利，而国别文化权利的内核，则以该国长期传承的民间文学为根基，包括神话、故事、民歌和戏曲等。一些东方国家民间文学至今是国家知识的组成部分，因此更需要尊重国别民间文学的多样性。第二，比较民间文学研究的对象与全球化下的民间文学价值升级结合，在新的国际环境中，国家民族间的相互理解与知识交流形成了新的需求，很多国家政府把人民共同选择的民间文学做成国际项目，让本国民间文化高等增值，同时也对别国的文化升级传播。第三，比较民间文学研究的目标与跨文化交流结合，该趋势的产生受到人类遗产共享的国际潮流的影响。它使人类摆脱以往世界的工业文明和农牧业文明的高下之争、国家民族进程的优劣之争以及国家内部的文化分层和社会分层之争，转向利用人类古今中外所有优秀知识，去壮大国别传承文化对世界可持续人文文化发展的影响。在这种背景下，加强比较民间文学研究，具有明显的学术价值和重要的现实意义。

以下使用中、印、日、越相似故事类型"英雄回家"的文本资料，重点使用季羡林等翻译和研究的《五卷书》、《佛本生故事》、《故事海》和《佛经故事》，钟敬文《中国民间故事型式》和《中日民间故事比较泛说》、艾伯华（Wolfram Eberhard）《中国民间故事类型》和丁乃通（Nai-tung Ting）《中国民间故事类型索引》等中国故事研究著作，池田弘子《日本民间故事类型与母题索引》和弗朗索瓦·法罗（Francois Flahault）搜集和研究的越南故事，共 23 种东方国家相似故事类型文本，以"英雄回家"故事类型为例，对比较民间文学研究的资料系统构建和方法加以探讨。本文重点阐述两个问题：一是用什么样的基础理论研究东方民间文学文本？提出什么问题、使用什么资料和从什么角度来研究这些文本？在此基础上，就东方国家民间文学比较研究的历史本质、比较目标和东方国家故事类型编制的独特性问题作初步讨论。

一、东方国家故事比较的切入点：英雄回家

中、印、日、越等东方国家都有"英雄回家"的故事类型。英雄回家的类型世界知名，其情节单元的排列顺序如下：

奇异出生—少年失祜—英雄回家—意外事件。

2000 年，我和欧达伟（R. David Arkush）合作出版了《乡村戏曲表演与中国现代民众》一书。我们使用了在河北定县调查十年的资料，对一个带有"英雄回家"情节的秧歌戏剧目《汾河湾》作了研究，以下是

它的情节单元。

（1）唐朝名将薛仁贵得胜回朝，回家探亲。

（2）他看见一个 12 岁的少年在射箭，箭无虚发，暗中吃惊，心想此少年一定是未来的英雄。

（3）他设计杀死了该少年。

（4）他在妻子的床下发现两只童鞋，才知道自己杀死了没见过面的儿子，后悔莫及①。

2003 年，我写了一篇较长的论文，将薛仁贵故事与西方同类"英雄回家"故事作比较，后收入拙著《现代民间文艺学讲演录》中②。薛仁贵故事中的中国英雄与西方的回家英雄很像，但过去却很少有中国学者对它作类型研究。我以为，我已经穷尽了资料。2000 年，我指导硕士生完成了硕士学位论文《青春期民俗教育》，使用这个类型，增加了民俗调查，此文当时获得了同行的较高评价。然而，后来我发现，这个研究远未完成。2004 年，我在印度参观佛教文化遗产地，此行触动了我心底埋藏多年的老问题：德国学者艾伯华（Wolfram Eberhard）曾在写薛仁贵类型时说，英雄薛仁贵对"有关佛教的问题作出了正确的回答"③。以前我不知道对这句话怎样处理，就把它存了起来。现在我到了印度，来到了佛教的故乡，我忽然意识到，要解决这个故事类型的遗留问题，大概需要了解印度故事，于是回国后我就动手干了起来，至 2010 年末，完成了印度经典故事著作中译本的全部类型编制和撰写工作，此举对我重新分析英雄回家故事类型大有帮助。我后来又翻译了池田弘子的中日相似故事类型，接触到中越比较民俗和比较故事资料，这些工作都启发我扩大思考。

---

①　董晓萍、[美] 欧达伟（R. David Arkush）：《乡村戏曲表演与中国现代民众》，北京师范大学出版社 2000 年版，第 496—497 页。

②　董晓萍：《现代民间文艺学讲演录》，广西师范大学出版社 2008 年版，第 449—459 页。其中，使用定县秧歌中"英雄回家"情节单元，第 452—453 页。为方便比较起见，本次引用此例时略有缩写。

③　[德] 艾伯华（Wolfram Eberhard）《中国民间故事类型》，194《鞋匠成了驸马》，王燕生等译，商务印书馆 1999 年版，第 288 页。

二、东方国家的"英雄回家"故事
情节排序与差异分析

在世界故事类型中，"英雄回家"是流传比较广泛的大扩布类型。自19世纪中期起，到20世纪初，英国学者哈恩（J. G. Von Hahn）、芬兰学者阿尔奈（Antti Aarne）、俄国普罗普（Vladimir Propp）、法国学者列维—斯特劳斯（Claude Lévi-Strauss）和美国人类学者洛德（Albert B. Lord）都谈过这个类型。哈恩于1876年最早概括这个类型的叙事系列，将之抽象为：奇异出生、少年失祜（childhood & departure）、英雄回家和意外事件①。阿兰·邓迪斯（Alan Dundes）在一个世纪后，又补充了另一个版本。他的情节单元排序为：奇异出生—英雄回家—英雄救美—意外事件（自己被杀死）②。以下，我们使用东方国家的民间文学资料，我们会发现，东方国家的英雄回家故事类型，文化更多元，叙事更古老。它的故事的情节单元排序大体由误杀亲子、云中落绣鞋、难题求婚、后羿射日和灰姑娘五个类型组成，下面逐一分析。

第一个类型：误杀亲子③

1. 1　误杀亲子与奇异出生

1.1—1　印度《五卷书》，季羡林译，74第一个故事（第五卷）④

　　　　（1）她是婆罗门之妻子，生了两个儿子，其中一个是一只埃及獴。

---

① ［美］阿兰·邓迪斯（Alan Dundes）《世界民俗学》（The Study of Folklore），陈建宪、彭海斌译，上海文艺出版社1990年版，第200页。
② 同上。
③ 本文以下使用所有印度故事类型（包括故事篇名、编号和情节单元）均为作者本人编写，为节省字数起见，恕不另注。
④ 黄宝生、郭良鋆、蒋忠新译：《故事海选》，人民文学出版社2001年版，第340页。

（2）她用水罐出门打水，把儿子交给丈夫照看。

（3）她的丈夫随后也出门了。

（4）黑蛇爬到儿子们的床上，埃及獴保护弟弟，杀死黑蛇。

（5）她回家后，误以为埃及獴吃掉了儿子，打死埃及獴。

（6）她发现自己铸成大错①。

在这个古老的印度故事类型中，中心角色是母亲，她误杀了亲子。

1.1—2　《故事海选》，黄宝生等译，3901 猫鼬②

（1）她是婆罗门之妻子，生了一个儿子。

（2）她出门沐浴，把儿子交给丈夫照看。

（3）她丈夫随后也出门了，把儿子交给猫鼬看管。

（4）蛇爬到儿子的床上，猫鼬保护儿子，杀死了蛇。

（5）丈夫回家，猫鼬高兴地去迎接，嘴上还有蛇血。

（6）丈夫误以为猫鼬吃了儿子，用石头把猫鼬砸死。

（7）他发现自己铸成大错。

这也是一个古老的印度故事类型，但中心角色变成了父亲，他误杀了亲子。

1.1—3　《印度民间故事集》，郁龙余译，忠诚的獴③

（1）农民出门，把儿子交给獴帮忙照看。

（2）獴保护儿子，杀死了蛇。

（3）农民回家后，看见儿子身上有血迹。

（4）农民误以为獴吃了儿子，把獴打伤。

（5）农民发现儿子安全无恙，明白獴十分忠诚，从此把獴
　　　当作亲生儿子。

---

①　季羡林译：《五卷书》，人民文学出版社 1958 年版，第 352—353 页，重印本 2001 年。

②　季羡林译《五卷书》第五卷的第一个故事与《故事海选》的《猫鼬》，故事类型相同，只是个别情节上有差别，如"埃及獴"变成了"猫鼬"等。关于这个问题，作者将在其他文章中展开讨论。

③　刘安武选编：《印度民间故事集》（第一辑），郁龙余译，中国民间文艺出版社 1984 年版，第 208—209 页。

　　这是一个现代印度社会流传的故事类型，在现代口传中，误杀亲子的父母角色变成了农民，但这位农民在"把獐当作亲生儿子"之前，也有误杀的经历。

　　印度故事的误杀亲子类型，从《五卷书》的母亲误杀动物儿子，到《故事海》的父亲是杀儿子的助手，再到现代流传的印度故事中父亲先打伤儿子的动物助手、再将此动物认为亲生儿子，这一类型流传了两千多年，印度故事的情节单元是在发生变化的。中国的薛仁贵类型很早就进入了历史文献，在汉魏六朝时期《搜神记》中已有记录。但将薛仁贵故事与《五卷书》相比，《五卷书》中的母亲生产獐儿子的情节大概是更古老的。即便将《五卷书》与最早记载薛仁贵的《搜神记》相比，《搜神记》所记的也是母亲生下儿子，这比母亲生产动物儿子的说法要晚。钟敬文先生曾使用《佛本生故事》中的母亲生蛇儿子资料，并对这个类型发生的时间作了基本判断，他认为，母亲生动物的情节，要比一般母亲生人子的情节更为古老①。不过《五卷书》与《搜神记》之间的关系还不清楚。

　　印度传到中国的《佛经故事》

　　王邦维选译的《佛经故事》，是一部汉魏时期由印度传入中国的佛典故事集萃。这套佛典故事的类型，在流传时间上，介于《五卷书》、《故事海》和印度现代故事之间，因此对《五卷书》和《故事海》的类型都有所保留。但在汉译佛典的过程中，经中文译者之手，印度故事要适应中国佛教文化的传播环境和中国的伦理文化，已经有了中国化的痕迹。佛典故事中的误杀亲子的父亲或母亲犹在，不过碍于佛戒杀生的信条，中国化的佛经故事中杀子的母亲或父亲，在戒杀的理由上都改变了。她或他，都错误地理解了神祇的旨意。在故事的结尾，他们的杀生观点和行为都受到了谴责。

---

　　①　钟敬文：《中国民间故事试探一、蛤蟆儿子》，载钟敬文《钟敬文民间文学论集》（下），上海文艺出版社 1985 年版，第 221 页。

1.1—4　《佛经故事》，王邦维译，13 求子①

(1) 女人生了一个儿子，想再要一个。

(2) 她向别人请教办法。

(3) 别人告诉她说，杀死这个儿子祭天，再向天神祈求下一个儿子。

(4) 她要杀死现在的儿子。

(5) 众人嘲笑她愚蠢，因为她下一个儿子有没有还不知道，却要杀死现在的儿子。

在这个中国化的故事中，一位母亲想要杀子，她的杀生念头被众人嘲笑。我们由此例中可以看到，上面所说的中国文化环境对杀子情节的抵制，不是没有文本依据。

1.1—5　《佛经故事》，王邦维译，6 先知②

(1) 婆罗门当众显示自己通晓星相的本领。

(2) 他在另一个国家抱子大哭。

(3) 他的哭声引来过路人的注意。

(4) 他说自己的儿子七天会死。

(5) 他在第七天杀死儿子，用来验证他的预言是灵验的。

在这个故事中，父亲以神谕的名义杀生。

在上述"误杀"故事中存活的幼儿，均属奇异出生。与一般奇异出生类型不同的是，以上故事没有成人礼的内容，没有薛仁贵故事中射箭比武的"射"的情节，没有用"鞋"作为英雄少年的符号，也没有明确的 12 岁青春礼考验的过关界限；这种"三无"现象是这一批故事类型的特点。

---

① 王邦维选译：《佛经故事》，《一、百喻经》，中华书局 2009 年版，第 9 页。

② 同上书，第 5 页。

1.2 误杀亲子、罗摩供鞋与 12 年周期

下面是两则印度的《佛本生故事》。它们是另一批故事类型。在这批故事中，都有标志着未来英雄"鞋"的关联情节，还在对英雄的时间考验中，规定以"12"年为期，并将此过关周期表达得十分明确。

印度

1.2—1 《佛本生故事》，郭良鋆等译，139 十车王本生①

(1) 他是菩萨，叫罗摩，是国王十车王的大儿子。

(2) 继母王后要立小弟弟为太子，国王拒绝。

(3) 国王让罗摩带着大弟弟逃走，12 年后回来继承王位。

(4) 国王过世后，小儿子带着象征王权的五宝来找罗摩，请他继位。

(5) 罗摩拒绝。父亲要他等 12 年，现在才 9 年。

(6) 众臣不肯，罗摩就脱下草鞋说："由这双草鞋治理吧！"

(7) 12 年期满后，罗摩走出森林，回国登基。

1.2—2 《故事海选》，黄宝生等译，607 学梵语②

(1) 德富教国王学梵语。

(2) 德富打赌说，六年内教会国王说梵语，如果做不到，他终生不说梵语、俗语和方言这三种人间通行的语言。

(3) 另一人打赌说，六月内教会国王说梵语，如果做不到，就把德富的鞋子顶在头上 12 年。

(4) 对方赢，德富输。

现在我们将这两批故事与我国的薛仁贵故事比较一下，可以看出，在薛仁贵的故事中，少年"善射"、"12"岁和"鞋"三个情节单元皆备，

---

① 郭良鋆、黄宝生译：《佛本生故事》，人民文学出版社 1985 年版，第 282—287 页。

② 黄宝生、郭良鋆、蒋忠新译：《故事海选》，人民文学出版社 2001 年版，第 37—39 页。

三者组合叙事的逻辑，是推动故事情节发展的系列动力。但在印度和日本故事中，这三者却是分离的。

1.3　误杀亲子与少年善射
中国

1.3—1　［美］丁乃通（Nai-tung Ting）《中国民间故事类型索引》，980E《误杀亲子》①

> （1）英雄征战多年后回到家乡。
> （2）他见到一个少年正在练武，武艺非凡。
> （3）他误杀少年。
> （4）少年临死前说出名字，他发现自己杀了亲生儿子，遗恨终生。
> 封神演义，卷14（子与父之间的战斗）；
> 戏曲大全（京戏考）VII，105—114（882C'＋）；
> 薛仁贵征东，第91页（上帝救了儿子）。

这就是本文开头提到的薛仁贵故事类型。不过丁乃通整理的这个版本，其实叙事不够清楚。作者丢掉了一个重要的 12 岁"善射"的细节，仅用"练武"一带而过。据我们已掌握的资料，在这个中国故事类型中，有三处需要注意，一是少年因"善射"被误杀。二是少年的"12"岁是个数字，这是儿子因为徒有射的技术而智慧"不过关"，因而反遭父亲误解而被杀。三是让父亲认出儿子的线索是一双童"鞋"。我在前面说，我曾以为这三处惹眼的地方都是中国货，看了其他东方国家的故事，才知道原来印度也有，日本也有。所以仅凭中国故事研究故事类型是未完成的研究。不重视东方国家的比较故事研究，仅在一国内开展故事研究，在故事异文的解释上和研究的结论上，都不免带有主观猜测的成分，这种研究是

---

① ［美］丁乃通（Nai-tung Ting）《中国民间故事类型索引》，郑建初等译，中国民间文艺出版社 1986 年版，第 320 页。另，中译本将儿子（youth）误译为"青年"，本文已据原文改为"少年"。

很冒险的。

下面我们来看印、日善射少年的对应例子。这两国的故事提供了少年善射，又能凭智慧过关，最后少年死而后生。在西方人的理论看来，死而后生，是强调少年通过成年礼所达到的境界，但东方国家的情况不同。在中国、印度和日本的故事中，在成年礼之前，还有一个青春礼仪式。青春礼的故事传达了一种信息，即在这种故事传承的社会环境中，人们对青春礼的生死考验同样重视。少年通过了青春礼的考验死而后生，便意味着脱离了儿童阶段，可以成人。但这时少年仍与母亲在一起生活，获得母亲的保护。此后，少年还要通过成年礼的考验，这时的死而后生才是没有母亲保护的。

印度

1.3—2 《印度民间故事》，王树英等编译，134 国王高尔①

    （1）王后生了儿子，被其他王后嫉妒，儿子被换成石头，王后沦为奴隶。

    （2）儿子被装进铁箱漂走，被渔夫收留。

    （3）儿子长大后，射箭百发百中，人称高尔。

    （4）国王遇见儿子，但不认识。儿子对国王说，人能生石头，木马也能喝水。国王醒悟，遂与他们母子相认。

    （5）儿子继承王位，称高尔国王。

1.3—3 《印度民间故事集》，刘宝珍译，130 是儿子还是石头②

    （1）王后生了儿子，被其他嫉妒的王后换成石头，王后成为奴隶。

    （2）儿子被装在箱子里漂走，被渔夫收留。

    （3）儿子精于弯弓射箭，人称"精弓"。

    （4）国王与儿子相遇；儿子对国王说，人能生石头，木马

① 王树英等编译：《印度民间故事》，北京大学出版社 1984 年版，第 375—376 页。

② 刘安武选编：《印度民间故事集》（第一辑），刘宝珍译，中国民间文艺出版社 1984 年版，第 454—456 页。

也能喝水，国王醒悟，与他们母子相认，儿子即位。

这两个故事属于同一类型，只是故事篇名不同，儿子的名字不同。在日本，我们发现，民间文学研究者记录了几乎同样的故事。

日本

1.3—4　池田弘子《日本民间故事类型与母题索引》，930 预言[①]

　　（1）地方官抛弃了婴儿。

　　（2）他把婴儿放在皮筏子上漂走。

　　（3）渔民救了婴儿。

　　（4）婴儿长大了，善射，名震一方。

　　（5）地方官认他为养子，让他当了自己的继承人。

日本的这个故事类型是否是从印度流传过去的还不清楚，我没看到这方面的研究。但是，与中国的同类故事相比，中、印、日三国的"善射"儿子的叙事情节相似之处是，儿子皆因奇异出生而被父亲误解。三国故事的差异是，只有中国的"善射"儿子被误杀，而印、日的儿子都得到了父亲的承认，还被父亲授予继承权，获得了父亲的权力和地位。

第二个类型：云中落绣鞋

2.1　误杀公主和鞋与善射

有一批以少年为中心角色的故事类型，在故事中，男孩被误杀，女孩也被误杀。被误杀的少女一般被说成是公主，她的象征物是一双美丽的绣花鞋。公主被妖怪抢走，去往他界。后来英雄救美，公主回到人间，恢复了正常生活。以下使用中印故事资料说明。

---

① ［日］池田弘子：《日本民间故事类型与母题索引》，在《芬兰国际民俗学会通讯》第209 号（FFC209），英文版，第235—236 页，赫尔辛基芬兰科学院，1971 年。

中国

2.1—1　钟敬文，3. 云中落绣鞋型①

（1）樵夫在山中砍柴，以斧头伤了挟走公主或皇姑的妖怪。

（2）樵夫与他的弟弟到山中寻觅公主或皇姑，弟弟把她带归，而遗弃哥哥于妖洞之中。

（3）他以异类的助力，得以脱离妖洞。

（4）经过许多困难，他卒与公主或皇姑结婚。

2.1—2　丁乃通（Nai-tung Ting），301【三个公主遇难】②

Ⅱ英雄事迹的另一种开头：（g）一天英雄看到一阵狂风和乌云，觉得奇怪，或见到一个妖怪在天上飞。（h）他跟随它一直等它进入深洞里不见了，或者（i）他向它抛掷一武器。有血或一双绣花鞋落下来（有时二者都坠落），他跟踪着它到一深洞——再一种的开头：（j）英雄在深洞里发现贵重物品。（k）他的同伴用绳系着他下洞去取这件贵重物品——对于这件或另一件英雄事迹，此外还有一种开头如下：（l）他被扔进，或埋在一个坑里。

在这个故事类型中，公主的"绣花鞋"之"鞋"，与薛仁贵故事中的男孩之"鞋"，是同等性质的符号。"鞋"给了叙事人和听众一条重要线索，它告诉人们，男主人公怎样才能够找到公主。

这时的"绣花鞋"还不是"水晶鞋"。一般说，从故事资料看，要等到"绣花鞋"变成了"水晶鞋"，女孩的身份才能发生根本性的变化，就是从待字闺中的少女，变成了成年女子，可以正式出嫁了。这是后话。

下面的中、印、日故事资料还要更复杂，学者作比较分析也要极为谨慎。

---

① 钟敬文：《中国民间故事型式》，载钟敬文《钟敬文民间文学论集》（下），上海文艺出版社1985年版，第344页。

② ［美］丁乃通（Nai-tung Ting）：《中国民间故事类型索引》，301【三个公主遇难】，郑建成、李琼、尚孟可、白丁译，中国民间文艺出版社1986年版，第58—60页。

印度

2.1—3　《故事海选》，黄宝生等译，1102 山洞里的公主①

　　　　（1）罗刹化作野猪，走进森林，被国王的箭射中。

　　　　（2）国王在罗刹的山洞里发现公主。

　　　　（3）国王和公主一见钟情。

　　　　（4）公主是罗刹的女儿。

　　　　（5）国王在公主的帮助下射死罗刹。

　　　　（6）国王与公主结婚。

第三个类型：难题招亲

　　难题招亲，是薛仁贵故事中的重要情节单元。薛仁贵与发妻王宝钏通过难题招亲，成为一对患难夫妻。我们对印度、中国和日本的同类故事作比较，可以发现，招亲的难题出自辨识和获取某种物质文化产品的困难。例如，在薛仁贵故事中，招亲的难题就是争夺一种有特定风俗意义的绣品，但不是一双绣花鞋，而是一只绣球。有的招亲难题是完成一种农耕或狩猎的行为，不过这有超人力的难度。在少数招亲难题中，也有猜谜、说对联和唱歌等精神文化活动，这时故事对它们的描述本身就是一种智慧积累，也有时是地方宗教仪式的现场表演。

3.1　难题招亲与英雄善射

印度

3.1—1　《印度民间故事集》（第一辑），郁龙余译，77 比武招亲②

　　　　（1）公主第一次比武招亲。穷青年射箭，穿杨带雁，战胜
　　　　　　　所有对手。

　　　　（2）公主第二次比武招亲，国王让穷青年与另一个国王赛

---

① 黄宝生、郭良鋆、蒋忠新译：《故事海选》，人民文学出版社 2001 年版，第 65—67 页。

② 刘安武选编：《印度民间故事集》（第一辑），郁龙余译，中国民间文艺出版社 1984 年版，第 237—241 页。原译著篇名为《盖瑟尔·汗》。

马，穷青年获胜。

（3）公主第三次比武，国王要求捕杀一头凶狠野猪，穷青
年获胜。

（4）公主第四次比武，国王要求取山峰神鸟的翎毛，穷青
年获胜。

（5）他变成一个英俊青年，原来他是上帝之子。

3.1—2　《佛本生故事》，郭良鋆等译，146 月亮紧那罗本生①

（1）菩萨转生为月亮紧那罗，妻子叫月亮女，夫妻住在银
山上。

（2）国王迷上月亮女，用暗箭射中月亮。

（3）月亮女为丈夫唱 12 首偈颂，在帝释天的帮助下救活
丈夫。

我们比较印度故事资料，可以发现，在印度这个充满森林意境和狩猎
想象的国度中，招亲的难题是完成一种超人力的狩猎竞赛行为。月亮女的
故事还有宗教吟唱的内容。

3.2　难题招亲、绣球与鞋

印度

3.2—1　《故事海选》，黄宝生等译，303 三宗宝②

（1）国王逃进森林。

（2）国王得到一双魔鞋、一根魔棍和一只魔碗。

（3）国王穿上魔鞋，潜入王宫，见到了熟睡中的公主。

（4）国王与公主私奔。

（5）国王用魔碗变食物招待妻子，用魔棍在地上画出拥有
四军的城市，他成为这里的国王。

---

① 郭良鋆、黄宝生译：《佛本生故事》，人民文学出版社 1985 年版，第 320—325 页。

② 黄宝生、郭良鋆、蒋忠新译：《故事海选》，人民文学出版社 2001 年版，第 13—15 页。

中国

3.2—2　［德］艾伯华（Wolfram Eberhard），193《千金小姐嫁乞丐》①

    （1）一个富人有几个女儿。

    （2）他把最小的女儿赶出了家门，因为她说，幸福不光靠父母，而且也靠自己。

    （3）他把她嫁给了一个穷人。

    （4）这个穷人变富了，姑娘的话应验了。

    对应母题：

    朝乞丐抛彩球（王宝钏向薛仁贵）。

    我们比较这两个印、中故事可见，招亲的关键步骤都是出自对某种物质文化产品的神奇利用。这种物质文化产品，在印度故事中，是一双宝鞋，不过鞋的主人不是少年，而是森林中的国王。在薛仁贵故事中，招亲的难题是抛绣球和接绣球。绣球和鞋虽然是两种不同的物质文化产品，但它们同样都改变了主人公的命运。

3.2—3　艾伯华，194 鞋匠成了驸马②

    （1）公主要选一位有学问的人。

    （2）由于误会鞋匠被选中了。

    （3）通过误解鞋匠解决了各种难题。

    （4）他终于得到了幸福。

    补充母题（3）：

    他对他们有关佛教的问题作出了正确的回答：c。

---

　　①　［德］艾伯华（Wolfram Eberhard）：《中国民间故事类型》，王燕生等译，商务印书馆1999年版，第285—286页。

　　②　同上书，第287—288页。

艾伯华的这个类型，就是我在本文开头提到的那个没有完成研究的故事文本的谜面；艾伯华提出的问题，就是在使用印度故事资料之前我无法揭开的谜底。艾伯华编制的中国招亲难题的情节，正是一种猜谜精神文化活动。这种故事以猜谜语的方式决定人的命运，这时的猜谜活动正是人类社会曾经经历的一种仪式。

第四个类型：后羿射日

中国

4.1 和4.2 艾伯华，163 嫦娥①

    （1）射手羿在与人比赛时，射掉了 12 个月亮中的一个。

    （2）羿命令他的妻子不要打开一个药瓶。

    （3）她在他不在的时候把药吃了。

    （4）由于害怕他，她向上飞，飞到了月亮里，现在她还在那里。

    出处：

    b. 搜神记（地区不详）。

    e. 淮南子，览冥训（地区不详）。

刚才提到的印度故事讲国王射月和妻子救月唱 12 首偈颂，中国故事讲射 12 日和妻子奔月的故事。在两国的故事中，都有数字"12"。我们在前面提到，在英雄回家的故事中，有时数字 12 暗示地方性的 12 岁青春礼周期，这个周期是以完成男孩 12 岁的"善射"考验为终结的。但后羿射日和国王射月的故事中没有男孩，故事是用数字 12 喻指太阳和月亮的。英雄善射的对象也有差别：印度国王射月亮，中国后羿射太阳。英雄妻子的选择也不同：印度故事的选择是夫妻共处，中国故事的选择是夫妻分手，嫦娥离开了后羿，去月亮中定居。艾伯华还对中国故事中的妻子"嫦娥"和月宫的"月桂"情节作了注释，钟敬文与季羡林先生后来对此

---

① ［德］艾伯华（Wolfram Eberhard）：《中国民间故事类型》，王燕生等译，商务印书馆 1999 年版，第 245—246 页。

都有深入的研究①。

　　第五个类型：灰姑娘

　　与"鞋"有关的少女故事是世界民间文学名作，即《灰姑娘》。以往对《灰姑娘》的研究很多，学者大都分析故事中的少女与鞋的情节，却很少有人分析少女与鞋和射箭发生联系的情节，更几乎无人从英雄回家的角度观照这个类型。实际上，对这种资料的处理，涉及学者搜集资料的视野和范围，也有处理故事资料的方法问题。以下使用中、越两国的《灰姑娘》资料对此稍作讨论。

　　中国
　　5.1　丁乃通，510A【灰姑娘】②

　　Ⅱ（b^1）鱼。（g）在获得允许参加舞会或宴会前，她常要完成一些任务。通常是动物们来帮她做完。（h）她在埋葬动物尸体的地方找到美丽的衣饰。（i）神给她的。

　　Ⅲ（c^1）她去看戏或去宴会。最后与她结婚的年轻人往往是一位年轻书生或其他条件合适的年轻人。（a^1）王子选妻，用箭射向自己的意中人。

　　越南
　　5.2　弗朗索瓦·法罗，11 灰姑娘③

　　（1）少女的生母死去，变成了一条鱼。
　　（2）后母杀死了鱼，少女把鱼骨放在花瓶里。

　　① 钟敬文：《马王堆汉墓帛画的神话史意义》，载《钟敬文民间文学论集》（上），第125、136—137页。
　　② ［美］丁乃通（Nai-tung Ting）：《中国民间故事类型索引》，510A【灰姑娘】，郑建成、李琼、尚孟可、白丁译，中国民间文艺出版社1986年版，第166—168页。
　　③ ［法］弗朗索瓦·法罗（Francois Flahault）：《我们在故事中学到的关于人的知识——故事的研究》，刘璧榛译、董晓萍审校，法国远东学院北京中心编印，中华书局2003年版，第166—168页。

（3）王子出席舞会，鱼骨为少女变出漂亮的衣服和鞋子。

（4）少女去参加舞会，被王子看中。

（5）王子通过少女美丽的鞋，找到了她，与她结婚。

中、越《灰姑娘》故事类型大体相像，但在丁乃通编制的中国故事类型中，在少女被王子看中的叙事方面，出现了王子"善射"的情节单元。我们很快会想到，英雄回家中特有的 12 岁"善射"的情节，与这位青年王子的"善射"情节有所重合。当然两者也有差别，那就是一个是青春礼，一个是婚礼。我们还会看到另一处不同的重合，就是青春礼与男孩之鞋重合，而婚礼与少女之鞋重合。这双少女的鞋是神赐的宝鞋，也等于好的命运赐予幸福的婚礼。法国学者弗朗索瓦·法罗从仪式性的角度分析了这个故事类型，具有方法论上的启示意义。

三、故事类型比较的历史本质和研究方向

故事类型的提取和编制，本身就是一个突出的比较民间文学研究的基本问题。但是，只做一国故事类型研究是不行的，这会让我们漏掉很多意想不到的分析线索，会妨碍我们提出新问题。

在各类基本问题中，涉及比较民间文学研究的主要问题有：比较民间文学研究中的"比较"的历史本质是什么？国别故事类型的翻译词语、句子和文化的关系是什么？比较民间文学研究的文化定位是什么？

（一）"比较"的历史本质

比较民间文学的历史本质，是保持民间文学叙事的原有文化逻辑和历史传统，然而，以往的情况却不是这样。截至 20 世纪 70 年代，在中国、印度、日本和韩国，共 13 位学者出版了 68 种故事类型著作，其中，凡将这些东方国家故事编入西方类型的作者全部是欧美学者，或者是用英语写作的亚裔学者；凡是没有在欧美国家接受故事类型学训练的东方国家学者，都没有按西方类型去做。反思这段学术史可见，按照西方故事类型排列的结果，使东方故事失去了自己的历史本质；按照东方民间文学自己的

叙事逻辑排列故事情节单元的学者，保持了东方民间文学的历史本质。21
世纪的比较民间文学研究应该找回这种历史本质。

（二）"比较"的"跨文化性"

在中、印、日故事类型著作中，民间文艺学者都有"附注"、"综
论"、"比较"和"历史文献综述"等部分，附在每个故事类型的后面，
进行比较民间文学研究。在这里，比较相似性也好，比较差异性也好，都
要"跨文化"。所谓"跨文化"，指正确理解文化交流产生的相似现象，
尊重多元文化保留的差异性异文，在占有充分原文资料或翻译资料的基础
上，运用内外文化双视角，以平等的态度，处理东方国家相似故事类型和
丰富异文，保护东方国家故事类型的文化多样性资源，促进比较民间文学
研究的良性发展。

例如，上面提到的艾伯华编制的中国故事后羿射日型，艾伯华的跨文
化比较如下：

> 这个神话看来今天也只有通过文学作品保留生命力，不再有自己
> 的生命力了。出处 b—c 全都没有射 12 个月亮的母题，而有射 10 个
> 太阳的母题，然而与嫦娥没有关系。在 b—e 中嫦娥吃了不死之草。
> 现代文本 a 在这里把两个不同的东西混在了一起：（1）羿射 10 个太
> 阳与同样古老的关于存在 12 个月亮的神话（过去的出处没有报道它
> 的结尾）混在一起。（2）偷不死之草的古老母题与"月桂"的母题
> 思想混在一起，桂花在某些夜晚从月亮落到地上，具有美好的品质
> （比如，在袁枚的《子不语》续编，第 41 页中提到过）①。

这段话很重要。艾伯华提出的月亮、月桂和月兔的故事，前面已约
略提到，都是季羡林和钟敬文先生讨论的学术问题。我们现在需要思考
的，是比较民间文学研究的跨文化本质。它不是把不同的问题混合在一
起做类型，而是借助故事类型学的理论，探寻东方各国故事类型的相似

---

① ［德］艾伯华（Wolfram Eberhard）：《中国民间故事类型》，163 嫦娥，王燕生等译，商
务印书馆 1999 年版，第 246 页"附注"。

性背后的具体差异，如在以上文本中，把 10 个太阳和 12 个月亮的故事类型混淆，再把后羿类型和嫦娥类型混合，这就混淆了原有类型的差异，这正是传统民间文学研究的做法，其结果是混淆了多元文化差异。现在我们要从跨文化分析的层面上，承认和恢复文化差异，把比较民间文学研究深入下去。

（三）"比较"的文化定位

比较民间文学研究的"比较"的文化定位有三个前提条件：一是具有一定的人类学和民俗学知识，二是占有他文化的故事类型文本，三是用仪式解读类型文本。占有这些条件，才能将静态故事文本转为动态解释。

弗朗索瓦·法罗对越南《灰姑娘》故事类型的跨文化分析就采用了成年礼的理论和方法。他提出，这个类型讲述了一个女孩成年礼时期的故事。在一个家庭中，每个成员都有自己的位置，年老的成员要承认自己的位置终有一天会被年青人取代，自己必然消亡。但承认这一点很不容易。人类社会的成年礼是由男家长给儿子成为男人的权力，女家长给女儿成为女人的权力。在灰姑娘型的故事中，生母接受了自己的死亡，用给女儿衣服和鞋的办法，让女儿有机会获得做女人的权力，去与另一个男人结合，并有机会成为下一代母亲。后母阻挠前妻的女儿获得做女人的权力，不肯让出自己的地位，而希望自己的女儿成为下一代的母亲，最后她失败了。弗朗索瓦·法罗颠覆了自哈恩以来西方学者对英雄回家情节单元的排序，比较结果如下：

> 哈恩的"英雄回家"：奇异出生—少年失祜—英雄回家—意外事件
>
> 弗朗索瓦·法罗的《灰姑娘》：奇异出生—成年礼—英雄回家—意外事件

他用成人礼仪式的方法，给灰姑娘的类型重新排序，这就使这个古老的故事成为现实社会可解读的文本。但他也有不足，他用西方人的思路处理东方国家的故事，远未能揭示东方国家英雄回家故事的异文文化，以及处理相似类型与异文资料的复杂性。为什么这样说呢？

综上所述，我们来看中、印、日、越英雄回家 23 个故事类型的情节单元排序：

西方的英雄回家	意外事件 英雄救美	东方的英雄回家	误杀亲子/父子认亲 云中落绣鞋/魔鞋招亲 难题求婚/后羿射日/嫦娥奔月/灰姑娘

中印日越英雄回家故事类型要素示意图①

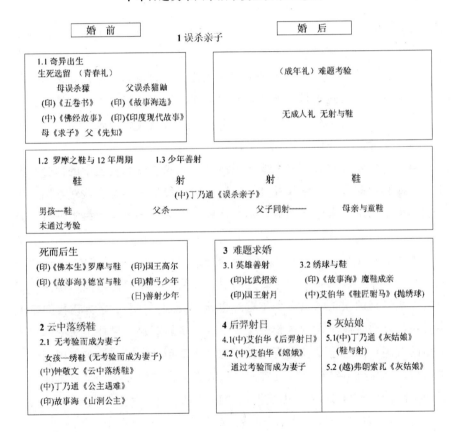

从以上中、印、日、越故事资料和故事类型的比较个案可以看出，在比较民间文学研究方面，要建立新的资料系统，还要改善研究方法。主要

———————————

① 《中印日越英雄回家故事类型要素示意图》由蔡心竹女士协助绘图，特此说明并致谢！

有以下几点。

第一，比较民间文学资料系统的前期基础与新建设。要以我国民间文学资料为主，高度关注印度民间文学资料，也注意使用其他东方国家的民间文学资料。在 20 世纪我国民间文艺学史上，经前人的学术探索，在中、印、日民间文学的比较研究方面，特别是在故事类型的研究上，已形成了一些重要的学术话题。对这部分话题的研究和继续发展，是建设比较民间文学研究方向的重要前期基础。我们要由此出发开展新建设。

第二，比较民间文学研究的方法要改进。例如，以往关注相似民间文学的文本研究，但缺乏异文研究，这样就删除了东方不同国家、不同社会和不同民族的类型多样性。你删除了人家的多样性，就等于删除了人家最喜爱的故事传承方式，而那正是人家的文化权利。再如，以往缺乏故事的仪式性研究，而仪式正是地方文化扎根最深的地方。忽略了仪式性，就找不到故事的文化传承路线，学者理论的功能也会被过分夸张。类似的问题还很多，要通过方法论的建设来解决。

第三，比较民间文学研究要有主体性。在我国民间文艺学的部分研究中，以往套用西方的过渡仪礼理论，以成年礼代替青春礼，这对本国或本民族的民间文学文本解释造成了不少误解。实际上，仅从故事类型看，乃至从故事类型的文化内涵分析看，在东方文学的范围内，包括中国故事类型，很多青春礼与成人礼的通道是联通的，两者之间没有正统文化的开关，两者的概念也与西方同行研究的对象和结论并不完全雷同，不然，我们就无法解释被误杀的东方少年有时也能"死而后生"，穿绣花鞋的东方少女还没有通过成年礼的考验也能成为洞穴里的新娘。另外，对中国故事类型的编制和撰写也要以我为主，并观照印度和日本等其他东方国家的故事类型，然后再下结论。以英雄回家型故事为例，西方学者是将婚前和婚后两个阶段混起来谈的，甚至把婚前阶段的 12 岁青春礼放弃了，只谈"奇异出生"和"少年失祜"。但是，在东方国家的故事中，"奇异出生"和"12 岁青春礼"同属于"误杀亲子"型，在这方面，我国的青春礼民俗和民间文学资料还相当丰富，薛仁贵的故事类型就世代相传、延续至今。所以，这种东方国家不同文化背景和不同情节序列的故事传承现象，仅凭西方理论去操作是远远不够的。关于在东方国家中开展比较民间文学研究，并"建立中国学派"，季羡林先生早已提出了明确的学术目标。他说："希望研究中国民间文学的同志们也能把自己的眼光放远一些，从比较文学的观点上，来注意一下印度民间文学，则我国民间文学的研究和比较文学的研究，都将相得益彰，开出新鲜的花朵，为世界比较文学开辟一个新的园地，为建立比较文学的中国学派打下基础①。"时隔 16 年，至 1998 年，钟先生也提出建立民俗学的中国学派②，可见二老眼光之深长。

　　总之，在比较民间文学研究上，跨文化比较是不二法门。民间文学资料不搞跨文化研究，就是无用之物，而搞跨文化不搞多样性的跨文化，就是拿着自己套别人，或者自己跟自己比，得不出有生命力的结论。现在的全球化提供了索取比较民间文学研究资料的新技术，但也同时提供了技术垃圾、文化失控、科研快餐和过度消费历史遗产的灾难。比较民间文学研究的结果，不是要死一个，活一个，而是要为我所用，也要大家都能锦上添花。③

---

　　①　季羡林：《序言》，原文撰于 1982 年 12 月 23 日，载王树英、石怀真、张光磷、刘国楠编译：《印度民间故事》，北京大学出版社 1984 年版，第 1—2 页。

　　②　钟敬文：《建立中国民俗学派》，黑龙江教育出版社 1999 年版。

　　③　本文为 2011 年在北京大学东方文学研究中心暑期学校的讲稿，应王邦维教授之邀撰写并演讲。

主讲教授讲义摘要(选刊)

当代社会的民俗学研究:中美两国的例子

北京大学教授　高丙中

民俗作为传统,具有当下生活的历史性,但它并不是历史,我们在民俗学研究中,不要把历史性当作历史,更不能把研究的方法当作研究对象。民俗(学)是现代的构成物,民俗并非一个自足的领域,因为民俗不能自我构成,它是被构成的。民俗与现代知识领域、现代思想范畴和现代政治领域都有着极为密切的关系,只有从以上三点出发,才有理解民俗(学)的可能。中国民俗学的"社会"自觉是认真思考发生学及深刻的社会联系。中国民俗学研究方法取向的自觉,是从朴素思维到不那么简单的思维,民俗是模式化的生活文化,是个人与(不同层次)社群、生活与文化的辩证关系,包含传承/创新、区隔/共享的张力。本文通过对河北范庄龙牌会的个案和他在美国两次观察"生命接力"募捐的例子,进一步诠释了当代社会的民俗研究应该关注什么,应该怎样去关注。

从民间来,返回民间:维吾尔民间
达斯坦的记录与民众接触

新疆大学教授　热依拉·达吾提

维吾尔族民间达斯坦说唱艺术先后被列入自治区及国家级非物质文化

遗产后，设在新疆大学的自治区人文社科研究重点基地"新疆民俗文化研究中心"承担了维吾尔族民间达斯坦的保护工作。但它的传承形势确实不容乐观，不少民间说唱艺人已经相继离去。还有目前发表的民间叙事诗作品全部属于文学文本，由于缺乏科学的搜集、记录方法，以及没有设备条件，搜集者往往把民间叙事诗演唱中属于音乐、表演方面的特点抛弃，只对文本做了记录。为了对民间达斯坦进行全面、系统地搜集与整理，我们重新回到民间。通过近几年对民间达斯坦的记录，我们得到了一些经验，并认识到今后应注意的一些问题，包括：应重视民间说唱艺术资源的整合与共享、重视对民间说唱艺术原生态状态下的拍摄记录、重视说唱艺术的版权问题、应把优秀达斯坦作品返回民间，应注意拍摄资料并加以保存等。利用现代技术保留声像的档案资料库将来使人们可以听到他们祖辈的声音和看到他们的形象，使民间艺人在那里找到灵感，使族群可以找到他们过去的声音并由此找回和延续他们过去的记忆。如果没有档案馆很多录音和录像资料可能被丢失，无法传送到下一个世纪。由于语言障碍，多数国内外学者无法直接涉猎其维吾尔语原文，应组织翻译、出版一批具有较高学术及艺术价值的民间达斯坦作品，为中国叙事诗研究提供新的内容和领域。

民族民俗学研究
——以新疆哈萨克民俗调查为例

新疆大学教授　周亚成

哈萨克族是一个有着悠久历史的民族，哈萨克族民俗具有游牧文化的特点，拥有包容性较强的价值观和开放的文化形态。经验成为生产生活技术、技艺的主要来源，年长者成为经验的富有者，得到最大程度的尊敬。哈萨克族生产与生活的法则是既分散又联合，民间普遍存在着崇尚英雄、崇拜权威的风尚。民俗的多类型是哈萨克族价值存在的基本环节，是多重价值生发的基础。哈萨克族中游牧民俗存量相对完整，在生活中仍占主导地位，并塑造着民族性格。但近年迫于草原生态变化的压力，也受到经济发展和人文环境的影响引发游牧民俗的转型。哈萨克草原牧区产业结构相对单一，增值速度慢，牧民经济收入受到限制。哈萨克族牧民以放养羊为主，经济价值较大畜低。哈萨克族牧民经受自然灾害的频率和强度也超出了常人的想象，在传统游牧社会，面对灾害，牧民总的来说是逆来顺受，遭受严酷的自然选择，大灾大减产，小灾小减产成为常态，牧民的收入受限。产业价值与收入的局限性，对牧民生活质量的提高形成阻碍，牧民的生活与农区相比，特别是与城市相比存在较大的差距，牧民在医疗、教育、享用现代成果、资源方面严重滞后。这必然波及或推导至人们对游牧文化、游牧民俗的质疑，致使游牧民俗成为滞后的代名词，游牧民俗的价值有被削弱的趋势，游牧民俗的转型成为必然。

哈萨克族的民间文艺也处在变化之中，主要受到现代社会文化的多重影响，如哈萨克族的阿肯弹唱过去在草原上举行，现在可以在室内举行；哈萨克族过去以肉食为主，现在蔬菜成为常见的饮食；过去马是牧民主要的交通工具，现在摩托车越来越普及，有的牧民甚至骑摩托车去放牧等。从哈萨克民俗已经发生的变化中可以看到，游牧民俗的第一重接点是农耕民俗，这与游牧民族从事的粗放农业以及定居后的种植业发展相关。第二重接点是现代文化，交通、广播、电视、技术、教育等的发展，将牧民从较为封闭的状态中引领出来，现代生活、现代观念、现代价值观正在影响牧民的生活，他们开始接纳现代文化并重新加工，将其变为生活的一部分或新的价值观念体系的一部分。现代生活的接受，客观上改变了牧民的生活质量。现在牧民对改变生产、生活质量有更为迫切的要求，游牧民俗的转型也随着这种诉求而发生。

"古镇化"现象与民俗学研究

日本东京大学教授　菅　丰

近年来，随着文化保护政策以及观光化、商品化的灵活运用，中国地方文化显现出一种复杂化趋势。80 年代至 90 年代间，民俗学和文化人类学领域的学者，对于灵活运用文化资源的现象，曾展开过一场讨论，其核心是关于文化的"客体化"，即将文化视为可操作的客体。本节的研究在文化"客体化"问题的讨论背景下进行，重点以浙江省衢州市江山市廿八都镇为个案点,在 2007 年至 2012 年间,对中国历史名镇廿八都镇被"再发现"和开发打造的状况和过程进行田野调查和研究,通过对古镇中生活用品、生产活动、饮食文化、手工技艺等方面的文化"客体化"的探讨,指出廿八都古镇文化的嵌套式结构,即文化的"奇美拉(嵌合体)化"现象。这种"古镇化"不是对古镇单纯的保存和保护,而是一种创造的过程。民俗学者如何看待文化的"奇美拉"现象并思考中国的地方文化?我们的答案是,应从文化中心主义走向生活者中心主义。

附录二

开学与结业典礼致辞

研究生暑校与研究生创新人才培养计划

北京师范大学研究生院培养处副处长　郭海燕

"2012 中国民俗学研究与新时期国家文化建设"全国研究生暑期学校，是由国务院学位办主办，是教育部研究生教育创新计划项目，同时也是北师大研究生院创新人才培养计划项目，由北师大民俗学国家重点学科、北师大文学院、教育部人文社科重点研究基地北师大民俗典籍文字研究中心，与中国社会科学院国家社科基金重大委托项目"中国少数民族语言与文化研究"项目和新疆大学民俗文化研究中心负责承办，它的成功开幕，对主办单位、北师大研究生院和所有承办单位都是一件大事。

教育部研究生教育创新计划项目中的暑期学校项目是在国家重点学科，或国家重点实验室、社科研究基地等某一优势学科领域内，面向全国招收在学研究生和少量的青年教师作为学员，聘请海内外学术水平高、教学经验丰富的知名专家、学者担任主讲教师，开设若干门基础课程、选修课程和前沿学术报告，介绍本学科领域的学术发展动态和最新研究成果。研究生暑期学校不仅可以充分调动研究生教育的优质资源，还有一个重要作用是为高校研究生提供交流和合作的广阔平台，对提高研究生教育的教学科研水平，提高研究生培养质量有着重要意义。

北京师范大学民俗学国家重点学科，由我国著名民俗学家钟敬文先生创建。在钟先生的指导下，这个学科曾招收了新中国第一批民间文学专业研究生，曾在改革开放后第一批恢复研究生教育，曾在全国第一个提出建立"民俗学"学科并推广到全国高校和科研院所。钟先生在 16 年前还亲自主持了首届"中国民俗文化高级研讨班",为推行研究生公益教育作出了历史性的贡献!钟先生的后学们继承传统、开拓创新,多年来保持了民俗学科的研究生教育传统和优势特色,并得以成功申办本次暑期学校。在此基础上,还邀请了国内外、境内外众多著名高校和研究机构的学者,名师执教是暑期学校的成功之魂。

2012 年教育部共批准北师大承办四个暑校,其他三个都是理工科,民俗学科是唯一的文科。对这样的传统优势学科,研究生院是一向给予全力支持的。我们对本次全国民俗学暑校尽最大可能投入经费,全面提供教学和生活保障。

同时,本次暑期学校的成功举办,离不开中国社会科学院和新疆大学的同行所给予的全力合作!这也让我们看到钟先生后学团结一心、投入研究生教育工作的强大力量。

今天,来自各地的二百多位学员相聚在北师大,其中有相当一部分是研究生导师,你们带领你们的研究生前来学习、交流和探讨,是对北师大研究生教育工作的信任与期待,同时相信暑期学校也会对每一位学员今后的学术道路产生影响。希望你们不仅在这里学习,还要留下你们的宝贵建议。希望大家在北师大学习、生活愉快!

中文教育与研究生教育

北京师范大学文学院院长　过常宝

本期暑校的主题"中国民俗学研究与新时期国家文化建设",是北师大文学院民俗学国家重点学科承担的 985、211 工程重大前沿研究课题,它的奠基人是"中国民俗学之父"、北师大民俗学国家重点学科的创建人钟敬文先生。33 年前的改革开放之初,钟先生刚刚恢复工作不久,便无私忘我地投入了民俗学学科建设与举办全国培训班同步进行的工作。至1996 年,钟老以 93 岁的高龄主持最后一次培训班,我国新时期民俗学高等教育的格局已经定型,教学科研成果已经大量涌现。在钟老身后,北师大民俗学国家重点学科的后学团队,在民俗学学科带头人董晓萍教授的带领下，经过"十五"、"十一五"和"十二五"规划建设，经过了学科划分变更的挑战，继续拿出了有分量的教学科研新成果，并于 2011 年和 2012 年获得全国二级学科排名第一的好成绩。直至举办本期暑校，他们始终坚持继承钟先生的推动前沿学术发展与优秀教学资源共享相结合的学科传统。所以说，本期暑校的举办，是北师大民俗学国家重点学科几代人集体奋斗的成果，是这个学科的优势传统、学术实力、创新意识和公益精神的综合体现。今天，我们特别怀念钟老在这方面的历史成就和大师精神，也衷心祝贺钟老的后学团队薪火相传、再创辉煌。

北师大文学院对本期暑校的举办，提供了全部免费教材、宣传推广和网络交流的尽可能优惠。我们的宗旨是通过暑校，推动民俗学特色学科的发展，同时也推动中国语言文学学科群的共同发展。我们还希望增强全国高校相邻学科之间的交流，扩大与国际一流高校同行的合作。为此，我们非常感谢所有中外同行的支持！对学员而言，你们的成长是比暑校项目更重要的收获。我们对各校研究生的慕名而来和真诚信任表示感谢！现在暑校有正式学员 164 人，加上本校民俗学专业、在京高校和国家部委的旁听学员，共近 200 人。其中，青年教师占 21%，研究生学员占 79%，超过了 16 年前钟老举办培训班时的 15 倍，学科分布达到包括民俗学、中国民间文学和社会学在内的 8 个学科。这充分说明钟老所开创的在中文系和社会学系重视民间文化教学的格局，是对中国高校人文社科教育事业的整体贡献；而广大研究生学员队伍的成长和成熟，正是这种教育思想的灿烂果实。

预祝本期暑校圆满成功！预祝远在新疆的西部高校分会场有同步收获，也预祝在座的暑校全体师生在北京学习愉快、生活满意、满载而归！

民俗学研究生暑校进修教育

全国民俗学研究生暑校负责人　董晓萍

如何成功地完成暑校学习？我代表本期暑校的主办单位和师资团队，谈谈衡量的标准。

第一，衡量是否具有节日气氛。凡盛大聚会、重要学术活动和纪念性历史事件，都有节日气氛。请大家到北京师范大学来就是过节，过学术的节，过学科建设的节。这里是新中国民俗学高等教育事业的发源地，一代宗师钟敬文先生在这里将民俗学研究生教育建成了中国民俗学的核心事业。大家来到北京师范大学学习，便是在钟先生工作过的地方学习；大家上课的这所教二楼，就是钟先生曾经讲课的教学楼。碰一碰伟人的灵魂，本身就是求学青年的节日。

第二，衡量是否具有学科教育成就的共享感。暑校的历史是暑校成功的基础。本期暑校的学员来自全国 53 个院校，另有 3 名留学生来自美国、意大利和日本的高校，院校数量超过钟先生 1996 年主持高研班时的两倍。在这批学员中，很多人是上次高研班的学员返回各自院校后，成为学科带头人，再带出的第二代或第三代研究生。今天，这些同学又被自己的导师送回了北京师范大学，这种研究生教育的延续性证明了前辈开创的民俗学研究生教育事业在连续发展。珍惜这段你亲历的历史吧，因为你在与导师分享大师教育的共享感。你去分享这种共享感，就会把本期暑校的八天，除以导师所经历的 16 年，得出余数便是分分秒秒，争分夺秒。它会让你珍惜当下，懂得分享优秀教育资源需要一种成长的自觉，相信你们中间的优秀人才必定是下一个传承人。

第三，衡量是否拥有比参加暑校更重要的精神财富。暑校的宗旨是提升研究生培养质量、促进高校和科研院所之间民俗学教育与相关学科教育的沟通与交流，扩大认识专业前沿学术趋势和世界领先学问的视野。我们这次聘请了国际著名民俗学者、汉学家和国内一流学者组成师资团队，为大家提供最好的课程。在他们中间，有钟先生培养的北京师范大学民俗学国家重点学科全部现任教授，他们将介绍如何将民俗学教学科研与新时期国家文化建设相结合的理论成果。有钟先生生前已延请的著名社会学家郑杭生先生和李强教授，他们将针对民俗学讲社会学，这对开展民俗学与社会学的交叉研究会有重要启示。有钟先生的生前友好季羡林先生的大弟子王邦维教授及其北大同仁组成的比较文学研究团队。他们将展示利用多门外语开展跨文化研究的非凡成就。对民俗学这种国际化学科来说，他山之石，可以攻玉。

关于暑校的收获，我也讲三点。

第一，学习才有结果。本次暑校期间，我们收听了 15 位中外教授讲座，大家对民俗学基础理论（包括民俗学与社会学交叉研究和多学科综合研究），以及"口头传统"、"民族民俗"和"跨文化研究"等概念和相关理论问题，增进了了解；对这些领域的中外前沿信息和最新研究成果，认真收听和积极讨论。学员的来稿，按院校和学员交流频次计算，截至 8 月 25 日，达到 155 个校次，235 人次。大家对本期暑校的主题"中国民俗学研究与新时期国家文化建设"达成了初步的共识，形成了这种对话和互动，这就是学习的力量，它的功能不是产生结论，而是继续推动学习。有学习就有活动，有活动就有生命，有生命就有发展，有发展才有成功的希望。

第二，教师是提高研究生教育质量的关键。本期暑校得以成功的一个关键因素，在于在场和不在场的全国民俗学和相关社会学专业研究生学科点的支持，在于广大研究生导师的付出。暑校期间，我们召开了青年教师座谈会，进一步交流了民俗学学科建设的信息。大家一致认为，研究生导师的思想素质、人格品级、学术视野、教学科研水平和敬业精神，是办好民俗学高等教育的重要因素，我们相信，暑校能促进我们共同总结经验、分析瓶颈问题。在暑校以后，这种沟通和交流还会继续保持和发展。

第三，学术公益精神是民俗学拓展的广阔平台。全国研究生暑校是社会公益教育的重要平台，本期暑校的成功，得益于主办单位和承办单位对这项公益事业的坚定鼓励、全力支持和前瞻性的投入。在网络时代，暑校还将"学术公益"和"数字化"这两个概念结合在一起，带领学员们体验民俗学田野资料数字化和研究手段数字化的新成果。大家在北京观摩了北京师范大学民俗学国家重点学科和中国社会科学院民族文学研究所的数字民俗科研成果展播，大家每天都在课堂上观察到网络视频同步直播暑校课程的强大爆发力。而当这些新理念、新技术与民俗学暑校平台结合的时候，我们还能看到它背后所强调的理念，那就是公平共享、公共投入和公益奉献所创造的精神新财富。

好东西多了，也未必能一次吃得下，但重要的是收获激励，收获志向。暑校学习还让我们成了朋友。什么是朋友？朋友就要一起走。让我们共同为中国民俗学事业的发展，为民俗学高等教育事业的建设和人才培养，当朋友，一起走。

最后谈谈本期暑校的新疆大学分校。

本期暑校的概念之一是"民族民俗学"研究。在民族民俗学的研究上，西部不仅是一个地理概念，而且是多民族民俗的文化宝库，新疆正是这座宝库中的一颗璀璨的明珠。新疆的民族民俗文化遗产蕴藏丰厚。举世瞩目的世界非物质文化遗产木卡姆，伟大的英雄史诗《玛纳斯》，唐僧西天取经的神奇故事，沟通欧亚的古老丝绸之路等，都是极为耀眼的精神财富。远的不多说，仅近半个多世纪以来，那些演唱新疆美丽风光和人文精神的红歌和老歌就影响了几代人，像"我们新疆好地方，天山南北好牧场"；像"人人都说边疆好，我说边疆赛江南"，它们曾经传遍了祖国大地，至今让人心驰神往。在新疆民俗学界几代学者的努力下，这里还很早成为民族民俗学建设的基地，为祖国培养了大批专业人才。

在我国西部高校中，新疆大学的民族民俗学研究历史较长、特色明显，并注重多民族民俗学研究生的培养。20世纪90年代以来，第一位被输送到北京师范大学民俗学国家重点学科钟敬文先生门下重点培养的是维吾尔族青年人才热依拉·达吾提，她的前辈王堡教授还曾亲自到北师大与钟先生交流民族民俗学人才培养工作。此后，西北民族大学、内蒙古大学等院校，都陆续鼓励青年学子报考北师大民俗学国家重点学科，攻读硕、博研究生。当热依拉·达吾提博士等返回后，又成了发展民族民俗学的宝贵的种子，在西部高校和民族院校中生根发芽，开花结果。现在他们都已成为本校民俗学专业的骨干，或者是本地区民俗学科重点建设单位的负责人。热依拉·达吾提教授带领的新疆大学民俗文化研究中心，依托新疆大学"少数民族语言文学与民俗学"国家级重点学科和中国语言文学博士后科研流动站，还在民族民俗学建设领域取得了令人骄傲的新成绩。

积极推进高校民俗学公益教育，特别是协同西部高校同行一起发展，是本期暑校的宗旨之一。可以说，没有西部高校的参与，本期暑校是不完整的。而在西部，这次没有新疆大学暑校分校的积极配合，暑校的公益教育计划也是不能全面完成的。

改革开放之初，钟先生刚刚恢复工作不久，曾无私忘我地投入了民俗学学科建设与举办全国培训班同步进行的工作。三十余年过去了，本期暑校的举办，从东部到西部，从北京到新疆，两地携手，多校联合，这是我国高校民俗学学科建设已获得较充分发展的结果，是前辈开创的民俗学高等教育事业薪火相传的体现。教育强，便学生强；学生强，便事业强。全国高校民俗学研究生教育的实力共同加强，正是以民俗学教学研究推动国家文化建设的重要保障。请允许我与新疆大学分校的师生再次分享那首经典老歌和红歌"我们新疆好地方，天山南北好牧场"。让我们带着歌声一样的欢乐心情，温习数日来的学习愉快；带着歌声一样幸福的憧憬满载而归，期待下次再相会！

暑校学习三感受

中国社会科学院民族文学研究所副所长　尹虎彬

本次暑期学校非常成功，我聆听了大部分的讲演，收获很大。感谢北京师范大学文学院和民俗典籍中心的各位老师和同学们，我为你们的出色工作和十分严谨的学风所深深感动，向各位致敬！在今天的闭幕式上，我想与大家分享三点感受，首先是处理好本学科的继承与创新的关系，其次是要认真体会钟老的教导，端正民俗学的研究方向，最后要讲讲做人与治学的关系问题。

第一，欲创新须先认识自己。要注重研究我们自己的学术历史和学术传统。为此，我们需要注意以下几点：首先，要树立使命感、紧迫感，重视中国各民族的口头传统和非物质文化遗产研究。其次，要树立世界眼光，认清人文学术的历史背景和未来走向，开拓跨文化和多学科的民俗学研究道路。再次，要去浮躁，去浮夸，去功利。民俗学的田野研究特点之一就是十年也难得磨一剑。我在 2007 年参加芬兰民俗学暑期培训活动，认识了来自芬兰的一位民俗学家，她用 15 年时间进行田野调查，获得 11 个类型的 3000 多种仪式文本，并利用芬兰民俗学档案馆 100 年的馆藏资料，对今天的俄罗斯联邦卡累利阿地区《卡勒瓦拉》的传承问题作了深入研究，在许多方面突破了前人的局限。当然，中国民俗学家在这方面也有许多例子。

第二，做学问要根子正。我自己在求学的各个阶段里都遇到过非常优秀的老师。要说学术上影响最大的，我马上会想到钟敬文先生。跟了钟老，等于你结识了一个比较庞大的学术共同体。这就是大师的力量。当然，钟老令我永远铭刻在心的，是先生有一种魅力，这种看不见的力量能够让人心静如水。先生温文儒雅，和蔼可亲，谈论学问循循善诱，深入浅出，叫人回味无穷。他从不谈论别人的短长，不屑于纠缠世俗琐事。因此，每当见过先生，交谈过一个小时，告别先生，出门后会感到全身轻松，一切烦恼顿时化为乌有，大脑像洗过一样清晰，自己像重获新生一般。可惜，我再也不可能重新获得这样的体验了。

钟老给我印象深刻的另外一件事，那是在先生弥留的最后一个月，有一天我到友谊医院看望先生，我刚进门，就听到先生叫自己的名字。那个时候，他老人家是躺在病榻上，眼睛并没有看到我，他可能只是听到了我的脚步声。对此，我长久以来找不到答案。我今天想来，因为先生爱教育，爱自己的学生，因此，他才有如此惊人的敏感和超凡的记忆。我是在 40 岁那年进入钟敬文先生门下学习民俗学的。聆听先生授课两年。跟随钟先生学习，是发生在自己留学多个国家之后，是在研究所从事 23 年研究之后。我跟随钟老学习，逐渐改变了自己偏重外国理论而脱离中国实际的教条主义倾向。人文学术研究，重要的是根子要正，方向要正确，方法要得当。这些，钟老给了我很多教诲。他常讲，做学问先要学会做人。做学问要做中国人的学问，做中国民俗学，做田野调查，努力获得第一手材料。他总是强调用材料说话，强调从实际出发研究问题。

钟敬文先生经常说的一句话：一个学者的长成需要各种条件。能够成就大学问的人为什么寥寥无几？这是因为个人的主观条件，社会历史和时代的客观条件，各种各样的因素会综合在一起，共同造就一个大师的成长。他经常提起的大师就是顾颉刚先生。这些都证明，钟老对学生的期许是很高的。我虽然一辈子也做不到，但是，毕竟也知道自己的半斤八两。我现在进入中年，觉得人要淡定。这个境界是钟老给我们早就指出的。

我要跟大家说，钟老给我们留下的最重要的遗训，毋宁说是他的爱国家、爱民族、爱人民的品质。对此，我们需要一辈子来体会。

第三，做人与治学的关系问题，我想再强调几点，师生共勉吧。我们需要强调综合素质的提高，要注重政治思想的修养和人生观与价值观的提高。没有这个，其他事情就免谈了。

学问是人际之间、代际之间传递的。尊重自己的师长，虚心求学的态度，敬畏学术的严谨学风，正确的人生观念，良好性格和意志培养，这些都有助于人感受学问，建立师生情谊，赢得信任和获得别人的帮助。没有这些基础，又如何做学问呢？此外，书本的学问难做，社会生活实践更是一本难读的书。实践能力是关键。我们77年、78年上大学的人，成功的人都是在社会第一线锻炼的人。同学们习惯的应试教育是速成教育，但做学问是慢活儿，是泡出来的，是磨出来的，学问与人生相伴随。对待学问，要有对待毒蛇般的狠劲，对待恋人般的深情，对待魔鬼般的纠缠不休的精神。要根据材料来研究问题，说明观点和阐发理论需要证据确凿。相反，理论先行，照搬外国理论，脱离中国国情，表面上花哨，其实是做无用之学。这几年有些专家在社会上名声很差，原因是在目前中国学者当中，有一类不中不洋的学者，他们不真正懂得外国，也不太了解中国，提出许多莫名其妙的建议或者见解，误导民众、贻害国家。

西部民族民俗学教育

新疆大学民俗文化研究中心主任　热依拉·达吾提

首届"中国民俗学研究与新时期国家文化建设"全国研究生暑期学校将要结束了，我们来自西北地区各高校的青年老师、研究生一起度过了难忘的时刻。老师们远道而来给我们传输了中国民俗学研究的最新研究趋势、理论和方法。本次暑校招收了41名西部学生，其中来自西北地区高校的学生有16名，新疆各高校和科研机构的学生25名。学生们学习很认真，不迟到、不旷课，充分利用这宝贵的时间，都想多学点知识。

西北地区有着丰厚的民间文化土壤，是民间文学的聚宝盆。我们带着对民间文化的热爱和责任聚集在这里，大家回去后应该珍惜暑校提供的大好机遇，更加努力学习，将来成为西部地区民俗学事业的骨干力量，为西北地区民俗学学科建设和地方文化建设多作贡献。

当我们脚下的千年热土渴望民间文化复兴的甘露时，民间文化越来越成为促进民族凝聚力和创造力的重要源泉，让我们带着对民间文化的一片深情和对美好未来的豪迈激情，去发掘先人在这片土地上留下的精神宝库，去感悟古老文化的博大和辉煌，从而不断地谱写西北民族文化的辉煌篇章。

2012 年全国民俗学研究生暑期学校
中国民俗学研究与新时期国家文化建设
招生简章

经教育部批准，根据北京师范大学研究生院教育创新计划，北京师范大学民俗学国家重点学科和教育部人文社会科学重点研究基地北京师范大学民俗典籍文字研究中心，于 2012 年 8 月至 9 月期间，与由中国社会科学院民族文学研究所主持的国家社科基金重大委托项目"中国少数民族语言与文化研究"和新疆大学民俗文化研究中心合作，联合举办首届"中国民俗学研究与新时期国家文化建设"全国研究生暑期学校，推进民俗学（含民间文艺学）专业的研究生教育工作，增强全国高校相邻学科之间的沟通，扩大与国际一流高校同行的合作，发挥民俗学在新时期国家文化建设中的作用。

一 教学目的与教育特色

（一）教学目的

钟敬文先生是我国高校民俗学教育事业的奠基人，他同时提倡民族民俗学教育、投入社会公共教育，推进国际民间文化比较教育。本次暑期学校继承钟敬文先生的教育思想，于 1996 年钟先生主持"中国民间文化高级研讨班"之后，根据新时期民俗学教育事业发展的特点和需求，重点在民俗学基础理论研究、口头传统专题研究和民族民俗学专题研究等方面，探索研究生教育新模式，实行研究生教育资源公益共享，提高研究生培养质量。

（二）教育特色

北京师范大学民俗学国家重点学科由钟敬文教授创建并长期指导，是我国民俗学高等教育领域的传统特色学科和优势学科，高校 985、211 项目重点建设单位、教育部人文社会科学重点研究基地。近年来，该学科的中青年团队继承传统并创新发展，在"中国语言文学"和"社会学"两个一级学科下进行学科建设，巩固了"民俗学"和"民间文艺学"等基础研究课程，增设了理论民俗学、现代民俗学、民俗学原理、民俗志学、民间叙事学、故事学、神话学、历史民俗学、宗教民俗学、技术民俗学、数字民俗学、社会人类学与跨文化研究、社会学原理、社会分层和城市社会学等多门新的研究生基础课和选修课，师资力量雄厚、学科结构合理、学科体制开放，为国家培养了大批硕、博研究生，在民俗学（含民间文艺学）的理论研究、上中下三层文化综合研究和当代社会文化建设的应用研究等方面，均取得了系列重要成果，在国际上也有一定的影响。

中国社会科学院民族文学研究所是研究我国多民族文学的国家级科研单位，以民族民间文学和民族民俗教学科研为特色，在民族史诗学、口头传统和非物质文化遗产学的研究领域卓有成就。

新疆大学民俗文化研究中心是我国西部高校和民族地区院校中的重点建设单位，所依托新疆大学"少数民族语言文学与民俗学"国家级重点学科和中国语言文学博士后科研流动站，是我国西北边疆历史较长、特色明显的民俗学学科点。

本次暑期学校以加强我国高校民俗学（含民间文艺学）研究生教育的同行交流和提高研究生教育质量为主要目标，以民俗学（含民间文艺学）基础研究、口头传统和民族民俗为三个要点，推动研究生课程建设，培养民俗学新型人才，促进民俗学在国家当代社会文化建设中发挥应有作用。

二　教学平台、师资力量与教学方式

（一）教学平台

本次暑期学校的管理部门为北京师范大学研究生院，实行主、分会场制。主会场为北京师范大学，另在中国社会科学院民族文学研究所和新疆大学民俗文化研究中心设立两个分会场，欢迎多地区、多民族研究生和青年教师听课和交流。

（二）师资力量与教学方式

聘请海内外同行和相关学科中的一流专家学者担任暑期学校主讲教师，开设专业基础课、选修课和学术讲座，介绍本学科领域的学术前沿发展动态和最新研究成果。

北京师范大学设主会场，由北京师范大学研究生院提供教学管理和后勤保障，授课内容侧重中国民俗学基本研究与当代社会文化建设、跨文化比较研究等。

中国社会科学院民族文学研究所为第一分会场，侧重口头传统专题。

主会场和第一分会场的地点均在北京，面向华北、华中、华东、华南和东北院校的学员。

新疆大学民俗文化研究中心设第二分会场，侧重民俗学基础研究和民族民俗学专题讲座，同时开展民族民俗教学基地体验教学。新疆大学分会场（第二分会场）主要面向西部学员，为西部学员的课程学习、调研和交通往来提供方便。

本次暑校的主会场与分会场师资力量协调，教学与实践结合，师生互动。引入数字软件教学和民俗学教学基地体验实习。

暑校尝试开通在线远程视频教学。欢迎各地高校和科研院所的研究生和青年教师积极参与。在线注册网址、听课方式和结业要求，另行通知。

三　举办时间

本次暑校举办时间为：2012 年 8 月 20 日至 2012 年 9 月 2 日。

其中，2012 年 8 月 20 日至 8 月 27 日在北京授课，8 月 28 日至 9 月 2 日在新疆大学授课。

四　暑期学校的活动、考核方式与结业证书

暑期学校聘请国内外专家学者作专题讲座，并组织学员分组展开研讨，设立研究生交流奖项，设优秀论文一等奖 3 名、二等奖 6 名、三等奖 9 名，颁发获奖证书和奖品。在暑校期间，计划组织学生参观北京师范大学数字民俗学实验室、中国社会科学院民族文学研究所少数民族口头传统音影图文档案库、新疆大学民俗文化研究中心田野调查基地等。

暑期学校要求学员结合自己的学术训练背景，运用所学的相关知识和理论，对相关问题和课题进行研讨，并提交毕业论文。

全程听课、参加研讨会并提交毕业论文，达到暑校要求的学员，可获得北京师范大学研究生院颁发的暑期学校结业证书。

五　招生对象与人数

（一）招生对象

全国各高校和科研院所"中国语言文学"和"社会学"一级学科下的民俗学和民间文学专业在读二年级以上硕、博研究生，欢迎报名。

攻读社会学、民族学、人类学、对外汉语教学、世界文学和比较文学、艺术学等专业，但在论文研究方向上与民俗学和民间文艺学研究有交叉关系的在读二年级以上的硕、博研究生，以及在高校和科研院所讲授民俗学与民间文艺学课程的青年教师和研究人员，均可报名。

（二）招生人数

本次暑校招收正式学员 80 人、旁听学员 20 人。本单位和北京本地学员均作为旁听学员。

六　报名方式与录取方式

（一）报名方式

报名截止时间为 2012 年 8 月 5 日。请有意申请的同学登录网络报名地址：http：//dfsl.bnu.edu.cn（选匿名登录），填写报名表。

报名表格纸本需要邮寄到北京师范大学，邮寄地址如下：

北京师范大学文学院研究生办公室全国研究生暑校联系人赖彦斌、史玲玲老师收，邮编：100875。

（二）录取方式

本次暑校的录取原则，主要依据是申请者的专业教学、教育、科研背景和所在地区，尤其关注申请者在学期间的研究方向和毕业论文选题，或者青年教师的教学课程。

正式学员录取名单将于 2012 年 8 月 12 日在北京师范大学研究生院网页/北京师范大学民俗典籍文字研究中心网页/北京师范大学文学院网页/北京师范大学数字民俗学实验室网页公布，网址如下：

http：//graduate. bnu. edu. cn

http：//mdw. bnu. edu. cn

http：//www. chinese. bnu. edu. cn

http：//dfsl. bnu. edu. cn

七　学费与食宿费用

本次暑校的学费由北京师范大学、中国社会科学院民族文学研究所国家社科基金重大委托项目"中国少数民族语言与文化研究"和新疆大学民俗文化研究中心全额资助。暑校对正式学员的学费实行全免，免费提供学习资料，并为来自外校和外地的正式学员提供大学食堂饭卡、一定额度的伙食补贴（含饭卡费）和校园住宿补贴。

北京师范大学民俗学国家重点学科

北京师范大学民俗典籍文字研究中心

中国社会科学院民族文学研究所

新疆大学民俗文化研究中心

2012 年 7 月 10 日